本书受司法部"国家法治与法学理论研究项目课题"（16SFB1006）及"法治湖南建设与区域社会治理协同创新中心"资助。

中南大学

哲学社会科学学术成果文库

民商合一视角下
民法典分则的商事立法研究

许中缘 夏 沁 著

中国社会科学出版社

图书在版编目(CIP)数据

民商合一视角下民法典分则的商事立法研究 / 许中缘,夏沁著.
—北京:中国社会科学出版社,2019.6
(中南大学哲学社会科学学术成果文库)
ISBN 978 - 7 - 5203 - 4521 - 7

Ⅰ.①民… Ⅱ.①许… ②夏… Ⅲ.①商法—立法—
研究—中国 Ⅳ.①D923.994

中国版本图书馆 CIP 数据核字(2019)第 100395 号

出 版 人	赵剑英	
责任编辑	孔继萍	
责任校对	李 莉	
责任印制	郝美娜	

出 版	中国社会科学出版社	
社 址	北京鼓楼西大街甲 158 号	
邮 编	100720	
网 址	http://www.csspw.cn	
发 行 部	010 - 84083685	
门 市 部	010 - 84029450	
经 销	新华书店及其他书店	

印 刷	北京君升印刷有限公司	
装 订	廊坊市广阳区广增装订厂	
版 次	2019 年 6 月第 1 版	
印 次	2019 年 6 月第 1 次印刷	

开 本	710 × 1000 1/16	
印 张	23.75	
插 页	2	
字 数	285 千字	
定 价	98.00 元	

《中南大学哲学社会科学学术成果文库》和《中南大学哲学社会科学博士论文精品丛书》出版说明

在 21 世纪，中南大学哲学社会科学坚持"基础为本，应用为先，重视交叉，突出特色"的精优发展理念，涌现了一批又一批优秀学术成果和优秀人才。为进一步促进学校哲学社会科学一流学科的建设，充分发挥哲学社会科学优秀学术成果和优秀人才的示范带动作用，校哲学社会科学繁荣发展领导小组决定自 2017 年开始，设立《中南大学哲学社会科学学术成果文库》和《中南大学哲学社会科学博士论文精品丛书》，每年评审一次。入选成果经个人申报、二级学院推荐、校学术委员会同行专家严格评审，一定程度上体现了当前学校哲学社会科学学者的学术能力和学术水平。"散是满天星，聚是一团火"，统一组织出版的目的在于进一步提升中南大学哲学社会科学的学术影响及学术声誉。

中南大学科学研究部

2017 年 9 月

目　　录

绪　　论

一　问题及界定

与世界其他法典编纂不同的是，我国民法典编纂采用"两步走"的立法策略，即先编纂民法典总则编，然后编纂民法典各分编。遵循我国采用德国潘德克吞体系民法总则的立法思路，民法总则是对在各分编的基础上，通过抽取公因式的方法所进行的规定。在民法典分编尚未形成的基础上，先制定民法典总则，这个看似违背立法常理的活动，其实蕴含了一项很大的政治智慧，即通过先出台民法典总则，然后以此为基础，再来制定民法典分编。这正是李建国副委员长在"既构建了我国民事法律制度的基本框架，也为各分编的规定提供依据"①。为此，就民法典编纂的政治安排而言，民法典各分编也必须践行《民法总则》创立民商合一的立法新模式，并基于此展开分编立法

---

① 全国人民代表大会常务委员会副委员长李建国于 2017 年 3 月 8 日在第十二届全国人民代表大会第五次会议上所作的《关于〈中华人民共和国民法总则（草案）〉的说明》。

规范设计。

躬逢盛世，民法典已经成为包括整个民法学界乃至其他法学学科最为热门研究领域。但对于民法典编纂中的重大问题，从 20 世纪末一直争论到今天，诸多问题尚未形成共识。其实，在自媒体时代，每个人均有自己的价值判断。在缺乏共识的时代，学术探讨在很大程度上是遵循"公说公有理、婆说婆有理"的演出。因此，在确定性丧失的时代需要"寻求相互理解并力图达成共识"①，学术研究如此，立法亦然。是故，以分两步走的政治规划为前提，由此确定民法典各分编在《民法总则》的指导下，贯彻民商合一的立法新模式不仅是安排民法典各分编结构体系和规范内容的必然选择，更是达成民法典编纂基本共识的最优路径。

《民法总则》是民法典总则编，是民法典各分编的一般性、概括性的规则。实质上，潘德克吞体系下的《民法总则》乃是提取民法典各分编"公因式因素"而立，民法典各分编的具体制度和基本规则理当在总则所确定的"公因式因素"的指导下展开，以此保障法典的体系性。因此毫不夸张地说，2017 年 10 月《民法总则》正式施行后，不仅意味着民法典初步成型，而且还预示着中国民法和民法学即将迎来立法、解释与司法实践的新时代。②

就立法层面而言，《民法总则》是民法典各分编展开商事立法的基础。《民法总则》确定民商合一的立法模式，从基本原则、法律渊源、主体制度、客体制度以及责任制度上系统地纳入独特性的商事规范，故民法典分编应当在民法总则所确定"公因式因素"下展开立法

---

① 王轶：《民法价值判断问题的实体性论证规则》，《中国社会科学》2004 年第 6 期。
② 参见薛军《民法总则：背景、问题与展望》，《华东政法学院学报》2017 年第 2 期。

研究。我国民法典分编立法需要回应民法总则的一般性规则，实现独特性商法规则的融洽，并在我国民法典分编中进行具体制度的安排。就此而论，《民法总则》所创立的民商合一的新模式为我国民法典分编的编纂提供商事化立法的依据。就解释层面而言，无论是文义解释或目的解释都应当遵循一定的体系路径。诚然，民法解释以及民法学解释离不开民法体系与民法学体系。而《民法总则》正是潘德克吞体系民法典的基础性框架。其中，《民法总则》的主体—权利义务—责任制度确定了潘德克吞体系中总体性的逻辑框架，人格权、身份权、财产权等民事权利确定了潘德克吞体系中各分编的体系框架。因此，民法典各分编的解释论也离不开民法总则所设定的民商合一的体系逻辑。就司法实践层面而言，《民法总则》为法院提供原则性的规定和价值上的指导，从而为正确适用相关的商事规则提供参考。盖民商事纠纷存在不同解决路径，司法实践必须反映商事规则的独特品格，并不能简单地运用民事规则处理商事纠纷。然抽象性商事规则并不足以指导实践。就此民法典各分编作为总则编的具体化，必须确定具体化的商事规范。可以说，民法典各分编的商事立法研究，是保障司法实践正确适用商事规则的基础。①

　　无论立法、司法乃至执法层面，对商事规范的正确适用，是培养商事主体、建立商事诚信社会的基础，也是法律得以正确适用的前提。尽管随着市场经济的发展，我国市场化已经达到了较高程度，市场意识已经逐渐深入人心。但商事主体的独特性意识并没有得以真正的确立，商事主体的民事化、商事规则的民事化在我国司法实践中比比皆是。例如"男子带骨灰盒住酒店，酒店认为房间'报废'，索赔

---

① 参见江平《〈民法总则〉评议》，《浙江工商大学学报》2017 年第 3 期。

精神损失费 10 万"① 的新闻中，网友乃至包括一些法学专家普遍认为男子在酒店房间祭奠死者的行为违背公序良俗。尽管精神损失 10 万元赔偿要价过高，但要求赔偿损失并不失当。对此，笔者不敢苟同。笔者认为，酒店是商事主体，违背公序良俗的行为只能与其营业行为相关，而不能以民事主体的公序良俗当然适用于商事主体。酒店对死者的忌讳，其实就将自己等同于民事主体身份，学者认为该行为违背善良风俗也是一种民事思维。尽管旅客得知酒店房间祭奠过死者会在一定程度上影响到酒店的经营，但酒店应该以协议或者店堂告示事前提出，除此之外，对于非属于营业行为，酒店就不能主张自然人基于公序良俗所认可的权利。尽管酒店的董事长（或投资者）对祭奠行为具有忌讳，但基于酒店与自然人人格分离的原则，不能将自然人的忌讳强加于酒店之上。另如银行窗口所呈现出的"离窗概不负责"仅仅在于约束银行的顾客，而在银行方面，基于其经济实力与证据优势，一旦发生错误，并不受该店堂告示的制约。此种规则"律人不律己"区分适用情形，尽管消费者乃至广大网友颇有微词，却经常为司法所支持。商事主体民事化的现象普遍，这不仅影响法律的正确适用，更在一定范围内影响商事诚信乃至整个社会诚信的建立。② 因为作为商事主体的自治规则，恰好组成了社会治理的关键环节，相关规则的崩塌与法律规则的助纣为虐，恰好损害了社会公众对自治规则的合理期待，也破坏了整个社会治理规则的有效性。

值得再三强调的是，在民法典中保持商法的独特性，是我国立法机关对社会主义法律体系重要组成部分的民法与商法关系的政治抉

---

① 《男子带骨灰盒入住酒店，酒店认为房间"报废"，索赔精神损失费 10 万元》，新浪网，2018 年 1 月 23 日。

② 参见许中缘、颜克云《商法的独特性与民法典总则编纂》，《中国社会科学》2016 年第 12 期。

择，也是实现民商合一的现实选择。这是学术界与司法机关应当达成基本的立法共识，即以《民法总则》所确定的立法模式作为包括民法典各分编、单行民事法律等在内的整部民法典的内容规定和逻辑体系建立的基础。①

二　研究前提与路径

基于我国所采用的潘德克吞立法模式，遵循《民法总则》所创立的民商合一立法的新模式，在总则颁布之后，最为关键的内容就是在民法典分编中实现商事规则的独特性品格。就我国目前立法现状而言，民法典各分编的立法必然是基于既有的民事立法，包括《物权法》《合同法》《婚姻法》《继承法》《侵权责任法》等。因此，在民法典分编中实现民商合一的立法路径，至少需要考虑三个方面的问题：

其一，现行民事法律中法律规范的商事化程度。我国现行的民事立法是在以《民法通则》为中心，以"成熟一个，制定一个"的立法指导方针制定的。基于《民法通则》制定的特定时期，并没有充分发挥总则的体系功能，也没有充分考虑独特性的商事规范。事实上，《民法通则》属于微型法典。如此，《物权法》《合同法》《婚姻法》《继承法》《侵权责任法》等民事立法缺乏民商合一的立法视角在所难免，"民商不分"以及"民商混同"交叉存在。尽管在有些法律

---

① 参见张鸣起《〈中华人民共和国民法总则〉的制定》，《中国法学》2017 年第 2 期。

中，比如合同法，也在一定程度上贯彻了民商区分，但只是些许点缀。就整体而言，现行民事立法的商事化程度存在两种基本类型：一是商事化不足。典型的如《合同法》中委托合同、租赁合同的规定，存在以民事委托、民事租赁取代商事委托、商事租赁之嫌，《物权法》中浮动抵押的规定并未充分发挥商事抵押的价值，以及《侵权责任法》的过错责任规定无法涵盖商事责任一般归责认定；二是商事化过度。典型的如，《婚姻法》中夫妻财产制度是以商事财产关系为基础规定的，人格权法中人格权过分的经济化以及《合同法》中运输合同、保管合同的规定缺乏民事性的一般规范。

其二，民商合一视角下民法典分编的商事化配置程度。民法典是一个体系化的有机体。无疑，继《民法总则》立法上确定民商合一的立法体例后，民法典各分编的立法也应当考虑配置独特性的商事规范。也就是说，民商合一的立法体例体现在民法典分编之中表达为恰当地配置商事化规范。而恰当地配置商事化规范不仅意味着融入独特性商事规范，还意味着去除不恰当、过度化的商事规范。其中，合同法编和物权法编作为市场经济的基本法，自应当充分考虑独特性的商事规范的配置，而婚姻家庭编，由于其权利带有浓烈的身份性、伦理性色彩，故应当尽可能减少有关商事规范对婚姻家庭的干扰，人格编中则需要根据主体的不同，区分自然人主体人格权和非自然人主体人格权，自然人人格基于人伦性，应侧重民事规范配置，而法人、非法人主体人格则是基于营业性，应当以营业为中心配置独特性的商事规范。另外，侵权责任编作为权利的救济法，既包括对民事权利的救济，也包括对商事权利的救济，应当配置相当的商事规范。

其三，如何在民法典分编安排独特性的商事规范。我国民事立法已经形成一定民法体系，包括《物权法》《合同法》《婚姻法》《继承法》《侵权责任法》等，民法典各分编并不能脱离既有的民事立法。这就意味着民商合一视角下民法典分编应当以既有的立法为基础，而后实现商事性规范的配置。换而言之，民法典分编中的商事规范并不能脱离或有违背现行民事立法体系。典型的如《物权法》确定所有权——他物权（用益物权、担保物权）的二元体系，让与担保等商事规范的确定并不能突破现有物权体系。而《民法总则》颁布施行后，基本确定了民法典立法的范畴和范式，民法典分编也应当贯彻总则的立法模式。典型的如总则确定侵权责任不是作为债而是作为与权利义务相对的责任，就此《侵权责任法》应当定位为责任法而非债法。如此，民法典分编方能妥当安排独特性的商事规范。①

三 研究方法

本书力图通过从历史、比较、体系等不同的角度出发，采取多种研究方法，以期各个视角的相互印证、互相补充，以此在民法典体系之中实现商法的独特性品格，为构建具有实现民商合一的中国特色民法典提供坚实的理论建议。具体而言，本书的研究方法包括：

第一，历史研究方法。在考察的是民法典分编的法律体系及其制度、准则和法律律令的历史起源和沿革的基础上，追溯历史以昭示当今民商合一的基本原理以及商法独特性的具体内涵。本书力图在商法历史发展材料的基础上组合特定时空之商法规则发展所具有的一种连

---

① 参见雷兴虎、薛波《〈民法总则〉包容商事关系模式研究》，《甘肃政法学院学报》2017 年第 1 期。

续性，为我国民法典各分编中融入独特性的商事规范提供内在合理性论证。

第二，比较研究方法。从不同的发达的商法立法中得到各自承认的法律和准则给分析研究提供材料，重在对各国商事立法的观察与分析的基础上来比较。纵向上对各国商事法律发展历史沿革深入分析，横向上不局限于某个视角上多层面比较，通过对不同国家民法典分编或商法典分编的立法比较，鉴别、发现不同立法体系形成的历史背景、政治要素，乃至不同商法规范构造、商事合同、商事担保特征和特色以及商事责任的综合性以及自治性，从而吸取优秀先进的商事立法经验，总结出商事独特性规则，从而为我国民法典分编所采。

第三，体系研究方法。关注商法体系的结构、主旨和律令，以求通过体系化、系统化分析而达致该法律体系的赖以为逻辑的前提的若干原则、理论和概念，并且在此逻辑的基础上将立法与司法裁决的权威性材料组织起来，通过对特定商法体系中的规则进行逻辑论证后在分析不同商法体系中规则并且形成的一般性法律原则。从而以富有逻辑和条理的方式在民法典中实现体例上的民商合一。

第四，社会学研究方法。社会法学着眼于把法律体系作为一种社会工具和社会控制的一部分。其实，就从功能上而言，商法规则实质上也是经济商业社会实施控制必要的工具和组成部分。很大程度上，本书将总则的体例模式、人格制度、身份制度、财产权以及权利救济制度各方面所呈现出商事特性结合法律予以实现的社会目的开展研究。

第五，经济学研究方法，民商合一的立法背景下，以公平价值为依托的法学方法不足以论证商事规范的独特性，越发显现出其局限性。这也是民法典难以真正实现民商合一立法的关键。事实上，商事规范与商品经济的效率价值密切相关，相关独特性有赖于经济学分析方法提供论证路径。通过成本收益分析以及行为激励分析，可以发现经济学方法是法学方法的重要补充，商事法律制度也只有在法经济学视角下才能够实现公平与效率的统一，进而实现民商立法的合一。毫不夸张地说，法经济学为我们提供一个研究商事规范的全新视角和契机。

四　研究创新

本书是国内第一部以民商合一的视角来审视民法典分编的商事规则独特性，并提出如何在民法典各分编中融合商事规则的独特性，其学术创新与应有价值包括：

第一，突破传统民商合一的理论瓶颈。传统民商合一理论的困境在于民商合而混同，无法体现商事规范的独特性。民法典分则各编贯彻民商合一立法新模式既够体现商事规范独特性的要求，又实现法典体系化的要求，从而避免民商不分。也就是说，在民法典各分编的理论研究中，传统民法学者也应当侧重于贯彻《民法总则》所创立的民商合一立法模式，加强能够体现各分编商事规范独特性的研究，从而得以打破传统的理论桎梏，制定能够彰显时代性民法典，完成时代所赋予当代中国学者的历史使命。"编纂民法典是对现行民事法律规范进行系统整合，编纂一部适应中国特色社会主义发展要求，符合我国国情和实际，体例科学、结构严谨、规范合理、内容协调一致的法典。"① 其实，在民法典各分编中如何实现商事团体权利的保护，如何实现商事主体的预期利益，这也正是民法典物权法编、合同法编、侵权责任法编、婚姻家庭编以及继承编的理论研究所致力实现的内容。

第二，创造性提出贯彻民商合一新模式的分编立法路径。以《民法总则》和民法典各分编为主体构建的民法典应当是体系统一的有机整体，其中《民法总则》是民法典各分编的抽象产物，各分编则是《民法总则》的具体延续。由此，《民法总则》所创立的民商合一立法新模式必然会引发一系列的体系效应，影响其后的民法典各分编的立法路径。由此民法典各分编延续总则所创立的民商合一立法新模式，就意味着是实现整部民法典的民商合一。事实上，我国民法典编纂采用"两步走"的立法策略，即先编纂民法典总则编，然后编纂民法典各分编。遵循潘德克吞体系的立法思路，总则是对在各分编的基础上，通过抽取公因式的方法确定基本内容和结构，民法典分编则应当遵循"公因式"的一般性规定展开。为此，就民法典编纂的立法而言，应当践行《民法总则》创立民商合一的立法新模式，并基于此展开民法典分编立法规范设计。

第三，为民商事纠纷提供具体的、可取的解决路径。民商法的关系一直是困扰司法实践的一大难题。典型的如在司法实践中，如何保护隐名股东的实体权利，众说纷纭。其实，这都涉及民商法律的适用问题。而民法典分编系统性、全面地考虑独特性的商事规范，确定相对具体的商事规则，就为法院司法裁决提供依据，也为正确地、有区分地适用民商事规范确定了基本准则。典型的如在民法典合同编中区

① 全国人民代表大会常务委员会副委员长李建国于 2017 年 3 月 8 日在第十二届全国人民代表大会第五次会议上所作的《关于〈中华人民共和国民法总则（草案）〉的说明》。

分民事合同与商事合同之后，尤其是区分商事委托合同与民事委托合同，商事租赁合同与民事租赁合同，诸如合同订立的标准、双方权利义务负担与分配、违约责任的确定、过错以及是否适用惩罚性赔偿等问题也就迎刃而解了。

第一章　民商合一的《民法总则》与民法典各分编的商事立法路径

　　无论是采用民商分立立法模式的《德国民法典》《法国民法典》《日本民法典》，还是采用民商合一立法模式的《意大利民法典》《瑞士民法典》《荷兰民法典》，均在施行之中强调商法与民法的合作。可见，商法规范并不具有自洽体系，商事基本原则、主体制度、行为制度、权利制度以及责任制度只有回归民法典中的一般性规则才能找到恰当的体系路径。就此而论，民商合一是世界范围内民法典历史发展的共同趋势。中国民法典既传承德国潘德克吞立法体系，又顺应民商合一的世界潮流。但问题是，《德国民法典》乃基于民商分立立法模式抽象归纳民事规范而形成的潘德克吞体系，因而德国潘德克吞体系实质上只是民事规范的体系。而我国《民法总则》在采用民商分立模式的潘德克吞体系中实现了民商合一，将具有独特性的商事规范纳入其中，是中国民法对世界民法做出的巨大贡献。① 2017 年 3 月颁布的《民法总则》突破了《民法通则》民商不分的传统，在基本原则、主

---

　　① 参见许中缘、颜克云《商法的独特性与民法典总则编纂》，《中国社会科学》2016年第 12 期。

体、行为、权利、责任等方面确立了民商合一立法的基本体系，实现了民法典对商事独特性规范的统摄，解决了在潘德克吞体系下如何实现民商合一的世界难题，具有重要的历史意义。事实上，《民法总则》不仅是一部民事法律，更是民法典总则编。是故，《民法总则》创立了民商合一的立法新模式，也为民法典各分编中是否规定独特性商事规范以及如何实现商事规范独特性提供了依据和指引方向。申言之，民法典各分编应当在《民法总则》所创立的民商合一模式的基础之上展开民商事规则的立法设计。

第一节 中国民法典实现民商合一立法模式面临的难题与突破

就我国现有的立法资料、理论研究、司法实践以及世界各国的立法模式和理论研究而言，中国民法典采行民商合一立法模式并无可供直接借鉴的立法经验。因此，一方面我国民法典要在潘德克吞体系下实现民商合一的立法模式是史无前例的创举，另一方面也将面临前所未有的困难。

一 潘德克吞体系民法典实现民商合一面临三大难题

第一，以《民法通则》所确立的潘德克吞民法体系并未能有效实现民商合一。我国现行民事立法是以《民法通则》为中心而建立的各民事单行法并存的体系，其采用的正是民商合一的立法模式。但是在《民法通则》制定时我国尚处于有计划的商品经济时期，对市场经济下的商事规范缺乏了解，更遑论安排具有独特性的商事规则。例如，《民法通则》中的主体制度即侧重于自然人以及行政主体制度的安排，虽较为详尽地设置了关于自然人、个人合伙、机关法人以及事业单位的主体制度，但缺失关于公司、合伙企业等商事主体的一般性规则。尽管此后颁布的《合同法》《物权法》也在部分条文中贯彻了民商合一的立法体例，但均秉承《民法通则》的价值理念，未能充分体现商事规范的独特性。又如，《合同法》对于保管合同与仓储合同、居间合同与行纪合同等在一定程度上区分了民事规则与商事规则，但在相关规定中却出现了民商事规则之间的立场错位与越位。由于民事规则与商事规则具有差异，一些本应属于民事规则的规定并不能适用于商事交易，一些属于商事规则的内容也不能简单地适用于民事活动。例如，在民事保证合同没有列明保证方式时，保证人应该享有先诉抗辩权，而不应该承担连带责任。① 而在商事活动中，基于商事主体的专业性，当保证合同没有列明保证方式时，保证人应承担连带责任，其不应具有先诉抗辩权。但是立法既规定了先诉抗辩权，又同时规定在保证合同未列明责任承担方式时保证人应承担连带责任，陷入了"民商不分"。又如委托合同的任意解除权制度，也完全忽视了相关商事规范的特殊性。

第二，世界采用的德国潘德克吞体系总则并没有实现民商合一的立法传统。德国潘德克吞式的体系一个鲜明的特点就是以提取公因式的方法规定统摄整个民法典的总则。但是创造潘德克吞体系的德国民法典采用的是民商分立的立法模式。因此，潘德克吞体系只是由民事

---

① 值得欣慰的是，《中华人民共和国民法典合同编（草案）》（二次审议稿）第476条对此规定为"当事人在保证合同中对保证方式没有约定或者约定不明确的，按照一般保证承担保证责任"。

规范所抽象的体系。采用潘德克吞体系的《德国民法典》所架构的民事主体制度是以"自然人为镜像"而建立的相应体系，德国法人制度所采用的"拟制说"正是以自然人为基础构建法人的相关理论。如德国法学家托马斯·莱赛尔所言："一百多年以来，有关法人之理论在本质上也未超出 19 世纪末的水平。"① 也就是说，《德国民法典》所确立的民事主体制度是以个人为中心所建构的，并不能容纳以团体为核心的商事主体。而同时期采用民商分立的国家基本上均未采取德国潘德克吞式的立法体系，典型者如瑞士、俄罗斯。因此，在世界范围内采行民商合一立法模式的民法典之中并无我国可以直接借鉴的立法范例。

第三，作为借鉴德国民法典潘德克吞式、采用民商合一的《中华民国民法》也没有实现商法规范的独特性安排。我国清末第一部民律草案《大清民律草案》（1910）、1925 年的《民国民律草案》体例都包含总则、债权、物权、亲属、继承五编式德国民法典编章结构。但在《大清民律草案》中，当初采用民商分立的立法体例。光绪皇帝在变法维新、推行新政中，将制定法律看作"通商惠工之经国要政"，为了"重振商政，力图振兴"，制定了商事法律，即 1904 年的《大清商律》。② 但到 1926 年国民党第 183 次中央政治会议，《民商划一提按审查报告书》提出八大点原因应采用民商合一立法体例。③ 1929 年《中华民国民法典》一改清末以来采用民商分立模式为民商合一立法模式，但体例仍为五编。④ "关于清末至民国时期对西方私法的借鉴，

① ［德］托马斯·莱赛尔：《德国民法中的法人制度》，张双根译，《中外法学》2001年第 1 期。
② 参见王淘、于秋华《中国近代经济史》，东北财经大学出版社 2004 年版，第 77—78 页。
③ 参见季立刚《民国商事立法研究》，复旦大学出版社 2006 年版，第 137—138 页。
④ 参见杨立新《中国百年民法典汇编》，中国法制出版社 2011 年版，第 7—18 页。

学界已有定论，其时之私法纯为继受大陆法系国家尤其是德国私法的产物。"① 因此，就《中华民国民法》并没有真正实现民商合一的立法模式。就此而论，我国民法典也无可借鉴的立法历史。

二 中国民法典实现民商合一的政治必然性

尽管如此，但同时实现民商合一立法模式又是立法者就我国民法典编纂达成的严格共识。事实上，我国民法典是否应采用民商合一立法模式，学界并未形成基本的共识。在《中华人民共和国民法总则专家建议稿》（三审稿）中，商法学者大多对民商合一立法模式持批判态度，甚至反对在民法典中实现商事规范的安排，而冀图通过编纂商事通则的方式实现商事法律规范的体系化。② 至今仍有学者认为："《商事通则》是超越民商合一和民商分立争议的务实选择。"③ 其实，就目前学术界的研究而论，民法学者与商法学者之间基本上形成两个相互对立的阵营。"商法学者大多以商事规则有别于普通民事规则的特殊性，要求制定商事通则，但民法学者基于商法与民法调整对象以及基本价值等追求方面的重合性，强调两者同属于私法范畴的相似性，从而论证民商合一立法模式的必要性。"④ 尽管民法学者赞同采用民商合一立法模式，不支持制定商事通则，但同时也忽略了在民法典之中安排商事规范的独特性规则，担心民法典会演变为所谓的"民商不分"⑤；商法学者虽大体赞同民商分立，企图通过商事通则实现商事

---

① 柳经纬：《当代中国私法之发展与对西方私法的借鉴》，《暨南学报》2011 年第 3 期。

② 参见赵旭东《制定"商事通则"的五大理由》，《中国商法年刊（2007）》，第 1—11 页。

③ 王保树：《商事通则：超越民商合一与民商分立》，《法学研究》2005 年第 1 期。

④ 许中缘、颜克云：《商法的独特性与民法典总则编纂》，《中国社会科学》2016 年第 12 期。

⑤ 参见杨继《商法通则统一立法的必要性和可行性》，《法学》2006 年第 4 期；谢鸿飞《民法典与特别民法关系的建构》，《中国社会科学》2013 年第 2 期。

规范的独特性安排，却又脱离民事基本规范，导致出现"民商脱离"之现象。①

立法者就此却已经达成了严格共识。就民法典编纂的官方立法资料而言，我国民法典采用民商合一的立法模式是立法的基本共识。

首先，就实现民商合一立法模式早期的立法资料而言，2011 年国务院新闻办公室发布的《中国特色社会主义法律体系》白皮书中明确规定："民法是调整平等主体的公民之间、法人之间、公民和法人之间的财产关系和人身关系的法律规范，遵循民事主体地位平等、意思自治、公平、诚实信用等基本原则。商法调整商事主体之间的商事关系，遵循民法的基本原则，同时秉承保障商事交易自由、等价有偿、便捷安全等原则。中国制定了民法通则，对民事商事活动应当遵循的基本规则作出规定。"②这些论断表明两点：一是商法只是民法规范的一部分，现行立法实行的是民商合一立法模式；二是商法规范具有特殊性，民法规范不能掩盖商法规范的特殊性。③《中国特色社会主义法律体系》白皮书是我国政府就民商合一立法模式对中国乃至全世界所作出的承诺，该承诺对中国民法典具有立法约束力。

其次，就党中央的重大决定而言，在 2014 年 10 月 23 日中国共产党第十八届中央委员会第四次全体会议通过的《中共中央关于全面推进依法治国若干重大问题的决定》（以下简称《决定》）在提出"加强市场法律制度建设，编纂民法典"的这一任务时，就明确将编纂民法典作为市场经济法律制度建设的组成部分。由此可以看出，《决定》

---

① 参见王利明《民商合一体例下我国民法典总则的制定》，《法商研究》2015 年第 4 期。

② 国务院新闻办公室发布的《中国特色社会主义法律体系》白皮书（2011）。

③ 参见许中缘、颜克云《商法的独特性与民法典总则编纂》，《中国社会科学》2016 年第 12 期。

对民法典编纂采用的正是民商合一的立法模式。

最后，就立法机关公开表达态度而言，全国人民代表大会常务委员会副委员长李建国于 2017 年 3 月 8 日在第十二届全国人民代表大会第五次会议上所作的《关于〈中华人民共和国民法总则（草案）〉的说明》中也明确指出："我国民事立法秉持民商合一的传统，通过编纂民法典，完善我国民商事领域的基本规则，为民商事活动提供基本遵循，就是要健全市场秩序，维护交易安全，促进社会主义市场经济健康发展。"李建国委员长并就民法总则草案起草过程中遵循的编纂民法典的指导思想和基本原则明确指出，应该坚持问题导向，应该"按照民商事法律关系的内在规律，注重与民法典各分编和其他部门法的有机衔接"。

三 《民法总则》中系统性纳入独特性商事规范创立了民商合一的立法新模式

作为政治任务的中国民法典如何能够在采用潘德克吞体系的民法总则中有效实现民商合一，就处于左右为难的困境之中。一方面，就现有民事立法和立法技术而言，潘德克吞体系民法典中难以实现民商合一立法模式；另一方面，作为政治任务的民法典又不得不实现民商合一。

为此，《民法总则》在《民法通则》的基础上进行了诸多具有历史意义的创新。就具体内容而言，《民法总则》统一适用商事法律规范的基本原则，明确习惯作为商事规范的法源，确立了包括个体工商户、营利法人、合伙企业等在内的独特的商事主体体系，在法律行为之中创新规定决议这类法律行为，为商事主体确定自治的内部行为与外部行为奠定了行为基础，确立了自然人与法人、非法人组织二元化的基本商事权利的体系，以功能为视角对法人的类型进行区分，还规定包括惩罚性赔偿以及生态环境责任等独特性商事规定，完善了商事责任体系。可以说，《民法总则》正是通过创设一系列系统性的商事规范，恰当地实现商事法律规范的体系化，从而有效实现了民事立法的民商合一，解决了民商难以合一的立法难题与困境，这也表明体系化纳入独特性的商事法律规范的这一立法模式是可行的。

申言之，《民法总则》通过系统性地纳入独特性商事规范有效在总则中实现民商合一。在体系化法典之中这不仅意味着总则民商合一，还意味着民法典各分编的民商合一。因此可以说，《民法总则》在立法技术上创立了民商合一立法新模式，为包括漏洞填补在内的法律适用确定了民商法律适用的一般规则，避免"民商不分"与"合而不一"，从而能够完成政治任务，有效地实现民法典的民商合一。换言之，《民法总则》通过系统地纳入独特性的商事规范，由此创立了民商合一的立法新模式，这既契合我国民法典编纂的政治共识，也解决了德国潘德克吞体系下民商难以合一的历史难题。

第二节　《民法总则》创立民商合一立法新模式的基本内容

一　《民法总则》创新规定民商合一的基本原则

有学者认为，"商法之所以独立于民法主要是由于商事规则具有独立的价值理念和精神。正是商法价值的独立性，使得商法独立的精神实质迥异地存在，从而商法得以保持实质的独立"①。其实不然，首先，商事规范价值并不具有独立性。而且，在商法的发展过程中，存在"民法价值商法化"以及"商法价值民法化"的现象，使得商事规则与民事规则在价值取向上趋同。其次，并不存在区分商事规范与民事规范的基本原则。如学者所言："商事规则的价值取向是具有独特性，但绝不具备独立于民事规则价值取向之特质。"② 因此，《民法总则》在基本原则方面实现了民商合一的一体化。不过，有关基本原则的理解，应根据商事交易的特点，在具体规范中体现商事交易的价值特殊性。

第一，《民法总则》确立了平等保护商事主体与民事主体权益的原则。平等保护是民法的基石，也是市场经济的基础。③ 长期以来，我国在对国有企业、"三资"企业和民营企业的一些制度设计上的确存在予以差别保护的情形。《民法总则》第3条确立了民事主体平等保护原则，第4条确立了民事主体在民事活动中的法律地位平等，即确立商事主体的平等保护原则。其实，"民事权益受法律保护是民法的基本精神，统领整部民法典和商事特别法"④。平等保护就是所有的商事主体平等进入市场、平等享受各种规则、平等适应市场经济的优胜劣汰规律。我国取消"三资"企业在政策与税收方面的一些特别优待，对国有"僵尸企业"进行清理，就是使其如同民营企业一样平等遵循市场的优胜劣汰规律，确立市场主体特别是商事主体平等保护的

① 张谷：《商法，这只寄居蟹——兼论商法的独立性及其特点》，《东方法学》2006年第1期。

② 王利明：《民商合一体例下我国民法典总则的制定》，《法商研究》2015年第4期。

③ 参见沈德咏主编《〈中华人民共和国民法总则〉条文理解与适用》，人民法院出版社2017年版，第107页。

④ 中国审判理论研究会民商事专业委员会编著：《〈民法总则〉条文理解与司法适用》，法律出版社2017年版，第16页。

原则，实现市场经济的本质要求。

第二，《民法总则》确立了商事自治原则。意思自治是民法最基本的精神，《民法总则》第5条所确立的自愿原则为商事主体的商事自治确立了基础性规范。其意义在于"给予了商品生产和经营者充分的自主自决权，以发挥其积极性和创造性，这也是商品经济的内在要求在法律上的表现"①。自愿原则具有非常丰富的内容，需结合《民法总则》的其他条文进行解释。商事自治，一是体现为商事主体的类型自治。《民法总则》确立的商事主体包括个体工商户、承包经营户、合作社、营利性法人、个人独资企业、合伙企业、不具有法人资格的专业服务机构等多种类型。二是体现为商事主体的行为自治。商事主体大多规定于团体法，由此不仅表现为双方法律行为的自治，也表现为多方法律行为的自治，以及表现为决议的自治。三是体现为商事主体的责任自治，如商事主体的自愿解散。②

第三，《民法总则》确立了商事交易的诚信原则。诚信是市场经济的基石，《民法总则》第7条确定的诚实信用原则是保证商事交易顺利、快速和高效进行的前提。在一个商业诚信不能确立的社会环境下，商事交易必然缓慢而低效，不利于市场经济的发展。"只有强化人们诚实守信的观念，督促当事人认真履行合同，才能保护交易的秩序，保障社会安定有序。"③ 古罗马的诚信是"对承诺和协议的遵守和兑现"④。但在现代商事社会中，诚信原则并不仅限于合同当事人的

---

① 中国审判理论研究会民商事专业委员会编著：《〈民法总则〉条文理解与司法适用》，法律出版社2017年版，第21页。

② 参见王利明主编《〈中华人民共和国民法总则〉条文释义》，人民法院出版社2017年版，第17—19页。

③ 同上书，第24页。

④ 徐国栋：《客观诚信与主观诚信的对立统一问题——以罗马法为中心》，《中国社会科学》2001年第6期。

有约必守、有诺必行，也体现于包括诸如信息披露义务、告知义务、保密义务在内的整个缔约体系。此外，诚信原则还表现为商事主体对其意思表示应承担相应的责任，该种意思表示并不如民事主体意思表示一样，其并不因主体的意思表示瑕疵而可被撤销。

第四，《民法总则》确立了商事主体的生态环境原则。生态环境是人类社会的共同财富，一切个人和组织体都有保护环境的义务，尤其是在市场经济活动中居于主导地位的企事业单位和其他生产经营者。《民法总则》第 9 条确立的保护生态环境原则针对的主要是商事主体。[①] 生态环境并不表现为具体的物。对生态环境的侵害，有可能并不导致具体主体的利益侵害。由于对生态环境的救济，一是表现为对生态环境本身的救济；二是表现为对权益因生态环境受损的具体主体的救济，这对传统物权法和侵权法理论形成了巨大挑战，传统民法基本上并未对其加以规定。而《民法总则》的相关规定有助于构建全面保护生态环境的体系，也是对商事主体义务的特别规定。[②]

第五，《民法总则》确立了商事习惯活动的基本原则。基于民商合一的立法模式，《民法总则》第 10 条确定的习惯不仅包括民事习惯，而且包括商事习惯。特别是在当今全球化进程中，"从国际上看，国际商业惯例是国际经济法的重要法律渊源"，商事习惯"仍然在国际贸易活动中发挥着重要的、不可或缺的作用"。[③] 就此而论，商事习惯还是现代市场经济中最重要和最主要的习惯类型。与民事习惯作为弥补法律漏洞的法律渊源不同的是，商事习惯作为法律渊源不仅具有

---

① 参见李适时主编《中华人民共和国民法总则释义》，法律出版社 2017 年版，第 31—32 页。

② 参见龙卫球《我国民法基本原则的内容嬗变与体系化意义——关于〈民法总则〉第一章第 3—9 条的重点解读》，《法治现代化研究》2017 年第 2 期。

③ 张新宝：《〈中华人民共和国民法总则〉释义》，中国人民大学出版社 2017 年版，第 20 页。

弥补法律漏洞的作用，而且具有商事主体的自我惩罚功能。例如，现代商业社会中出现的团体除名规则其实就是商事习惯法发展的结果。关于民事习惯与商事习惯之区别应当采营业的标准，即因为商事规则是以营业为基础并对其加以抽象化、规范化而构建。是以，营业概念可为商事规范的法律适用提供便于操作的动态标准，既能实现民商合一之理念，亦满足商事规范的特独性要求。商事习惯与民事习惯的区别标准也概莫能外。而商事习惯、商事习惯法与商事制定法的演变，为规范商事活动提供了理论保障。

《民法总则》在民事基本原则之外确定了能够体现商事规范独特性的基本原则，其作用如同定海神针一样，构成民商合一立法模式的最坚实支柱，能够确保整个民法典的稳定，同时也有助于实现商事法律规范的体系化。

二 《民法总则》创新商事主体的类型与标准

确立商事主体是适用商事规则的前提，也是正确适用商事法律规范的保障。就世界范围内的立法而言，关于商事主体的立法具有客观主义与主观主义两种模式。基于商人作为一个独立阶层已经消失，现代商法大体采用针对商行为进行立法的客观模式。如原采用商人立法的《法国商法典》，现改采商行为立法模式。该法典规定："实施商行为并以为其经常性职业的人就是商人。"① 由于民事主体也可以是商事主体，而商事主体却一定是民事主体。在主体场域不断发生变化的情况下，如何有效实现主体的民商合一，就成为立法的一大难题。因此，在立法中，一是要避免忽视商事主体的特殊性。尽管商人作为一

———————

① 《法国商法典》（上册），罗结珍译，北京大学出版社 2015 年版，第 16 页。

个特定阶层已经不复存在，但商事主体基于其特定的时代需求，仍需要在民法典中体现其应有的特殊性。二是要避免将民事主体与商事主体予以对立，避免出现两类主体和两套规则界分的情形。否则，在具体司法实践中，将会导致人为割裂民事主体与商事主体的统一。《民法总则》正是遵循了"商事主体的特定化与民事主体的一般化要求，商事主体只能依附于民事主体"① 的立法思路，才有效实现了商事主体与民事主体的融合。

第一，确立自然人可以自主选择成为商人的实践路径。② 一方面，《民法总则》极大程度地实现了对自然人的人文关怀，体现了传统民法的"自然人镜像"。另一方面，《民法总则》在第二章第 4 节"个体工商户、农村承包经营户"的规定中确立自然人可作为商自然人，确立了自然人经商的实践路径。③ 结合该法第 96 条、第 100 条关于农村合作经济组织特别法人的规定，在农村合作经济组织尚未成为法人之前，其只是商自然人组成的其他组织，这就为我国正在实行的农村集体土地"三权分置"改革，尤其是为家庭农村、合作社、种粮大户等农村新型商事主体的培育发展明确了改革的方向。

第二，确立了营利性法人作为典型的商事主体。《民法总则》并没有采用大陆法系传统的法人分类，而是以法人是否从事营利活动并将经营所得分配给其成员为标准，确定了营利法人与非营利性法人的分类，其意义在于两类法人设立所依据的法律、设立程序以及规制不

---

① 许中缘：《论商事规范的独特性而非独立性》，《法学》2016 年第 12 期。
② 参见许中缘《商法的独特品格与我国民法典编纂》（上册），人民出版社 2017 年版，第 236—240 页。
③ 参见龙卫球、刘保玉主编《中华人民共和国民法总则释义与适用指导》，中国法制出版社 2017 年版，第 184—185 页。

同，从而为商事主体适用商事规则奠定了基础。① 《民法总则》的这一规定改变了2007年颁布的《物权法》第231条将商事主体界定为企业的做法，更具有合理性。因为就概念的内涵和外延而论，企业概念的范围更为宽泛，不利于司法的统一适用。② 事实上，《德国商法典》将商主体限制为从事商事营业的商人的行为，正是考虑到营利性是商事主体的最典型特性。③

第三，将特别法人作为商事主体的特别类型，从而为法律适用确定了基础。如果严格地将商事主体限定为营利性法人，就有可能导致一些处于中间形态的法人不能成为商事主体，既不利于市场主体的培育，也不利于促进社会经济的发展。为此，《民法总则》第二章第4节规定在特定情况下，机关法人、农村集体经济组织法人、城镇农村的合作经济组织法人、基层群众性自治组织法人也能成为特定的商事主体类型。因为"随着农村集体产权制度改革深入推进，越来越多的集体经济组织将通过股权量化建立的股份合作经济组织"④。值得注意的是，特别法人尽管兼具营利性的特点，但也具有公益性的因素，由此在税收等方面应该与营利性法人有所不同，这也是《民法总则》创设特别法人并将其作为特别的商事主体所具有的实践意义。

第四，将非法人组织作为商事主体的特定类型。《民法总则》第四章确定了非法人组织，其在第102条明确将包括个人独资企业、合

---

① 参见王利明主编《〈中华人民共和国民法总则〉条文释义》，人民法院出版社2017年版，第167—168页。

② 参见《民法总则立法背景与观点全集》编写组编《民法总则立法背景与观点全集》，法律出版社2017年版，第506页。

③ 参见［德］C. W. 卡纳里斯《德国商法》，杨继译，法律出版社2006年版，第11页。

④ 中国审判理论研究会民商事专业委员会编著：《〈民法总则〉条文理解与司法适用》，法律出版社2017年版，第175页。

伙企业、不具有法人资格的专业服务机构等在内的非法人组织作为特殊的民事主体类型，这些主体均需经过登记才能营业。其中，个人独资企业以及合伙企业在理论上应划分为营利性非法人组织。① 事实上，非法人组织中的这些主体具有商事经营特性，也属于特定类型的商事主体。

《民法总则》确立了多种类型的商事主体，符合市场经济条件下商事主体发展多样性的需求，也与发达国家的法律规定相接轨。不过，《民法总则》并没有采用商人与商行为的判断标准。换言之，《民法总则》并没有采用世界大多数国家确定商事主体的主观标准或客观标准，而确定了"典型规定＋具体列举"的规范模式。基于商事主体同时也有可能是民事主体，该模式与我国现行的民商合一立法模式是相适应的，更有利于法律的准确适用，避免陷入以商行为确立商事主体、以商事主体确定商行为的循环论证。尽管《民法总则》确立了商事主体的基本类型，但由于缺乏商事主体的基本判断标准，以至于在具体案件中法院难以通过商事主体类别来判断商事主体。②

三 《民法总则》创新规定商事权利体系

"民事权利的种类很多，各种权利的性质千差万别，我们必须把各种不同性质的权利加以整理分类，使之成为一个比较系统完整的体系。在这个体系里，不同的权利各得其所，各种权利的特点都能显示出来。这是建立民事权利体系的实益所在。"③ 在民商合一的立法背景

① 参见张新宝《〈中华人民共和国民法总则〉释义》，中国人民大学出版社 2017 年版，第 202 页。
② 参见崔建远《我国〈民法总则〉的制度创新及历史意义》，《比较法研究》2017 年第 3 期。
③ 谢怀栻：《论民事权利体系》，《法学研究》1996 年第 2 期。

下，不仅要体现民事权利体系，同时还要容纳商事权利的规范，以期实现商事权利的体系化。然而，基于商事权利的实践性，关于其是否能够建立起独立的商事权利体系并无定论。《民法总则》的民事权利体系是以人格权、身份权和财产权为基础，并将其他类型的权利对这三种权利进行细化或者组合，从而形成相应的民事权利体系。①《民法总则》所确立的商事权利体系也是如此。不过，在人格权、身份权和财产权的基础上，《民法总则》选择了以团体主义为中心构建商事权利体系。

第一，确定了法人（团体）独立财产权。遵循法人财产独立于成员财产的规则，②《民法总则》第58条确立了法人成立时需要具有自己的财产或经费，由此确立了法人的财产所有权，并在第60条规定："法人以其全部财产独立承担民事责任。"同时，也确立了法人（团体）的成员独立于与法人（团体）的财产规则。这是继《民法通则》以来新增加的规定，也是法人（团体）独立原则的体现。③《民法总则》第83条则从侵害法人独立责任的责任承担角度进行了规定。一是滥用出资人的责任，明确了滥用出资人权利给法人或者其他出资人造成损失的，应当依法承担民事责任。二是滥用公司独立责任的责任，明确了滥用法人独立地位的，应当依法对法人债务承担连带责任。以此进一步确立了法人（团体）的独立财产权。④

尽管《民法总则》在法人章节中确立了法人独立财产权，但在非

---

① 参见许中缘、屈茂辉《民法总则原理》，人民出版社2012年版，第37—38页。

② 参见许中缘《论法人的独立责任与二元民事主体制度》，《法学评论》2017年第1期。

③ 参见沈德咏主编《〈中华人民共和国民法总则〉条文理解与司法适用》，法律出版社2017年版，第453—454页。

④ 参见王利明主编《〈中华人民共和国民法总则〉条文释义》，人民法院出版社2017年版，第179—180页。

法人组织的规定中，却没有很好地贯彻团体财产权规则。例如，《民法总则》第 104 条规定："非法人组织的财产不足以清偿债务的，其出资人或者设立人承担无限责任。法律另有规定的，依照其规定。"而在第 74 条又规定："分支机构以自己的名义从事民事活动，产生的民事责任由法人承担；也可以先以该分支机构管理的财产承担，不足以承担的，由法人承担。"其赋予债权人以选择权，只要是分支机构的债务，债权人均可起诉法人，而不是分支机构，这与第 104 条规定的宗旨相矛盾。①

第二，明确了法人清算优先权。《民法总则》第 70 条确定了法人解散时清算人的清算义务，第 71 条确定清算的程序和职权，第 72 条则进一步确定法人在清算期间的权利义务以及清算剩余财产的处理。结合《民法总则》第 95 条的规定，在法人清算财产期间，禁止向法人的设立人或其成员分配财产，从而明确了法人在解散时依法优先进行清算的权利，即法人清算优先权。② 其一，该条丰富了投资者保护的相关法律规范。虽然有法律为出资、退资、股权转让、兼并等提供了系统的法律规范，但没有为投资失败后投资者的权利保护提供相应法律手段，该条规定为投资者利益实时退出提供了相应机制，在一定程度上免除了股权投资者的后顾之忧。其二，该条规定有效衔接了《公司法》与《民法总则》的规定。按照《公司法》第 182 条的规定，公司的运行和监管出现严重困难仍继续运营可能会导致公司股东的股本遭受巨额亏损，不能用其他方式解决的，拥有超过公司所有股东表决权额 1/10 的股东，有权向人民法提起诉讼，以求将公司解散。

---

① 参见李适时主编《中华人民共和国民法总则释义》，法律出版社 2017 年版，第 222—223 页。

② 参见中国审判理论研究会民商事专业委员会编著《〈民法总则〉条文理解与司法适用》，法律出版社 2017 年版，第 132—134 页。

公司解散之后，投资者可以根据法人章程或者决议的规定抽回出资。由此可见，通过清算优先权的商事权利机制安排能够有效保护投资者的投资权益，进而维护市场机制稳健有序地发展。①

第三，创立了成员权（股权）的基础性规定。根据传统民法理论，股权是由共益权与自益权内容组成。《民法总则》第85条规定出资人享有表决权、撤销权等共益权内容，第76条、第83条、第84条规定出资人具有利润分配请求权等自益权内容。因自益权是共益权的基础，《民法总则》的这些规定确定了有关成员权的规定。② 而成员权的确立，是自然人实现团体化组建和进行"商化"的基础，也是农村集体土地"三权分置"改革的关键。事实上，目前学者们关于土地所有权、承包权、经营权三权划分不清，其实质就在于没有准确把握承包权在其性质上应属于成员权的基本定位。

除此之外，《民法总则》第125条还确定了有关商事财产权的一般性规则，创新了德国潘德克吞体系民商合一的立法模式，从而实现了商事权利的体系化。其实，自罗马法以来，传统大陆法的财产法概念体系是以有形物为基点而展开的，其后并逐渐演变为物权和债权二元区分的财产权体系。由于商法是商品经济发展到一定阶段的产物，商法的财产流通大多表现为无体财产流通的特征，并不必然表现为具体的物。例如，商事主体通过票据、营业权和股权等无形财产的流转就能获得大量财富。由此可见，商法制度所确立的开放性和多元化的财产权规则，尤其是集权理论、分权理论、财产权计量理论都已无法为传统的财产权二元体系所涵盖。

---

① 参见王利明主编《〈中华人民共和国民法总则〉条文释义》，人民法院出版社2017年版，第158—159页。

② 参见龙卫球、刘保玉主编《中华人民共和国民法总则释义与适用指导》，中国法制出版社2017年版，第268—298页。

如此一来，商法财产权体系自然难以融入民法典。而要实现现有财产权体系上的民商合一，以及实现民法对商法的统领和有效规制，必须对财产权规则进行整合。事实上，实现民商合一的一个主要体现即为实现民事财产权利和商事财产权利在同一层次上的定位，加之由于法律体系形成的原因使得民法财产法概念体系在技术上很难适用于商法，因而构建一个独立于现有民事财产权利体系并能统领民商事财产权利体系的财产法一般规定实为必要。而实现商事财产权利与民事财产权利的融合，就必须拓展现有民事财产权利体系的构建基点，而拓展现有民事财产权利的形态，必须依靠统领民商事财产权利体系的财产法一般规则打开商事财产权利进入民法典的大门。因此，《民法总则》第 125 条调整具体财产关系领域的财产法基本规则是对于民商事财产关系的统一规范，既可克服传统财产关系和财产权利关系的过于分散，又可扩大现行民法典财产关系的适用范围，从而为真正实现民商合一奠定理论基础。① 诚如学者所言："在民法总则之中通过规定商事财产权利的一般性规定的方式有助于实现财产权利的'民商合一'。"②

四 《民法总则》创新规定商事主体的行为类型

"商行为概念与商人概念一样支撑商法的构造，形成商法逻辑的又一个起点。商行为制度与商人制度是构成商法的两大基本制度。商法的绝大多数规则或为规范商人而设，或为规范商行为而设，而其他

---

① 参见许中缘、颜克云《商法的独特性与民法典总则编纂》，《中国社会科学》2016年第 12 期。

② 王利明主编：《〈中华人民共和国民法总则〉条文释义》，人民法院出版社 2017 年版，第 278—279 页。

规则仅具有辅助性之意义。"① 就世界范围内的商事立法而言，无论是坚持商人立法（主观主义）或商行为（客观主义）的立法，还是兼采商人与商行为主义（折中主义）的立法，均不能回避有关商行为的内容。例如学者认为，商行为是基于特定商行为能力而从事的，以营利为目的的营业性行为，乃商法的核心支柱。② 就目前制定商法典的国家而言，无论是法国、德国抑或日本，无一例外都是以商行为为轴心构建其商法体系，但这些立法例都存在以下两个方面的问题。

其一，没有明确商行为与法律行为的客观联系。基于商行为的立法规定，学者对商行为是否属于法律行为存在争议。"长期以来，我国许多学者都是将商行为、商事行为与商业行为作为可以相互替换的概念加以使用。"③ 商行为只是判断商事主体的标准，失去了商行为控制的内在含义。

其二，商行为概念无法为具体商行为概念提供指导。根据大陆法系概念建构的一般原理，上位概念对下位概念具有指导作用。④ 上位概念可以舍弃若干特征形成下位概念，而下位概念可以增加若干特征形成上位概念。⑤ 据此，商行为概念作为上位概念是对具体商行为的下位概念的抽象，如公司的设立行为、票据法律行为、保险行为、证券行为等。但事实上，商行为仍然无法完全涵盖这些行为类型。⑥

另外，商事主体的意思自治并不同于一般的民事主体，其主要表

---

① 王保树主编：《商法》（第2版），北京大学出版社2014年版，第40页。

② 参见赵万一《商法学》，法律出版社2001年版，第141页。

③ 范健、王建文：《商法学》（第4版），法律出版社2015年版，第44—45页。

④ 参见许中缘《论体系化的民法与法学方法》，法律出版社2007年版，第192—193页。

⑤ 参见许中缘《论法律概念——以民法典体系构成为视角》，《法制与社会发展》2007年第2期。

⑥ 参见许中缘《商法的独特品格与我国民法典编纂》（下册），人民出版社2017年版，第505—506页。

现，一是外部行为的自治，二是团体自治。前者通过法律行为，而后者通过多方法律行为以及决议的方式。由此可见，民法典总则规定的民事法律行为，只是商事主体与他人从事行为的外部规则。而从立法的角度而言，单一的商行为概念也无法涵盖商行为的所有类型。因此，《民法总则》第 134 条有关法律行为的一般性规定具有重要的意义。具体而言，主要表现在以下几个方面。

第一，《民法总则》将商行为作为法律行为的一种类型，确定了商行为的性质。"法律行为与商行为之间，必将出现绝然的断裂，整部民法典的内在逻辑遭到破坏，使'民商合一'失去了意义。"[1] 根据《民法总则》第 133 条、第 134 条的规定，此处的法律行为应包含商事法律行为（商行为）。[2] 如此一来，《民法总则》法律行为的规定能够廓清学者之间的争议，为法律行为调整商行为奠定基础，从而使得商行为具有丰富的内涵，也进一步地促进和实现了民商合一。

第二，除了规定典型的双方法律行为之外，《民法总则》还创造性规定了商法自治的多方法律行为。多方民事法律行为是指多方当事人意思表示一致才能成立的行为。多方民事法律行为为贯彻团体主义奠定了基础，体现了个人主义与团体主义融合的立法观，为现代团体性商事规则开辟了进入民法典的路径，从而有助于在民法总则中实现民商合一。[3] 多方民事法律行为不同于单方民事法律行为和双方民事法律行为，其对意思表示的成立具有特别的要求。其一，意思表示以章程或法律所规定的"人数多数决"或"资本多数决"而形成；其

---

① 苏惠祥主编：《中国商法概论》，吉林人民出版社 1996 年版，第 78 页。

② 参见中国审判理论研究会民商事专业委员会编著《〈民法总则〉条文理解与司法适用》，法律出版社 2017 年版，第 241—243 页。

③ 参见王利明主编《〈中华人民共和国民法总则〉条文释义》，人民法院出版社 2017年版，第 297—300 页。

二，意思表示的成立需要遵循章程与法律所规定的程序。①

　　第三，《民法总则》第133条第2款确定了决议成立的一般规定，明确了特殊类型的商行为。所谓决议，是指社团机关依据一定程序（即多数表决原则）所形成的决议，是多方法律行为的典型类型。因为社团依靠社团的代表人（机关）实现既有的权利能力与行为能力，但社团机关或代表人从事行为时，应该先在团体内部形成相关的决议。② 决议调整的是团体内部之间的关系，同时也规定了团体从事行为的准则。③ 决议是具有独特性的商行为，与一般法律行为在主体、生效条件以及程序表决存在不同。正是因为决议与法律行为之间存在明显的区别，因此在第133条第2款予以特殊性规定，而非置于第1款中。④ 决议制度能够避免团体人格出现异化的解决方案系赖构建相应的规则加以制约。团体行使权利的行为是团体意志的外化表征，故防止团体人格异化的症结在于使得团体意志形成于成员的多数意志之上，⑤ 使团体行为与成员意志充分联动，真切地蕴含并承载着成员意志。其一，决议行为是团体成立后实现团体自治的工具。其二，决议行为并非要求是团体成员的一致合意。可见，决议行为的根本特征在于其根据程序正义的要求采取多数决的意思表示形成机制，决议结果

---

　　① 参见许中缘《论意思表示瑕疵的共同法律行为——论社团决议撤销为研究视角》，《中国法学》2013年第6期。

　　② 如梅迪库斯认为："董事会对外代表社团。不过，在重大问题上，在对外从事行为之前，还必须先在内部形成社团的意思。"参见［德］迪特尔·梅迪库斯《德国民法总论》，邵建东译，法律出版社2000年版，第843页。

　　③ 参见［德］汉斯·布洛克斯、沃尔夫·迪特里希·瓦尔克《德国民法总论》第33版，张艳译，中国人民大学出版社2012年版，第76页；［德］卡尔·拉伦茨《德国民法通论》（上册），王晓晔等译，法律出版社2003年版，第211页。

　　④ 参见王利明主编《〈中华人民共和国民法总则〉条文释义》，人民法院出版社2017年版，第304—306页。

　　⑤ 参见陈小君《我国农民集体成员权的立法抉择》，《清华法学》2017年第2期。

对全体的成员均产生法律约束力。① 因此可以说，民法总则规定决议制度解决成员与团体之间的利益冲突，有利于效率化地实现商事行为的表达。

五 《民法总则》创新规定商事责任类型

责任是权利行使的保障，也是权利行使的必然结果。② 我国民法典是以法律关系为逻辑，继承了《民法通则》的规定，将民事责任单独规定为一章。基于民商合一的立法模式，将商事责任内容安排在《民法总则》的民事责任之中自是题中之意。其实，商事责任是商行为的延续，也表现为外部责任与内部责任。而为适应商事交易的快速流转，前者表现为事后救济与事前预防以及基于商事主体的专业性规则所要承担的惩罚性责任。后者则表现为在一定情况下实现主体的自愿解散与强制解散责任。此外，为保障商事主体的"纯洁性"，商事责任还表现为内部成员违反法律与章程的相关规定应承受商事制裁的责任。在《民法总则》中其具体表现为以下几个方面。

第一，确定了兼顾事后救济与事前预防的商事责任机制。③ 民事责任机制可以通过修补、保障、惩戒、解释倾斜、证据规则等事后调整的手段实现对民事权利的救济。④ 但在商事领域仅仅通过事后救济措施显然无法满足金融和经济的快速发展要求，特别是无法保障市场

---

① 参见王雷《论民法中的决议行为——从农民集体决议、业主管理规约到公司决议》，《中外法学》2015 年第 1 期。

② 参见魏振瀛《制定侵权责任法的学理分析——侵权行为之债立法模式的借鉴与变革》，《法学家》2009 年第 1 期。

③ 当然也有学者指出，民事规范能够通过为行为提供法律模式的民法调整方法，包括法律规范和法律行为的制度，提供事实上以及价值上的范导，从而实现事先救济。然而，事实上，这是法律规范的指导作用，而非提供事先救济。参见徐国栋《民法总论》，高等教育出版社 2007 年版，第 78 页。

④ 参见徐国栋《民法总论》，高等教育出版社 2007 年版，第 80 页。

交易关系中的弱势群体。如在公司"资不抵债"而破产的情况下，并无法从实质上改变因公司破产给投资人造成的损失。① 商事责任预防机制是对传统私法责任制度的一种发展。可以说，事先预防机制不仅可以实现对市场风险的适度控制，也有助于促进市场经济的稳定和长期发展。《民法总则》第 85 条、第 170 条第 2 款所确立的团体内部约定不得对抗第三人的规则以及第 170 条第 1 款与第 172 条所确立的表见责任，正是商事责任的典型表现形式。②

第二，创新性地规定了惩罚性赔偿责任。为避免商事主体滥用商事主体的专业性，对商事主体的某些不当行为应给予惩罚性赔偿。例如，《证券法》中就存在大量针对商事主体违法违规行为而对其实施制裁的惩罚性赔偿规定。《民法总则》吸纳惩罚性商事赔偿的规则，在第 179 条创造性地规定了惩罚性赔偿的责任承担方式，为商事主体承担惩罚性赔偿责任提供了可靠空间。③ 其实，第 179 条所确立的具有惩罚性质的违约金责任，也是商事主体通过制裁对方当事人进而实现自身利益保护的一种方式，与民事违约金的性质具有不同，这是民法典分编部分所应规定的内容。

第三，明确商事主体的解散责任。商事权利所需要的特殊的保护规则不仅仅是形成某一法律关系的规范，而且还表现为解除或解散某一法律关系的规范。④ 商事权利的解散责任机制表现为商事规则还具有解散法律关系规范的属性，并且该解散责任仅限于商事主体适用，

---

① 参见丁海俊《预防型民事责任》，《政法论坛》2005 年第 4 期。

② 参见张新宝《〈中华人民共和国民法总则〉释义》，中国人民大学出版社 2017 年版，第 366—372 页。

③ 参见李适时主编《中华人民共和国民法总则释义》，中国人民大学出版社 2017 年版，第 560 页。

④ 参见蒋大兴《论民法典〈民法总则〉对商行为之调整——透视法观念、法技术与商行为之特殊性》，《比较法研究》2015 年第 4 期。

而并非广泛地适用于所有民事主体。《民法总则》第 68 条确立了法人终止情形，第 69 条、第 70 条和第 71 条确立了法人清算的一般规则，第 106 条和第 107 条确立了非法人组织解散和清算的一般规则。

第四，为商事团体内部的制裁提供合法的依据。商事主体可以依据约定或者法定事由，实施内部制裁。[①]《民法总则》第 134 条第 2 款所规定的决议行为为商事团体内部自治确立了制裁的规则。也就是说，只要是符合法律与章程规定，当商事团体内部成员出现违规违章情形时，商事主体可以通过决议的方式，对其实施相应的制裁行为。[②]例如，《最高人民法院关于适用〈中华人民共和国公司法〉若干问题的规定（三）》（法释〔2011〕3 号）第 18 条就明确规定，对于未及时履行出资义务的股东，股东会具有可以决议解除该股东资格。

第三节　民法典各分编需要延续《民法总则》所创立民商合一立法新模式

毫无疑问，以《民法总则》和民法典各分编为主体构建的民法典应当是体系统一的有机整体，其中《民法总则》是民法典各分编的抽象产物，各分编则是《民法总则》的具体延续。由此，《民法总则》所创立的民商合一立法新模式必然引发一系列的体系效应，影响其后的民法典各分编的立法路径。事实上，民商合一不仅是民法总则的立

[①] 参见周林彬、官欣荣《我国商法总则理论与实践的再思考》，法律出版社 2015 年版，第 458—460 页。

[②] 参见王利明主编《〈中华人民共和国民法总则〉条文释义》，人民法院出版社 2017 年版，第 305 页。

法模式，也应当是整部民法典的立法模式。民法典各分编必须延续总则所创立的民商合一立法新模式，进而实现整部民法典的民商合一。这也就意味着民商合一是民法典各分编的基本出发点，民商合一立法新模式则是民法典各分编实现的民商合一的必由之路。

一　民法典各分编延续民商合一立法新模式的立法必然性

毋庸置疑，《民法总则》所创立的民商合一的立法模式，也是我国民法典走向独立和趋于成熟的重要标志，具有重要的意义。然而，《民法总则》仅仅是民法典编纂的一个开端。就民法典出台的政治要求而言，现今距离2020年民法典的正式出台时间很紧，然而形成一部"编纂一部适应中国特色社会主义发展要求，符合我国国情和实际、体例科学、结构严谨、规范合理、内容协调一致的法典"的伟大民法典并不仅仅是《民法总则》能完成的，还需要民法典各分编紧密配合。作为一部规范性民法典，其主要的民商事规范仍然有待于民法典各分编予以确定。就此而论，我国《民法总则》涵盖了商事独特性的一般民事规则以统筹民商规范的立法新技术，对于民法典分编的制定，尤其是在民法典各分编中实现民商合一，具有重要的指导意义。

二　民法典各分编延续民商合一立法新模式的理论应然性

事实上，一个时代的民法典的水平，很大程度上取决于一个国家民法研究的水平。就此而论，当代中国民法典是在中国民法学者创造出中国的民法学的基础之上所架构的。[①]　而民法典又是民法学研究的基本范畴和对象。是故，践行民商合一立法新模式实质上是时代赋予

---

① 参见［德］霍尔斯特·海因里希·雅克布斯《十九世纪德国民法科学与立法》，王娜译，法律出版社2003年版，第12—14页。

当代中国学者伟大的历史使命。

因此可以说,民商合一立法新模式为民法典各分编的商事规则的研究确定了基本起点。"编纂民法典是对现行民事法律规范进行系统整合,编纂一部适应中国特色社会主义发展要求,符合我国国情和实际,体例科学、结构严谨、规范合理、内容协调一致的法典。"① 基于法典体系化的要求,民法典分则各编也应该适应民商合一的立法模式。在民事规则的立法过程中,应当体现商事规范独特性的要求,从而避免民商不分。也就是说,在民法典各分编的理论研究中,民法学者也应当侧重于贯彻《民法总则》所创立民商合一立法模式,加强能够体现各分编商事规范独特性的研究,从而得以制定能够彰显时代性民法典,完成时代所赋予的历史使命。其实,在民法典各分编中如何实现商事团体权利的保护,如何实现商事主体的预期利益,这也正是民法典物权法编、合同法编、侵权责任法编、婚姻家庭编以及继承编的理论研究所致力实现的内容。

当然,《民法总则》创立的民商合一立法模式,是当今我国民商法立法中最为革命性的改变,如何在民法典各分编的相关法律规范的制定中,吸收理论研究以全面地实现商事法律规范的特殊性安排,有效实现民商合一,而非民商不分或"合而不一",正是中国民法理论所面临的艰巨挑战。

三 民法典各分编延续民商合一立法新模式的司法实然性

首先,民商合一立法新模式能够为民法典各分编中民法与商法的具体适用关系提供基本的准则。其实,《民法总则》公布之前,民商

---

① 全国人民代表大会常务委员会副委员长李建国于 2017 年 3 月 8 日在第十二届全国人民代表大会第五次会议上所作的《关于〈中华人民共和国民法总则(草案)〉的说明》。

法的关系一直是困扰司法实践的一大难题。典型的如在司法实践中，对隐名股东的实体权利如何予以保护，一直争议较多。肯定说认为，出资是证明股东存在的唯一要件，隐名股东是真正的出资者，其实体权利理应受到法律保护。否定说则认为，基于《公司法》股东登记制度的规定，只有记载公司股东名册的股东才能行使权利，这是商事外观主义原则的体现。究其根源，我国现行法律是在"成熟一个、制定一个"的基础上制定的，《合同法》与《公司法》均属于民事单行法的内容，在法律适用上，并不存在位序上的差异，从而在实践中存在使用冲突。而《民法总则》生效之后，根据该法第 11 条的规定，《公司法》作为民法典的特别商事规范，应该优先适用《公司法》的相关规定。据此，可以有效地解决争论。

其次，民商合一立法新模式是《民法总则》立法的前提，同时也是民法典各分编商事法律规范的基础，能够弥补分编中存在的商事法律漏洞。在商事法律规范适用不足时，不能简单地以民事规范来弥补法律规范的漏洞，而应该以《民法总则》所确立的商事规范的独特性来弥补法律规范的不足。但值得注意的是，在《公司法》的相关规定出现漏洞时，此时究竟是根据《民法总则》还是根据《公司法》的规定进行漏洞填补是一个颇具争议的问题。笔者认为，根据特别法优先于特别法的一般原理，此时应该根据特别法的一般原则进行漏洞填补，然后再根据《民法总则》的规定对漏洞填补是否恰当进行审视。因为民法总则通过对民法分则以及民事单行法抽取公因式予以构建的。但是法律适用顺序则相反：先审视特别法的规定，规定不足时才回到特别法的总则，然后再适用民法典总则。这也符合法律适用中"目光往返流转"的原则。遗憾的是，我国司法机关在制定相关解释时，并没有严格遵行在《民法总则》视野下对商事特别法进行漏洞填补的一般规则。典型的如《最高人民法院关于适用〈公司法〉若干问题的规定（三）》（法释〔2011〕3 号）第 25 条第 2 款规定的实际出资人与名义股东之间的争议完全是以《合同法》而不是《公司法》的相关规定弥补《公司法》规定的漏洞。[1] 这其实也是在我国盛行的民商不分的认知背景下的一个负产品。

第四节　民法典各分编中践行民商合一立法新模式的基本路径

基于法典的连贯性，民法典各分编应当也必须延续《民法总则》所创立的民商合一的民法模式。更为重要的是，如何在民法典各分编之中延续，即如何在民法典各分编践行民商合一的立法路径。这是民法典各分编民体系结构构建的出发点，也是民商事规范立法研究的出发点。

一　贯彻民商合一立法新模式要求既有民事立法具备体系性

在传统立法路径中，民事立法中的民商事规范配置呈现出错综复杂的状态。单行民事法律规范中存在以民商分离视角而展开的立法。典型的如《合同法》中租赁合同是基于传统居民租赁的视角，并没有考虑商事租赁的经济效益；也存在基于民商混同视角而展开的立法。例如，尽管《合同法》中区分有偿委托合同（商事）和无偿委托合

---

[1]　值得欣慰的是，也有学者正视到此种不足。参见钱玉林《民法与商法适用关系的方法论诠释——以〈公司法〉司法解释三第 24、25 条为例》，《法学》2017 年第 2 期。

同（民事），但是两者的权利义务配置却无实质差别，在委托合同中确定合同双方主体都享有任意解除权，并未考虑商事委托中委托人与受托人所形成的商业信赖关系，受托人并不能任意解除合同；还有部分则以民商渗透的视角而展开的立法。例如，《婚姻法》等具有浓烈身份色彩的单行法律，却基于商品经济的因素考虑在婚姻家庭中渗入了商事规范的立法因素。这就意味着民法典仅仅在某些内容上添加独特性商事规范或去除不必要的商事规范，并不能在整体上实现法典的民商合一。换言之，所谓贯彻民商合一立法新模式就不仅仅是某些部分条文内容上民商合一，而是整个法典体系上的民商合一，既要求系统性地补足缺失的商事规范，同时又必须系统性地去除过度的商事规范。

其实，法典结构体系和条文内容是相互联系的。民法法典化过程就是民法体系化的过程，即旨在将单行民事立法形成一个内容完整、一致的体系，既包括形成以价值理念为中心构成的内在体系，也包括形成由各分编规范所构成的外在体系。民法典本身则是由一定的内容有序排列而构成的体系化的结构体。① 因此，既有民事立法通过结构体系上贯彻民商合一的立法模式，能够整体上统合民商规范，从而实现法典内容上的民商合一。

就我国现行的分散式的立法而言，以《民法通则》为中心展开的《合同法》《物权法》《侵权责任法》《婚姻法》《继承法》都是单行法典或者微型法典，每个法律均具有自己的内在体系，由此整个法律之间并不能构建系统化、结构化的法典体系，有的只是各自独立、各为其政的物权法典体系、合同法典体系、侵权责任法典体系、婚姻法

---

① 参见王利明《民法典体系研究》（第二版），中国人民大学出版社 2012 年版，第 201 页。

典体系、继承法典体系等。例如,《物权法》在结构上以总则分则展开,内容上则重复《民法通则》平等、尊重社会公德等基本原则的规定;《合同法》《婚姻法》《继承法》无一不是如此。如此,既有民事立法只是规范民事的物权法体系、侵权责任法体系、婚姻家庭法体系等,并不是逻辑体系完备、民商规范统合的民法体系。因此,为了实现民商合一的立法新模式,对现有法律逻辑性和系统性是必然选择。

二 民法典各分编中践行民商合一立法新模式的体系路径

民法典是内在体系与外在体系的统一体。内在体系又可以称为价值体系,外部体系可以称为规范体系。内在体系是民法典体系的内核,而外在体系是民法典体系的规范呈现。尽管内在体系与外在体系是统一的,但在体系的构建中,内在体系具有决定性作用,"法律体系是具有内在逻辑联系的制度和规范构成的,具有内在价值一致性的体系结构"[1]。其一,内在体系决定外在体系的表现形式;其二,内在体系决定外在体系的解释方式。也就是说,内在体系可以在价值引领下塑造外在体系,从而实现体系的统一。那么,在民法法典化过程中,诸如诚实信用、公平、平等、民事权利等价值宣示性条文就应当置于《民法总则》之中,并以此为指导设计民法典各分编,而民法典各分编本质上也是为实现民法基本价值和功能而作出与价值宣示性条文相衔接的规定,其基本规范本应当服从价值宣示性条文的指导,就此,可以形成体系化的民法典。[2] 基于《民法总则》为民法典的总则,构建了民法典分则各编内在体系与外在体系的基本内容,这是民法典分则各编体系构建展开的基础。

---

[1] 王利明:《法律解释学》,中国人民大学出版社 2011 年版,第 162 页。

[2] 参见曾世雄《民法总则之现在与未来》,中国政法大学出版社 2001 年版,第 31 页。

第一，民法典分编的设置不能采用总分式法典的结构。在《民法总则》采纳内容具体明确的大总则前提下，关于价值判断的价值宣示性条款则应该由《民法总则》来完成，各分编就不应当再采用总则分则的结构设置。因此，分则各编的总则中不能再次重复民事基本原则，在基本原则的有关内容已经不存在的情况下，分则各编的总则也就没有存在的必要。当民法典分则需要设置一些基础性规定的时候，也只能通过具体规范性的条文予以明确，例如，侵权责任法设置专门章节确立责任构成与责任方式的一般规定。① 由此民法典体系首先应当实现的是，民法典各分编去法典化的改变。从立法角度而言，不论是《合同法》抑或是《物权法》《侵权责任法》，在松散式的立法模式中都是呈现出法典化的结构。因此，民法法典化的内部构造以及未来民法典的编章内容和排列都应当以《民法总则》价值宣示性条文为指向，去除各分编中宣示民法典基本价值理念的相关规定，由此实现各分编去法典化的结构。例如，《物权法》第 7 条有关尊重社会公德的基本原则的规定，《民法总则》中已经予以明确，不应当再置于《物权法》总则规定之中。

第二，以"民事权利"一章的内容为基础确定民法典各分编的基本内容。《民法总则》第五章"民事权利"中对人格权、婚姻家庭权利、物权、债权、知识产权、继承权、股权以及其他民事权利和利益进行规定。这是总则之中的价值宣示性条文，意味着这些内容应当成为民法典的必然内容。民法典分编的基本内容应当以总则"民事权利"章节所确定的基本权利为基础和依据。典型的如"民事权利"一章中规定人格权的内容并明确了人格权与主体制度分离的立法模式，

---

①　参见王轶《〈民法典·侵权责任编〉编纂背景与结构调整》，《国家检察官学院学报》2017 年第 4 期。

由此为人格权法独立成编确立了体系性和类型化的基础。基于商品经济的发展，商事人格权行使与权利保护的需求日益增加，例如，《民法总则》第 111 条就区分自然人与法人、非法人组织，确定不同类型民事主体享有不同类型的人格权利。是故，人格权编的设计，不仅是实现民法典保障功能的必然选择，也是实现民商合一的民法典的必然选择。当然，"民事权利"一章的规定并不意味着成为民法典分编规定的必然内容，其也可以单行民事立法的形式存在。就具体内容而言，应该区分体系性权利与结构性权利，以此作为分则各编与民事单行法展开的基础。

第三，以"民事权利—民事责任"逻辑路径确定民法典各分编的逻辑结构。在公私法混同的古代法时代，民法强调身份性，民法为义务法，此时期民法的基本价值为义务性的民法。而后近代民法实现身份向契约理念的转变。近代各国纷纷以权利为基石确定民法典的基本内容。迈入 20 世纪后，福利政治国家强调对弱势群体权利的保障，典型的如确立了无过错责任原则。可见，随着国家政治功能的变迁，民法的基石也会发生变迁。而现代化民法的基本价值理念逐渐演变为保障权利，所谓无救济则无权利。[1]毫无疑问，责任构成了现代化民法典不可或缺的部分。《民法总则》中第五章规定民事权利，第八章规定民事责任，确定了"权利—责任"的基本逻辑路径，以此奠定了现代化民法的根基。既然中国民法典有志成为现代化民法典的标杆，那么，民法典各分编理当延续总则所确定"权利—责任"的逻辑路径，首先确定权利编章，而后再确定责任编章，以此承载权利保障功能。

---

① 参见［奥］卡尔·伦纳《私法的制度及其社会功能》，王家国译，法律出版社 2013 年版，第 34—41 页。

第四，以人格权、身份权、财产权基本权利体系确定民法典分编中权利编的基本结构。潘德克吞体系的民法典是以人身权利和财产权利的基本权利体系建构的，《民法总则》第 2 条即明确民法的调整对象是人身关系和财产关系。而后民法人文关怀价值日益凸显，其强调对人的尊严和自由的保护，人格权利作为一类基础性权利也越发受到重视。[1] 民事权利体系逐渐完善为人格权、身份权、财产权的基本权利体系。《民法总则》第五章民事权利，实质也是以人格权、身份权和财产权三个权利类型为基础确定民事权利体系。其实，人格、身份以及财产为最基础的权利客体，以此确定的权利体系具有较好的延展性和稳定性，其他各个类型的民事权利均可视为这三种基础权利细化或组合的结果，均可以在这三者中实现对应，即使以后将出现的新型商事权利也不例外，从而能够避免体系的逻辑混乱。这既保证了民事权利体系的稳定性，也保持了其开放性。典型的如股权、知识产权等新型民商事权利，兼具身份权和财产权的属性，其实质就是身份权和财产权相结合的结果，也能在民事权利体系中找到相应的位置。是故，民法典各分编结构以稳定民事权利体系为基础，能够有力地实现体系统合性，贯彻民商合一的立法模式。在司法实践中法院容易在局限于个别法条适用的现象，也会随着民事权利体系的完善而得到纠正。[2] 是故，民法典分编中权利编应当按照人格权、身份权、财产权的基本逻辑推演，即为人格编、婚姻家庭编、继承编、合同编、物权编。

基于此，以契合《民法总则》所创立的民商合一的立法模式为

---

[1]　参见王利明《再论人格权的独立成编》，《法商研究》2012 年第 1 期。

[2]　参见许中缘《商法的独特品格与我国民法典编纂》（下册），人民出版社 2017 年版，第 395—398 页。

基本路径重构单行民事立法，有利于实现民法典各分编的体系化构建，该种重构实质上是实现法典体系的统一，由此实现司法裁判的统一。

三　民法典各分编中践行民商合一立法新模式的内容路径

事实上，实现民商合一的民法典，不仅要求重构既有民事立法的体系路径，还要求在法典体系化过程中，实现民商事规范的内容统合。体系因素只是实现民商合一的工具，内容才是民商能够合一的决定性因素。申言之，我国民法典各分编中条文内容的设计也应当从《民法总则》已经形成的民商合一立法模式入手，这不仅是建构体系化民法典的前提，也是设计民法典各分编民商事规范的基础。这就意味着只有从宏观层面，整体地、系统地配置民法典各分编商事规范，才能实现民法典各分编的民商合一。

首先，我们应当区分并确定现行民事立法中民商事规范配置的基本状态。大体而论，既有民事立法中存在商事规范不足和商事规范过度两种状态。其一，商事规范不足，主要表现在《物权法》《合同法》《侵权责任法》等传统财产法立法之中。这些立法多借鉴采取民商分立立法模式的德国民法典、日本民法典而制定，故明显地呈现出浓烈的民事性色彩，极度缺乏独特性的商事规范。其二，商事规范过度，主要表现在《婚姻法》《继承法》以及人格权部分立法之中。在商品化经济的侵袭下，《婚姻法》《继承法》以及人格权立法逐渐偏离人性、伦理的基本理念，越发强化利益化思维在立法之中的作用，反而呈现出商事规范过度的状态。

其次，应当分门别类地确定民法典各分编中商事规范的应然状态，即根据权利性质的不同在民法典各分编中确定配置不同程度的商事规范。由于民法典本身就是一个体系，为了使整体不矛盾地发挥功能，各编部分的法律条文必须考虑各自作用和相互的关系才能发挥整体功能。[①] 其一，基于婚姻家庭编中权利带有浓烈的身份性、伦理性色彩，故应当尽可能减少婚姻家庭编中有关商事规范的配置；其二，尽管继承权本质上也是身份权，但是基于继承编主要围绕财产流转展开，可以适当考虑商事规范的配置；其三，合同编和物权编作为市场经济的基本法，应当充分考虑独特性的商事规范的配置；其四，侵权责任编作为权利的救济法，既包括对民事权利的救济，也包括对商事权利的救济，应当配置相当的商事规范。另外，人格编中还根据主体的不同，存在自然人主体人格权和非自然人主体人格权，其中自然人人格基于人伦性，应侧重民事规范配置，而法人、非法人主体人格则是基于法定性，应当注重独特性的商事规范。

最后，以民法典各分编中应然程度的商事规范为导向，调试既有立法中商事规范的实然状态，由此决定民法典各分编商事规范配置的基本方向。值得强调的是，在民法典各分编中践行民商合一的立法新模式，并不是民商混同或民商不分或民商渗透。正因为商事主体的专业素养、商事交易的效率原则以及商事主体的社会责任所应承担的角色，民法在对商事主体与民事主体利益保护的价值取向上具有不同，因而需要予以差别对待，民商合一的民法典各分编应适当地体现商事规范的独特性。[②] 显然，如果民法典各分编忽视对商事特殊性规则的技术处理，对商事主体的健康成长、商事交易的快速流转乃至整个社会经济发展都是不利的。但同时，如果商事规范过度入侵民法典各分编，对"弱而愚"的民事主体而言又是极为不公平的，也会威胁到家

[①]　参见黄茂荣《法学方法与现代法学》，法律出版社 2007 年版，第 127 页。
[②]　参见许中缘《论商事规范的独特性而非独立性》，《法学》2016 年第 12 期。

庭的和睦幸福。所谓"民法出、忠孝亡",正是学者对被商品经济侵蚀的婚姻家庭关系所发出的深刻警醒。为此,我们一方面需要继续加强既有民事立法中缺乏相关商事规范独特性的研究,另一方面还要注意清除既有立法中过度化的商事规范,以期民法典各分编能够延续《民法总则》所确定的民商合一立法模式。

可以说,如何在民法典各分编中贯彻《民法总则》所创立的民商合一的新模式不仅是我国民法典迈向体系化的重要环节,也是民法典实现民商合一的主要载体,更是中国民法典迈向世界、走向时代前沿最为关键的一步。那么,遵循民商合一的立法新模式是构建民商合一的民法典的应然路径,也是民法典各分编展开立法设计的出发点。因此,在体系上,民法典各分编应当确定人格权编、婚姻家庭编、继承编、合同编、物权编、侵权责任编的逻辑结构;在内容上,则应当从宏观层面把握民法典各分编中商事规范的基本配置,即以各分编中商事规范的应然状态和既有立法中实然状态为基准,以此确定各分编商事规范立法研究的基本方向。

第二章　民商合一视角下人格权编商事立法具化研究

遵循《民法总则》采用德国潘德克吞体系这一立法技术选择所形成的基本共识，即人格权应当独立成编。事实上，《民法总则》第五章在"民事权利"一章中规定人格权内容并明确了人格权与主体制度分离的立法模式，为人格权法独立成编确立了体系性和类型化的基础，由此确定了人格权独立成编的必然性。《民法总则》有效实现人格权的宪法性权利的民法化确定了人格权法独立成编的应然性。那么，在人格权应当独立成编后，人格权编的立法也应当延续《民法总则》的立法技术，尤其是总则所创立的民商合一立法新模式，在民商合一的视角下展开。然而我国目前并没有人格权的单行民事立法，有关规定也在《民法总则》和《侵权责任法》之中，且学术界有关人格权立法理论研究多侧重于传统的自然人视角（民事），缺乏商事主体的独特性人格权的立法研究。而民商合一视角则意味着人格权编中民商事规范的统合性，即民事规范之中能够充分体现商事规范的独特性，商事规范是以民事规范为基础，又能够契合基本的民事规范。也就是说，人格权编在既有人格权法理论研究和《民法总则》规定的基础上，应当延续民商合一的立法新模式，对商事主体的商事人格权进行妥当配置。基于民法典各分编立法体例的基本共识，首先需要对人格权法能够独立成编以及有关人格权编具体内容的设置进行探讨。

第一节　潘德克吞体系下的《民法总则》 决定人格权独立成编的必然性

人格权法是否独立成编是在坚持人格权法这一基本价值共识前提下对立法技术选择所存在的争议，由此决定了人格权法是否独立成编这一立法技术选择很难达成共识。在《民法总则》颁布之前，就人格权法是否独立成编的学术争论而言，大都是站在人格权保护的应然立场，这具有合理之处。但在《民法总则》颁布之后，这一立场就应回归为实然立场。其中，学术争论应该遵循《民法总则》采用德国潘德克吞体系这一立法技术选择所形成的基本共识。总分结构是德国潘德克吞体系最为突出的特征，"总则编规定民事活动必须遵循的基本原则和一般性规则，统领各分编；各分编在总则编的基础上对各项民事制度作具体可操作的规定"①。《民法总则》在第五章"民事权利"中对人格权进行了抽象性、概括性以及基础性的规定，其中第109条确定了自然人一般人格权，第110条则进一步明确了自然人、法人以及非法人组织的具体人格权，包括生命权、身体权、名誉权等，对实现充分保护民事主体的人格利益具有重大的意义，也使得民法典各分编

---

① 《关于〈中华人民共和国民法总则（草案）〉的说明》，全国人民代表大会常务委员会第二十一次会议，2016年6月27日，第5—6页。

具有延续人格权设置具体规则的前提。①

一　《民法总则》在"民事权利"章中规定了人格权的内容，需要人格法编配合法典的体系化

在我国已经制定《民法总则》这一基本事实的情况下，就应该遵循德国潘德克吞体系总分结构的立法逻辑。但与采用潘德克吞体系《德国民法典》以主体制度来实现人格权保护不同的是，② 《民法总则》在"民事权利"章对人格权具体类型予以规定，由此使得我国人格权法独立成编具有重要基础。

需要明确的是，尽管《民法通则》与《民法总则》同样规定"民事权利"章，但二者具有不同的意义。就篇章的布置而言，《民法总则》与《民法通则》一样，都是第五章规定了"民事权利"，似乎二者并没有多大区别。但就实质内容而言，二者规定"民事权利"所具有的意义具有实质差异。《民法通则》作为基本法律，但《民法总则》作为民法典的总则。此外，"民事权利"章在这两个法律中地位具有显著差异，《民法通则》在"民事法律行为"与"民事责任"之间规定民事权利，更侧重于民事权利的保护；而《民法总则》是在"民事主体"与"民事法律行为"之间规定"民事权利"，是立基于权利行使的视角。《民法总则》规定人格权作为民事权利的一种类型，作为主体对自己生命、健康、姓名等事实人格所享有的一种民事权利，具有和身份权、财产权一样的权利属性。

---

① 参见中国审判理论研究会民商事专业委员会《〈民法总则〉条文理解与司法适用》，法律出版社 2017 年版，第 193—196 页。

② 虽然在《德国民法典》的自然人部分有关于姓名权的规定，但学术界对于"人格权"的保护一般都作为权利主体的人（法）的其他部分一起讨论。参见曹险峰《论德国民法中的人格与人格权——兼论我国民法典的应然立场》，《法制与社会发展》2006 年第 4 期。

概言之,《民法总则》颁布后,总则中在"民事权利"章规定人格权的具体内容,事实上已经改变大陆法系在主体制度中确立人格权的相关规定。学者再以"人格权作为主体的权利,应该在民事主体制度中予以规定"① 为基本理由来反对人格权独立成编,已无法成立。然而,既有的《民法总则》对人格权的规定仅仅简单地用三个条款予以规范,实为不妥。有关人格权的基本内容还需要在民法典各分编中予以详细的规定。② 特别注意的是,《民法总则》中规定的民事权利,基于人格权、身份权、财产权(物权、知识产权、债权)、继承权③的立法逻辑,这为"民法典各分编和民商事特别法律具体规定民事权利提供依据"。基于人格权作为主体的基本权利,也不宜在民事特别法中予以规定。因此,《民法总则》规定的有关人格权的内容只能在人格权编而不是在侵权责任法编规定。

另外,如若人格权法没有独立成编,《民法总则》规定的人格权的保护只能通过侵权责任法编予以落实。但问题是,侵权责任法编并不能实现此功能。一是容易造成体系的不协调。《民法总则》第五章规定的权利具有先后的逻辑,这是民法典分则编的立法逻辑。在人格权法不能独立成编的情况下,《民法总则》应该将人格权与主体进行规定,或者人格权的内容在民事责任一章予以规定,但如此一来,《民法总则》的内容则需要较大幅度地调整。二是体系的残缺。

---

① 参见梁慧星《〈中华人民共和国民法典大纲(草案)〉总说明》,梁慧星主编:《民商法论丛》(第13卷),法律出版社1999年版。

② 参见沈德咏主编《〈中华人民共和国民法总则〉条文理解与适用》,人民法院出版社2017年版,第572—575页。

③ 当然,《民法总则》在财产权后规定继承权,可能具有体系上的不足。一般而言,继承权作为一种具有一定身份性质的财产权,应该列在身份权之后财产权之前。

第五章规定的民事权利的内容事实上成为民法典分则各编规定的内容。[①] 比如第 112 条的权利由婚姻家庭法编调整，第 114—117 条的内容由物权法编予以调整，第 118—122 条的权利由合同法编予以调整，第 124 条规定的内容由继承法编予以调整。基于责任为权利行使的逻辑后果，《民法总则》在权利行使之后，在第八章规定了民事责任，也就表现为责任法既可以在各编中予以规定，也为侵权责任法编的相应规定提供基础。而如果人格权法不能独立成编，第 109 条、第 110 条、第 111 条规定的人格权内容欠缺了相应规定，就导致民事权利体系不再具有合理性、系统性。就此而论，人格权法独立成编不是一个价值判断问题，而是《民法总则》制定之后的立法技术作出的选择。换言之，如果人格权法的独立成编，是《民法总则》规定民事权利之后的自然而然的逻辑结果。[②]

《民法总则》在民事权利体系上确定了人格权、身份权、财产权的基本结构下，如果缺乏独立成编的人格权法设计将会导致民法典只考虑到财产权法（合同法、物权法）以及身份权法（婚姻家庭法和继承法），却忽视了有关人格权法内容的恰当编排，这无疑是民法典编纂的一大败笔。

二　《民法总则》"提取公因式"的人格权内容，需要独立成编的人格权法予以落实

第一，人格权独立成编契合《民法总则》中人格权进一步类型化的需要。《民法总则》规定了确保个人人格获得充分尊重和自由发展的

---

① 当然，并不是所有的民事权利的内容对应为相应编章，《民法总则》"民事权利"章的内容也对应为相应单行法，也表现为对相应法律的统帅。

② 参见王利明主编《〈中华人民共和国民法总则〉条文释义》，人民法院出版社 2017 年版，第 236—241 页。

"人格尊严"和"人格自由"等一般人格权，也列举了自然人"生命权、健康权、身体权、姓名权、肖像权、名誉权、荣誉权、隐私权、婚姻自主权"等权利以及法人、非法人组织的"名称权、名誉权和荣誉权"等人格权，上述各项人格权仅是对权利的简单列举，都可能有必要进一步进行类型化，明确各项人格权的具体类型及构成要件，进而在具体权利遭到侵害时提供救济。① 如隐私权可以进一步细化为个人生活秘密的权利、通信自由、私人生活安宁等类型化的具体权利，不同类型的隐私权具有截然不同的权利内容及侵权构成要件，这些都无法在《民法总则》中予以体现，需要独立成编的人格权编予以落实。

第二，人格权独立成编是抽象的民事权利权能具体化应然要求。《民法总则》在"民事权利"一章中通过抽象性规定人格权、身份权以及财产权而架构民事权体系。其中，每项权利都由具体的多种权能构成丰富和复杂的内容，以彰显权利的作用和功能。民法典内部结构体系则是在民事权利体系的基础之上展开设计的。事实上，不同权利类型之间的差异即通过权能的差异得以体现，例如，自然人的姓名权和法人的名称权内容便不完全相同。另外，正由于《民法总则》中人格权的规定缺乏具体性，进而缺少人格权利所应具有的具体权能，才需要人格权编对具体人格权的权能予以规定。②

三 践行潘德克吞体系将宪法性人格权民法化路径，需要人格权法独立成编

《德国基本法》是德国的根本大法，该法的第 1 条第 1 款明确指

---

① 参见李适时主编《中华人民共和国民法总则释义》，法律出版社 2017 年版，第 335—339 页。
② 参见张新宝《〈中华人民共和国民法总则〉释义》，中国人民大学出版社 2017 年版，第 215—218 页。

出"人之尊严不受侵犯"，第2条第2款则明确指出人人具有生命、身体以及人身自由不受侵权的权利。进而言之，《德国基本法》第1条和第2条不仅仅意在强调人的尊严是人性的发展，是法律的最高价值，更是从宪法的层面承认了一般性的人格权利。① 而《德国基本法》第5条第2款更是明确对具体的人权权利予以保护，即个人名誉之权利不受侵犯。其实，"现代意义上的宪法几乎成为了所有权利包括所有民事权利的渊源性规范，所有的民事权利都能在宪法中找到其立法的渊源和依据"②。

但问题是，我们并不能因此认为所有的权利都是宪法性质的权利。就调整对象而言，宪法作为基本规范主要以国家为义务对象，宪法性权利则是个人从国家获取利益或要求国家为一定行为或不为一定行为的权利。就基本权利的制度安排而言，宪法通常都会对公民基本权利作倾斜性配置，宪法性权利则是个人基本权利的优化配置。因此，如若简单地直接以宪法性规范调整民事主体之间的权利义务关系，不仅违背宪法基本法的价值属性，混淆基本法与部门法的关系划分，更会损伤私法调整的自治性。进而言之，如若人格权仅停留在宪法层面的表述，而不进行民法对人格权的赋权性规定和具体规范构造，不仅会导致宪法所创设的人格权被架空，更会使司法实践部门在处理人格权纠纷时处于无法可依的不利局面。③ 就此而论，为了真正保护人格尊严，实现人之为人的基本价值，宪法性的人格性权利还需要部门法予以进一步落实。换言之，无论是一般人格权抑或具体人格权不仅需要公法部门实现宪法性权利的保护，更需要私法部门的民事

① 参见［德］卡尔·拉伦茨《德国民法通论》（上册），王晓晔等译，法律出版社2004年版，第170—171页。

② 刘凯湘：《人格权的宪法意义与民法表述》，《社会科学战线》2012年第2期。

③ 参见黄忠《人格权法独立成编的体系效应之辨识》，《现代法学》2013年第1期。

法律对此予以调整，这也就是宪法性权利的民法化。

基于宪法性权利的民法塑造，从而为人格权法、侵权责任法等相关法律维护这些权利奠定基础。侵权责任法是权利救济法，仅凭侵权责任法并不能具体地落实宪法中的人格性权利，也不能全面地保护人格权利，由此也实现不了宪法性权利的民法化。因此，在潘德克吞体系的立法路径中，宪法性人格权利民法化使命，必须由人格权法予以落实，这也就意味着人格权应当独立成编成为民法典的组成部分。

第二节　传统潘德克吞体系下民法典人格权编缺乏独特性的商事人格权

在潘德克吞体系民法典中实现宪法权利的民法化要求人格权独立成编，这意味着在宪法性人格权利民法化的路径中存在人格权独立成编的基本路径。也就是说，在潘德克吞体系下，宪法性人格权利民法化的使命，应当由民法总则和人格权编来完成。其中，《民法总则》奠定宪法性人格权利民法化的基本理念和价值，人格权编则承载宪法性人格权利民法化的具体权利形式。那么，在宪法性人格权利具化为民法人格权利的同时，人格权也就得以独立成为民法典的分编。

一　潘德克吞体系民法典中宪法性人格权利民法化的模式和路径

当然，民法作为部门法，对宪法性人格权民法化在一定程度上是对宪法概念的"复述"。《德国民法典》第823条确定的生命权、身体权、健康权、自由权实质就是对《德国基本法》第 2 条所明确的生命、身体以及人身自由权等宪法性权利的民法化，而第 823 条所言其他权利，则是对基本法第 1 条人格尊严以及第 5 条第 2 款明确的个人名誉权的民法化。"并不是说，有一种生命、身体、健康和自由的不可侵犯的权利，并把这种权利与法律承认的人格权并列"①，而是因为实现基本法的规定，才需要在民法典中对宪法性人格权进一步地予以民法化。但值得注意的是，民法中并不能简单地"复述"宪法概念，还需要将宪法性权利的内容予以民法化改造。具而言之，宪法性人格权的民法化，是将宪法中的人格权利通过民法中的行为模式与法律后果予以规范，从而实现对该种人格权利的保护，这是学者所说的"民法对人格权进行的是第二次赋权"②。

理论上，民法要实现对宪法性人格权利的二次赋权，存在两种基本模式：

一是直接模式，即对宪法性人格权利直接折射为民法。对于某些宪法性人格权利，仍然可以继续沿用宪法中的人格权概念，只需对宪法概念予以照搬入民法中，实现宪法性权利的民法化。在此基础上，民法需要完成的是对宪法性人格权内容的充实和权能的重新赋予，从而实现宪法性权利的民法调整。比如人格尊严权、姓名权等。

二是间接模式，实现宪法性权利间接地民法塑造。基于宪法性权利内容的抽象性，宪法性概念较之其他法律概念更具总括性，其立法技术要求它以最简洁的概念涵括较广的外延，因此，民法就不能直接沿用宪法性人格权概念，需要对内容甚至概念名称进行整理，从而完

① ［德］卡尔·拉伦茨：《德国民法通论》（上册），王晓晔等译，法律出版社 2004 年版，第 170 页。
② 刘凯湘：《人格权的宪法意义与民法表述》，《社会科学战线》2012 年第 2 期。

成对它的二次赋权。这些权利主要表现为生命健康权、身体自由权、婚姻自由权。

由此可见，无论是直接模式抑或是间接模式，民法对宪法性权利的二次赋权都不只是简单地重复宪法中既有的人格权利，而是强调民法化的改造，或是改造概念的价值理念或是改造概念本身。而民法典本身还是高度结构化的潘德克吞体系，要求人格权利实现的层次性。那么，潘德克吞体系民法典实现宪法性人格权利的民法化改造还意味着，要完成民法典体系化的改造。这就预示了人格权利规定的先后逻辑顺序。也就是说，民法典对宪法性人格权的改造就应当按照民法典体系和民法典的构建逻辑，以私法自治的基本价值理念为指引，在民法总则中完成宪法性人格权利的概念化改造，在人格权编完成宪法性人格权利为民法人格权利的具体改造。具体而言，立法应该先规定宪法性的民法性权利，然后再规定纯粹的民事权利。例如，身体自由权与婚姻自主权应该首先在总则编中宣示性予以规定，而后在人格权编中予以具体化。

二　传统潘德克吞体系完成的只是宪法性人格权利的民事化改造

然而令人遗憾的是，传统潘德克吞体系下民法典采用的是民商分立的立法模式，《德国民法典》是以自然人（个人主义）为中心构建的民事权利体系，而以团体主义为中心架构的权利体系则置于《德国商法典》之中。其实，传统潘德克吞体系民法典，诸如《德国民法典》《日本民法典》，并未分离主体人格与主体人格权，人格权作为被保护的权益存在于侵权责任法编之中。那么，在传统潘德克吞体系下民法典所完成的宪法性人格权利的民法化改造，实质上就只是宪法性人格权的民事化表达，既没有考虑商事人格权利，也没有考虑权利体系化改造。

事实上，既有民商分立立法体例下制定的民法典并没有也无法涵盖商事主体人格权的内容。[①] 典型的如，《德国民法典》第 823 条所确定的予以保护的人格权，包括生命、身体、健康、自由等人格权利都只限于自然人的人格权，并没有涉及团体的人格权，法人团体一来没有实现宪法性人格权利民法化改造的路径，二来也没有确定人格权的授权性规定。由此在民法典的潘德克吞体系之中，所谓法人人格就难以具有人格权的意义和实质，商事人格权也不免沦为财产法意义上的权利，只能作为财产权由财产法予以保护，无法体现人格权利的本质和内涵。[②]

尽管我国已经明确未来民法典采用民商合一的立法体例，例如，在 2016 年 6 月颁布的《民法总则》草案中明确指出遵循民商合一的立法体例；2017 年 3 月颁布的《民法总则》中也明确团体的人格权，即第 110 条第 2 款规定"法人、非法人组织享有名称权、名誉权、荣誉权等权利"。由此可见，中国民法典与施行民商分立的法国民法典、德国民法典、日本民法典存在实质性的差异。但问题是，我国以《民法通则》为中心构建的民法体系，不仅遵循了德国潘德克吞的体系结构，而且以该体系为依托大幅度地接受了德国民法典中的制度内容和条款规定。[③] 就整体内容而言，既有民事立法是以《民法通则》为中

---

① 参见［德］卡尔·拉伦茨《德国民法通论》（上册），王晓晔等译，法律出版社 2004 年版，第 165—170 页。

② 参见肖俊《人格权保护的罗马法传统：侵辱之诉研究》，《比较法研究》2013 年第 1 期。

③ 参见张新宝《〈中华人民共和国民法总则〉释义》，中国人民大学出版社 2017 年版，第 2—4 页。

心展开的，而《民法通则》正是以德国民法典为蓝本制定的"小民法典"①。因此可以说，既有民法体系继承了德国民法典的绝大部分内容并稍有创新。② 然德国民法典采用民商分立的立法体例，民法典之中并不存在商事规范的相关内容，也根本没有设置人格权编。也就是说，我国民事立法在习惯性汲取德国民法典的内容为己用的路径中，立法规范设计也难免不陷入民商分离的惯性之中。是故，如果不能全面地、系统性考虑民商合一给既有民事立法的内容和体系带来的变化，以传统潘德克吞体系所架构的中国民法典实质上还是遵循民商分立立法体例，完成的只是宪法性人格权利的民事化改造。

三　我国既有的人格权编立法建议遵循的就是民商分立的立法逻辑

其实，潘德克吞体系立法技术本身是中立的，技术的核心在于："提取公因式"，即从具体到抽象的提取式立法，该种立法既能够提炼民事法律规范，也能够提炼商事法律规范，有助于民法总则构建民商事法律制度的基本框架，统领民法典各分编。我国既有的人格权编立法建议采用的也是潘德克吞体系的立法技术。③ 典型的如，王利明教授所主持的《中国民法典学者建议稿及立法理由》中，人格权编的设置即以总则一般规定以及分则具体规定为结构展开。其中，人格权分编具体规定又以民法典总则编所规定的具体人格权的范围为基础展开，包括第二章生命权、健康权、身体权，第三章姓名权、名称权、

---

①　参见李适时主编《中华人民共和国民法总则释义》，法律出版社 2017 年版，第 1—2 页。

②　参见叶金强《〈民法总则〉"民事权利章"的得与失》，《中外法学》2017 年第 3 期。

③　参见杨立新、扈艳《〈中华人民共和国人格权法〉建议稿和立法理由》，《财经法学》2016 年第 4 期。

肖像权，第四章名誉权、信用权、荣誉权，第五章自由权、隐私权、婚姻自由权，第六章其他人格利益。"提取公因式"是德国民法典提取民事法律规范的主要技术，也是传统潘德克吞体系的核心，运用该技术时首先应当考虑民商分立立法体例下总则所提取民事化一般法律，会淹没商事规范的独特性以及可能产生的其他影响。但遗憾的是，尽管学者建议稿中规定了法人的人格权，其人格权的内容却仅仅只是自然人人格权的逻辑推演，如以自然人名誉权推演法人名誉权，以自然人的荣誉权推演法人的荣誉权，没有顾及商事人格权的特殊属性。中国法学会所发布的人格权编立法建议草案也是如此。而中国社科院民法典立法研究课题组所发布的"民法总则（建议稿）"中，甚至完全没有考虑法人人格权，更遑论商事人格权。①

需要明确的是，在我国延续式的立法路径中，不管《民法通则》抑或德国民法典的条款是否有效，都会在一定时期内持续存在并影响后续的立法，并在路径变迁的自我锁定与自我强化效应中持续影响，变迁只能按照这种路径下去。② 如此一来，延续式的立法路径极容易造成路径封锁，即致使后续立法陷于原有的路径之中，局限于固化民商分立的立法逻辑，而无法实现民商合一的民事立法。③ 不难发现，我国民法典人格权编的立法建议在遵循我国民事立法路径中就没有脱离已经形成的路径封锁，以民商分立的立法思维所提取的民事一般规范为基础展开人格权编草案的立法，进而致使以民事人格权的立法逻辑推演并确定法人团体的人格权。

---

① 参见《中国社科院民法典立法研究课题组发布〈民法总则（建议稿）〉》（2016 年 3 月 1 日），中国法学创新网（http://www.lawinnovation.com），2017 年 8 月 9 日。

② 参见刘和旺《诺思制度变迁的路径依赖理论新发展》，《经济评论》2006 年第 2 期。

③ 参见孟勤国、戴欣悦《变革性与前瞻性：民法典的现代化使命——〈民法总则〉的现代性缺失》，《江汉论坛》2017 年第 4 期。

毫无疑问，潘德克吞体系下人格权编应当延续民法总则的规定，但总则之中如有未尽之处，也会自然延续到人格权编立法之中，我国既有的人格权编立法建议就是在传统潘德克吞体系立法路径之中，以总则所确定的民事一般原理和制度为出发点构建商事人格权的基本规定，实质上仍然遵循的是民商分立的立法逻辑。例如，人格权编立法建议之中，确定自然人和法人或其他组织的具体人格权的范围，而延续总则的立法逻辑，个体工商户并不是法人或其他组织而是自然人，只能享有姓名权，不能享有名称权，而个体工商户作为商事主体，应当享有名称权而非姓名权。① 因此，为了避免类似结局，我国未来民法典应当进一步思考商事人格权的本质特征和基本性质，在民事人格权基础上系统地确定独特性商事规范，从而构建适应民商合一的人格权立法体系。

第三节　民商合一视角下民法典人格权编商事人格权的独特性质

事实上，民商分立体例下的《德国民法典》尚可将团体人格权置于《德国商法典》之中予以具体地调整规范，而采用民商合一立法体例的中国民法典，在《民法总则》之中概括性地规定商事人格权，一

---

① 《中国民法典·人格权编》草案建议稿，第1条："自然人的生命、健康、身体、姓名、肖像、名誉、信用、荣誉、人身自由、隐私、婚姻自主等人格利益受法律保护。法人和其他组织的名称、名誉、信用、荣誉等人格利益受法律保护。"参见王利明主持《中国民法典学者建议稿及立法理由（人格权编·婚姻家庭编·继承编）》，法律出版社2005年版，第20页。

来远远不能承载商事主体人格权丰富的内容，二来无法整合人格权利体系，容易造成民商主体人格的错位，故仅凭借《民法总则》已经无法全面规定以及充分保护对商事主体的人格权。[①] 为此，民商合一视角下人格权立法，还需要人格权法独立成编后规定独特性的商事人格权。这就意味着，其一，人格权编中应当规定契合民商合一的商事人格权；其二，人格权编中应当规定独特性的商事人格权。

一　民法典人格权编应规定契合民商合一的商事人格权

团体制度研究的欠缺，特别是在民商合一体例之下，民法典中有关商事人格权的规定或制度显得尤为匮乏。其实，在近代西方哲学中，人格只是自然人的本质哲学总结，既不包括团体组织的人格，也不包括商事主体的人格。我国民事立法传承了近代西方人格观念，也是如此。

一方面，自然人人格权法制度在法人人格权制度中的逻辑推演在我国法律中就有所体现。例如，《民法通则》第 101 条对自然人、法人名誉权的规定就是此种推演的典型。司法实践中认为事业单位法人、机关法人具有名誉权应该获得名誉权的保护更是这种逻辑推演的谬误典型。"中国科学院与大众日报社名誉权纠纷案"中，人民法院认为，大众日报社下属的《齐鲁晚报》未能提供广告发布前已有有关行政主管部门批准审查的证据，因此《齐鲁晚报》所刊载的广告系违法广告。这些广告无疑会对消费者的消费造成误导和欺骗，而《齐鲁晚报》在广告标题上冒用"中科院"的字样，无疑会让消费者将违法广告与中国科学院联系起来，对于中国科学院的名誉权已经构成损

---

① 参见王利明《人格权的发展与完善——以人格尊严保护为视角》，《法律科学》2012 年第 4 期。

害。①而在"来凤县城市管理局与来凤县百姓电子商务有限公司名誉权纠纷案"中，法院认为，被告来凤县百姓电子商务有限公司开办了来凤百姓网，网络用户通过来凤百姓网这个网络平台实施了直接侵权行为，被告虽未直接侵权，但作为提供信息平台服务的网络服务提供者没有尽到相应的义务，在客观上对直接侵权人的直接侵权行为起到了帮助作用，因此，应承担对来凤县城市管理局间接侵权责任。②

另一方面，在以自然人人格为基础推演的法人人格制度的逻辑基础之上，又推演出商事主体的人格权制度在我国法律之中也所体现。例如，《民法通则》第 99 条第 2 款规定"法人、个体工商户、个人合伙享有名称权。企业法人、个体工商户、个人合伙有权使用、依法转让自己的名称"。其中，法人是团体性民事主体，而企业法人以及个体工商户、个人合伙都是典型的商事主体，两者的权利内容本不应相同，但法律中却以法人享有名称权的逻辑，规定企业法人、个体工商户也享有名称权。《民法通则》第 99 条第 1 款又确定自然人享有的姓名权并确定姓名权的依法使用、禁止他人冒用干涉的权利内容，并以此确定法人名称权的权利内涵，由此也就是以自然人的姓名权逻辑推演商事主体"名称权"的权利内容。这样一来，民事立法之中尽管存在商事主体，却以民事主体人格权推演其人格以及人格权，忽视商事主体人格权中最为关键的经济利益要素，难以真正在地成为商事人格权。

然而，如果失去了商事人格权的存在，人格权法体系也就丧失了规范的基础。商事人格权规范以及商事人格权体系的建构，在我国人格法体系，尤其是民商合一的人格权体系之中占据了极其重要的位

----

① 参见"中国科学院与大众日报社名誉权纠纷案"，（2014）二中民终字第 06286 号。
② 参见"来凤县城市管理局与来凤县百姓电子商务有限公司名誉权纠纷案"，（2014）鄂来凤民初字第 00087 号。

置。事实上，自罗马法以来，大陆法系国家在个人主义方法论的基础上建立了相关法律规则，团体法制度却没有得以多大发展，这既有历史方面的原因，但更多的还是学者和立法者对团体主义方法的忽视。同时，法人制度的不发达，又会直接限制团体法制度的发展，进而影响商事主体制度的研究。由于团体法基础理论的欠缺，法律以民事主体自然人的相关制度来建构法人的相关制度，带有很强的"拟制"的色彩。"法人的拟制论"观点就是"拟制"的典型代表。此种自然人——法人技术上的逻辑演绎已经成为民商合一人格法体系构建所亟须解决的问题。与"拟制论"观点相对，另一种观点与此完全相反，即认为人格作为团体独立财产的存在只不过是化解投资风险的纯粹法律技术规定而已，因此人格权应为自然人所独有，法人不具有所谓的人格权，更遑论商事主体。① 为此，民法典人格权编应当注重团体主义的方法论，加强确定商事主体制度的研究，并以此确定契合民商合一的商事人格权相关规定和制度。另外，《民法总则》之中确定个体工商户、营利性法人、合伙企业等商事主体并在第 111 条确定自然人、法人、非法人组织等民事主体的人格权。就此而论，总则中并没有具体地确定商事主体的商事人格权，也需要在民法典人格权编之中予以进一步的规定。②

二　商事人格权的独特性首先表现为对商企业人格权的调整

坚持民法典的体系性是我国民法学者就民法典达成的基本共识。基于我国采用德国潘德克吞体系的民法典总则，通过对分则的内容提

---

① 参见李兴刚《论人格权的属性及救济》，硕士学位论文，中国政法大学，2011 年，第 34 页。

② 参见李晓辉《作为民事权利的个人信息权保护探究——〈民法总则〉第一百一十一条解析》，《社会治理》2017 年第 7 期。

取公因式的方式实现总则的内容安排，而分则通过对总则的内容具体化从而实现总分结构的逻辑一致性与体系有机性。这也是我们立法技术所应遵循的基本共识。正如李建国副委员长于2017年3月8日在第十二届全国人民代表大会第五次会议上所作的《关于〈中华人民共和国民法总则（草案）〉的说明》中所指出的那样："民法总则草案以1986年制定的民法通则为基础，采取'提取公因式'的办法，将民事法律制度中具有普遍适用性和引领性的规定写入草案……既构建了我国民事法律制度的基本框架，也为各分编的规定提供依据。"① 基于此，我们在尊重人格权的保护这一基本价值共识的情况下，既应当尊重传统民事主体的人格权，也应当尊重商事主体的人格权，由此决定了人格权编中确定商事人格权具有体系上的合理性与必然性。

我国《民法总则》中确定民事主体包括自然人、法人与非法人组织三大类。基于我国实行民商合一的立法体例，在规定自然人人格权外，还需要对法人以及非法人组织的人格权予以规定，而市场经济背景下，团体人格权的调整尤其表现为对以企业为代表的团体组织的人格权进行调整。也就是说，民商合一的《民法总则》中商事主体的人格权的相关规定之所以能够在人格权编中延续，本质上是因为团体组织在商品经济运行中表现为商企业，而商企业同时正是商事人格权最为根本的调整对象。② 那么，人格权编调整商企业的人格权就不仅是人格权部分实现民商合一的必然路径，更是《民法总则》能够真正地成为民商合一的民法总则的着力点。

潘德克吞体系下的民法典人格权编要实现对商事人格权具体内容

---

① 《关于〈中华人民共和国民法总则（草案）〉的说明》（2016年6月27日全国人民代表大会常务委员会第二十一次会议），第8页。

② 参见王利明《侵权责任法与合同法的界分——以侵权责任法的扩张为视野》，《中国法学》2011年第3期。

予以具体调整规定，一是要树立民事主体人格权与商事主体人格权予以同等保护的观念。传统观点认为，"人格权制度的核心应当是自然人的人格权，人格权以维护人格平等、人格自由和人格尊严为价值"①，这句话仍然具有时代价值。但是，现代民法并不能完全以"自然人成像"确立相应规则，在人人为商的时代，再以自然人人格权作为人格权编的全部内容，显然具有不足。二是要改变以自然人人格权来构建团体主体的错误逻辑。三是要改变以团体主体人格权构建商企业的人格权的错误逻辑。的确，从人格权的产生来看，民法规定人格权确立了"人之为人"的时代意义。但正如德国学者所言："《德国民法典》人法部分是一部未完成的作品，对此的研究，必须考察其他具有人法内容的领域，特别是德国基本法基本权利部分、著作权法和商法相关的内容。"② 而民商事人格平等保护观念的树立以及民商事人格逻辑混同的纠正都有赖于人格权编中突出对商企业人格权的调整，即以商企业不同于自然人以及团体组织的独特性，确定商事企业人格权的独特性。也就是说，民法典人格权编遵循民商合一体例，实现对商企业人格权的调整规范，有利于正确树立民商主体人格平等保护的观念，也有利于纠正以自然人人格构建商事主体人格的逻辑。

三　商事人格权的独特性还表现为对商个人人格权的调整

在民商合一背景下，商事主体不仅表现为以法人、非法人组织等团体人格而存在的商企业，还表现为以自然人等个人形态而存在的商

---

① 王利明：《人格权法》（第二版），中国人民大学出版社 2016 年版，第 9 页。

② ［德］迪库尔·梅迪库斯：《德国民法总论》，邵建东译，法律出版社 2001 年版，第 811—812 页。

个人。尽管在财产权利的实现方面，商个人与自然人并没有本质区分，由此，运用自然人的相关规则就可以实现对商自然人的权利保护。但就人格权而言，基于商自然人的非人属性，商个人的人格权并不能等同于作为民事主体的自然人的人格权。因此，人格权编中确定商个人的人格权具有重要意义，特别是在三权分置改革的农村，随着种粮大户、养殖专业户、家庭农场等已经形成较大规模，这些主体已经成为促进农村经济与社会发展的重要力量，人格权编应当对这些主体的人格权予以保护。是故，人格权编应当确定商个人的人格权。

商个人作为商自然人，具有不同于自然人的独特性，也不同于团体性的商企业。那么，对商个人人格权的调整既不能通过类推自然人的人格权，也无法类推适用于商企业的人格权来实现。另外，尽管《民法总则》规定了个体工商户、农村承包经营户两种主要的类型作为商个人的具体表现形式，却缺失了商个人人格权部分的内容。① 是故，基于民商合一的基本立法体例，人格权编不仅要归纳总则中自然人的一般与具体人格权，还应扩充商个人的人格权。申言之，民商合一意味着个体工商户、农村承包户作为商事主体的权利与作为自然人的民事主体的权利具有同一性，但基于商个人人格权的独特性，人格权编还需要商个人人格权要予以单独的、具有区分性的规定。

就商个人的形式而言，笔者认为，一方面，农村承包经营户也可以视作个体工商户的特别形式，可以统一以个体工商户作为商个人的基本形式；另一方面，可以以个体工商户为依托确立相应的、合适的商个人人格权。而关于商个人人格权的内容，还应当进一步在独立成

---

① 参见龙卫球、刘保玉主编《中华人民共和国民法总则释义与适用指导》，中国法制出版社 2017 年版，第 182—187 页。

编的人格权法之中予以安置。当然，民法典人格权编之中不仅存在足够的空间，而且具有正确地陈列民事主体人格权与商事主体人格权的体系结构，也能够妥当地安置商个人的人格权。

第四节 民法典人格权编商事人格权
具体类型的立法设计

基于民法典的体系性，《民法总则》开启了民商合一视角下商事人格权的立法路径。由此我们首先应当明确民商合一的《民法总则》所确定宪法性人格权民法化的路径。然宪法性人格权利民法化塑造完成的只是人格权利的民法化，而民商合一的民法典不仅需要民法化人格权，还需要体现具体独特性的商事人格权，因此需要完成民法性质的人格权的商事化塑造。就此点言，在商事主体特性的基础之上，我们还应当明确民法典人格权编商事化塑造路径。显然，商事主体的人格权不同于自然人或法人、其他法人组织的人格权，应当是依据商事主体特性而享有的人格权利，商事人格权绝不能简单地按照民事主体特性以及民事主体人格权的逻辑塑造。为此，在民法典人格权编商事化塑造的进路中，我们还应当确定独特性商事人格权的具体类型。

一 民商合一的人格权编商事化塑造民法性人格权的基本路径

民商合一的民法典要实现宪法性人格权利的民法化塑造，首先应当在民商合一的民法典总则之中实现，既有《民法总则》中存在宪法性人格权利民法化塑造的基本路径有：其一，《民法总则》规定生命权、健康权、身体权，实现了生命健康权的民法化塑造。《民法通则》第98条规定："我国公民享有生命健康权。"学者一直认为这是一种宪法性权利，不具有人格权的积极行使特点。①《民法总则》第110条改变《民法通则》的规定，将宪法性质的生命健康权民法化为生命权、健康权、身体权。其二，《民法总则》规定婚姻自主权，实现婚姻自由权的民法塑造。《宪法》第49条确定了婚姻自由权，即"婚姻、家庭、母亲和儿童受国家的保护"，"禁止破坏婚姻自由，禁止虐待老人、妇女和儿童"。婚姻自由权是宪法予以保护的基本权利，国家应当充分尊重公民的婚姻自由权，并应落实在私法规范上予以充分的保护。②《民法通则》第103条并没有沿用《宪法》中婚姻自由权的宪法性概念，而是对婚姻自由权进行了民法化改造，确定了婚姻自主权，即"公民享有婚姻自主权，禁止买卖、包办婚姻和其他干涉婚姻自由的行为"。正是通过概念上的区别，可以清楚地表达宪法与民法在"婚姻人格性权利"上的差异，从而实现宪法性权利的民法化改造。

由此可见，实现宪法性人格权利民法化塑造必须是以民法理念重新塑造。而在体系化的民法典中，人格权编以《民法总则》为基础，继续《民法总则》民法化塑造的路径，主要有：其一，加以改造后再规定。例如，在《民法总则》中确定宪法性的人身自由权后，人格权编需要对其加以民法性改造，确定为身体自由权。其二，具体性赋权

---

① 参见尹田《论人格权的本质》，《法学研究》2003年第3期；尹田《论"法人人格权"》，《法学研究》2004年第4期；尹田《论人格权独立成编的理论漏洞》，《法学杂志》2007年第4期；尹田《人格权独立成编的再批评》，《比较法研究》2015年第6期。

② 参见王小红《对公法上婚姻自由权的私法保护》，《南都学坛》（人文社会科学学报）2006年第4期。

后再规定。例如，宪法性婚姻自由权改造为民法上的婚姻自主权的路径，不仅需要在《民法总则》中予以抽象性规定，还需要人格权编予以具体性赋权。① 民法典的体系性意味着人格权编应当继续《民法总则》民法化塑造的路径，而民商合一的法典体系，还意味着民法典人格权编中商事化塑造《民法总则》所确定的人格权也应当遵循此路径。换言之，人格权编中商事人格权利，应当是人格权编在继续改造民商合一的《民法总则》中人格权利的基础上，赋予人格权以商事独特性而实现的。

相反，如果一味延续宪法的规定不赋予民法化理念，就无法实现宪法性人格权利的民法塑造。例如，《宪法》第 37 条规定人身自由权，即"中华人民共和国公民的人身自由不受侵犯"。就《宪法》的规定而言，人身自由权是宪法性权利，包括精神活动自由以及身体行动的自由，是一种消极性的宪法权利。宪法作为民法典的根本法，在第 37 条确定了人身自由的基本权利，则"意味着为立法者提出了在民法上创制人身自由权的要求"②，《民法总则》延续《宪法》中有关人身自由的逻辑路径而确定了人身自由权，即"自然人的人身自由、人格尊严受法律保护"③。不可否认的是，民法中确认人身自由权对民事主体人格权利的保护具有重大的意义。但问题是，民法体系是以法律行为为基点所支撑的。而法律行为不仅仅需要内部意思表示，还需要外观表示行为。这就意味着，民法中的人身自由权并不能涵盖精神层面的活动自由，而仅仅是身体自由权。由此可见，《民法总则》并

---

① 参见李适时主编《中华人民共和国民法总则释义》，法律出版社 2017 年版，第335—336 页。

② 冉克平：《论人格权法中的人身自由权》，《法学》2012 年第 3 期。

③ 张新宝：《〈中华人民共和国民法总则〉释义》，中国人民大学出版社 2017 年版，第 215 页。

不能简单地吸纳人身自由的宪法性权利，还需要考虑民法中自由的应然含义。

同样地，如果民法典人格权编一味延续民法总则的规定不赋予商事化的改造，也无法实现民法人格权利商事化的塑造。既然商事主体人格权不同于自然人、法人或其他组织的人格权，是作为独特性商企业、商个人主体而享有的人格权利。那么，商事人格权的独特性就表征为商事主体的特殊性，包括取得主体资格、是否以营利为目的、意思自治的程度、享有权利的内容以及承担责任上的特殊性。因此，民法典人格编要实现民法人格权的商事化塑造，就应当以独特性的商企业和商个人为基础和中心确定独特性的商事人格权。①

二 民法典人格权编商事化塑造民法性人格权的立法原则

首先，应当坚持以独特性的商事主体为基本依据。不难发现，《民法总则》之中所确定的自然人、法人、非法人组织的人格权主体仍然具有瑕疵，民法典人格权编还应当进一步确定商企业、个体工商户、农村承包经营户等商个人作为商事人格权主体，补充商事人格权的规定。就本质而言，商事人格权即是商事主体的人格权。是故，人格权编中的商事人格权的具体类型就应当以商事主体为出发点和逻辑依据。申言之，商事主体作为特殊民事主体，民法中确定自然人和法人、非法人组织主体类型时，可以确定商个人和商企业作为具有商事独特性的民事主体，那么，商事人格权作为特殊民事人格权，人格权编中确定自然人人格权和法人、非法人人格权类型的同时，

---

① 参见许中缘《商法的独特品格与我国民法典编纂》（上册），人民出版社 2017 年版，第 214—280 页。

也就可以确定商个人人格权和商企业人格权作为具有商事独特性的人格权。

其次，应当坚持以经营自由、经营平等与经营安全为基本理念。非自然人的团体性人格并无伦理性基础，不具有类似于自然人的精神利益。① 对于自然人人格权的保护，目的在于维护其人格平等、人格尊严和人格自由，维护自然人"成之为人、使之成其为人"，而非自然人作为法律构造的产物并不具备自然人生物属性的情感因素，对非自然人的评价也不会影响到该团体自身的尊严与自由；而非自然人作为主体参与市场活动同样依靠于自己的自由意志，其意志则体现为非自然人的经营能力和管理行为，因而，非自然人人格权的保护基础在于需要借助社会评价增强市场主体的经营能力，实现其以经营为主体的人格，或者说经营平等、经营自由与经营独立乃是非自然人人格权产生的基础。② 基于市场信息的非对称性，市场对主体的选择更多地依赖于外在的评价，这种评价将会影响到非自然人的经营行为及经营目的的实现，对市场主体正面的、积极评价会使该主体得到市场的尊重，市场竞争力就会增强。③ 市场主体地位的取得并非完全依赖于非自然人的财产能力，更加需要考量的是市场主体的经营能力，因而，在市场活动中，每个主体都在经营自己的文化，力争在市场主体中树立自己的企业文化、经营理念、经营方针，形成独特的主体品格。④因此，人格权编应该围绕对维护市场主体的经营自由、经营平等与经营安全的评价构建商事主体人格权体系。

---

① 参见尹田《论法人人格权》，《法学研究》2004 年第 4 期。
② 参见许中缘《商法的独特品格与我国民法典编纂》（下册），人民出版社 2017 年版，第 420—430 页。
③ 同上书，第 416 页。
④ 参见尹田《论法人人格权》，《法学研究》2004 年第 4 期。

最后，应当坚持以财产利益的相关性为基本标准。以"经营安全、自由、独立"为中心发展的商事主体人格权应当包括人格决定权与人格发展权。商事主体的自我决定并采取何种方式发展自身人格权权利内容包括信息权、商号权等；商事主体的自由发展自身人格权权利内容包括信用权与商誉权。[①] 以此路径，商事主体所享有的人格权范围必然小于民事主体所享有的人格权的范围，商事主体并不能享有与自然人的人身具有密切联系的物质性人格权，如生命权、身体权、健康权，而仅享有与财产利益相关的人格权。[②] 因此，商事人格权由人格决定权与人格发展权等权利组成：其一，人格决定权。商事主体得自我决定，并采取何种方式发展自己的人格。这些表现为信息权、商号权等。其二，人格发展权。商事主体得自由发展自己的人格。这些表现为信用权、商誉权等。

另外，人格权的本质在于评价，自然人的人格权本质在于实现人之为人的评价。但非自然人主体与之不同，其旨在实现团体人格作为市场主体而与之相对应的评价。基于行政机关法人本身并不参与市场经营，无论主体如何评价均不会影响作为主体的存在。反而，对行政机关法人的评价是现代法治政府的基本需求。因此，尽管该种评价不合理或者具有恶意，也不能通过民事救济实现其权利的保护。也就是说，行政机关法人并不能作为商事主体，也不应当享有商事人格权。

[①] 参见许中缘《商法的独特品格与我国民法典编纂》（下册），人民出版社 2017 年版，第 438 页。

[②] 参见王利明《〈中华人民共和国民法总则〉条文释义》，人民法院出版社 2017 年版，第 456 页。

三　商事化塑造民法典人格权编商事人格权的具体类型

事实上，基于民法典各分编的规范功能，即分编之中的法律条文应当实现对民事主体行为的规范，人格权编必须规定具有规范性的商事人格权，而不是概括式地作出宣示性的规定。这就意味着，只有商事人格权具体类型化才能实现人格权编对商事人格权的规范和调整。基于传统民法人格权所做出的理论划分和制度构建，我国未来民法典应当进行一般人格权和具体人权的分类，这样的谱系化设计可以弥补过去我国没有一般人格权所保护不周延的缺陷，对于商事人格权依然可以依葫芦画瓢，[①] 是故，民法典人格权编商事化塑造民法性人格权利的立法路径，并不是简单地确定设计商事人格权的立法原则，还需要在遵循立法原则基础之上进一步确定商事人格权的具体类型。

（一）以姓名权或名称权为基础确定商号权

商事主体的商号权，即指商事主体依法可以自主起商号进行经营活动，并受到法律保护的权利。商号权与民事主体的姓名权或名称权截然不同，商事主体的商号权不仅需要经商业登记取得，而且还可以作为一项无形财产加以评估并在一定条件下转让，有学者认为商号权是指商号使用权和商号专用权的合称，[②] 但是这一定义并不全面，商号所有权才是商号权的核心所在。尤其在商事登记中，商号作为商事主体之商事人格的主要载体一经登记便享有商号权，可以占有、使

---

① 参见刘训智《商事人格权的理论诠释与制度构造》，《西南政法大学学报》2015 年第 6 期。

② 参见谢怀栻《外国民商法精要》（增补版），法律出版社 2006 年版，第 256 页。

用、收益和处分自己的商号，商号权是商事人格的载体，承载着其主体资格的所有法律关系。① 商事主体对某一商号专用权的范围一般限于同行业、同地区等。而民事主体所享有的姓名权、名称权，则是一种人格权，不得用金钱直接评估其价值，不得转让，更没有地域范围限制。商事主体是伴随着其主体资格诞生的，当然由于商事主体的特殊性，其姓名或名称是商主体以营业为目的而创设使用的，自然带有经济利益因素。② 因此，商号权是从事营业活动的个体工商户、法人和非法人组织等商事主体所享有的权利。而姓名权是自然人，名称权则是非营业法人和其他组织等民事主体所具有的权利。③ 那么，在民商合一的《民法总则》中已经确定自然人姓名权以及法人、非法人组织名称权的基础之上，人格权编还需要通过商事化塑造确定商事主体的商号权。因为我国已进入符号消费的初级阶段，商号作为商事人格权的载体所传达的商品信息是消费者购买或者交易的重要参考依据，社会公众对于商品的质量和信誉多是通过商号这一商业性标识来获取和识别的。商事主体通过具体的商号向市场展示自己的法律资格以及相关的权利，对于交易相对人而言，明确的权利归属是交易顺利进行且减少权利纠纷风险的法律基础，这与产权明晰的道理是一致的。④

---

① 参见刘训智《商事人格权的理论诠释与制度构造》，《西南政法大学学报》2015 年第 6 期。

② 参见许中缘《商法的独特品格与我国民法典编纂》（上册），人民出版社 2017 年版，第 267 页。

③ 范健教授认为，商号又可称为商事名称、商业名称，指的是商主体在从事商行为时所使用的名称，即商主体在商事交易中为法律行为时，用以署名或让其代理人以之与他人进行商事交往的名称。参见范健《德国商法》，中国大百科全书出版社 1993 年版，第 145 页。

④ 参见刘训智《商事人格权的理论诠释与制度构造》，《西南政法大学学报》2015 年第 6 期。

（二）以名誉权为基础确定商誉权

目前我国的民事立法并未规定商誉权，学者们对商誉权的权利属性认识分歧较大，所以对商誉权的含义也众说纷纭。法律明确对商誉加以规定仅有《反不正当竞争法》第 14 条①及《刑法》第 221 条②，商誉是商事主体在社会对其产品、服务、信用等诸方面进行综合评价的基础上所获得的名誉、声誉及由此而带来的利益。③ 所谓商誉权，即商业性权利主体对其依法创造的商业信誉和商品声誉享有的财产价值和人格利益不受侵害的权利。商誉权是民事主体对其在工商业活动中所创造的商誉享有利益而不受他人非法侵害的权利。商誉权是商事主体依法对商誉享有专有权和维护其商誉不受侵害的权利。④ 而名誉是对个人形成的良好的社会评价。所谓名誉权则是自然人和法人、非法人组织所享有的不受他人侵害的权利。⑤ 两者的区别主要表现为：首先，在权利性质上，名誉权属于非财产性权利；而商誉权具有直接的财产性内容。其次，在权利主体范围上，名誉权的主体范围较为宽泛，包括自然人、法人、非法人组织；而商誉权的主体范围只包括个体工商户、营利法人等特殊主体。⑥ 再次，在侵权行为的认定上，依据我国目前的法律规定，只有经营者才能构成侵害商誉权的行

---

① 我国《反不正当竞争法》第 14 条规定："经营者不得捏造、散布虚伪事实，损害竞争对手的商业信誉、商品声誉。"

② 我国《刑法》第 221 条规定了损害商业信誉、商品声誉罪："捏造并散布虚伪事实，损害他人的商业信誉、商品声誉，给他人造成重大损失或者有其他严重情节的，处二年以下有期徒刑或者拘役，并处或者单处罚金。"

③ 参见郑新建《商誉权的法律保护》，中国人民公安大学出版社 2010 年版，第 238 页。

④ 参见苗延波《商事通则立法研究》，知识产权出版社 2008 年版，第 123—124 页。

⑤ 参见王利明《人格权法》（第二版），中国人民大学出版社 2015 年版，第 272 页。

⑥ 参见江帆《商誉与商誉侵权的竞争法规制》，《比较法研究》2005 年第 5 期。

为，非经营者对企业声誉或名誉的侵害只能依照侵害法人名誉权的做法处理。① 最后，在损害赔偿上，商誉权的损害赔偿应当考虑受害人因商誉价值缩减所造成的损失。②

由此可见，商誉权作为商事主体所具有的特殊权利，与民事主体所享有的名誉权具有显著差异。③ 当然，在民商合一的立法背景下，名誉权同时也是商誉权的基础性权利。如梁慧星教授认为："法人的名誉又称商誉，指有关法人商业道德或职业道德、资信、商品质量或服务质量方面的社会评价。"④ 认为商誉权是名誉权的一部分，应该通过名誉权来实现商誉权的保护，俄罗斯的立法规定就是如此，《俄罗斯联邦民法典》第1100条规定：传播诋毁名誉、侵害人格尊严和商誉信息而造成的损害，无论致害人有无过错，均应补偿精神损害。⑤ 商誉权和名誉权的客体——名誉一样具有固有性、专属性、防御性和非直接财产性等人格要素特征。商誉所体现的社会评价实际上就是一种人格性利益，具备这种人格利益的商誉权自然也是一种具有

---

① 参见许中缘《论商誉权的人格权法保护模式——以我国人格权法的制定为视角》，《现代法学》2013年第4期。

② 如在成都恩威集团公司诉四川经济日报社名誉侵权一案中，恩威集团因侵权所造成的直接经济损失达4000多万元，但四川省高级人民法院却最终只判决经济日报社赔偿500万元，与原告所受损失相差甚远，其中3500多万元的商誉价值缩减所造成的损失没有得到赔偿。参见《人民法院报》1999年1月21日第2版。按照《最高人民法院关于审理名誉权案件若干问题的解释》第10条的规定，名誉权损害赔偿的范围和数额限制在已经发生的客户退货、解除合同等经济损失，并未考虑到商誉权人丧失的机会利益，从根本上把经营者的商誉利益排斥在外。名誉权损害赔偿制度仅仅象征性地对经营者既有利益的损失给予经济补偿，而没有看到经营者商誉利益中的机会财产利益。因此，适用保护名誉权的制度来保护商誉权人的商誉利益从根本上说有着很大的局限性和不适应性。参见沙金《论商誉权的侵权法保护》，吉林大学博士学位论文，2010年，第65页。

③ 诸多学者认为，人格权仅仅只是自然人的人格权的规定。如谢哲胜教授就是这么认为的。参见谢哲胜《中国人格权法独立成编及其基本内容的立法建议》，《人大法律评论(2009)》，第120—126页。

④ 梁慧星：《民法》，四川人民出版社1989年版，第358页。

⑤ 参见《俄罗斯联邦民法典》(全译本)，黄道秀译，北京大学出版社2007年版，第455页。

人格性的权利。① 仍然属于民法中的人格权，而不是属于商法中人格权的类型。因此，民法典人格权编在名誉权的基础上所确定的商誉权正是构建民商合一的人格权体系的立法路径。目前，我国商誉的民事保护仅依据《民法通则》第 101 条、第 120 条关于法人名誉权的规定来加以实现，如此立法模式无法实现对商誉的有效保护，此种立法层面的忽视使得实践中商主体商誉保护意识淡薄，商誉受到侵害的现象屡见不鲜。② 如果不在未来民法典人格权编中规定商誉权，则会导致商事法律中的权利不能在民法典中找到相关的规定，失去了民法典所应该具有的统率作用，这与我国所倡导的民商合一的立法模式不相符合。③ 更为重要的是，确定商事主体的商誉权还能够避免司法实践错误地将名誉权的权利内容类推适用于商誉权的混乱情形。

（三）以信用权为基础确定商事信用权

信用这一概念向来被认为是对主体进行的道德范畴的评价，但是随着市场经济的发展，人格权的商品化，民事主体的信用在社会生活中发挥的作用越来越大，信用利益在民事关系中越来越重要。④ 可以说，现实社会迫切需要法律对信用利益进行行之有效的调整。信用权是指民事主体就其所具有的经济能力在社会上获得相应信赖与评价所

① 参见许中缘《论商誉权的人格权法保护模式——以我国人格权法的制定为视角》，《现代法学》2013 年第 4 期；王同兴《商誉权的人格性研究》，湖南大学硕士学位论文，2012 年，第 29 页。
② 参见王晓翔《论我国商誉权法律保护制度的构建》，《行政与法》2016 年第 11 期。
③ 参见许中缘《商法的独特品格与我国民法典编纂》（下册），人民出版社 2017 年版，第 450 页。
④ 参见郭珊珊《民商合一视角下民事权利体系的构建》，湖南大学硕士学位论文，2013 年，第 27 页。

享有与其保有和维护的人格权。① 信用权本质仍然是对民事主体人格的评价。② 另外，如果没有民事主体这一载体，信用权就不可能存在。③ 只有在《民法典》中对信用权加以保护，信用权才能成为一项有效的权利。对于一般民事主体而言，其信用的财产性是微不足道的，当它和商业目的、经营相结合，也就是从一般人的信用特定化为商人的信用时，信用才具有了巨大的财产利益，才成为一种无体动产，尤其在现代市场经济中，信用的经济价值往往是商事主体的重要无形资产，其好坏直接关系到商事主体的市场生存和发展，在商事法律中，尤其是商事登记制度中，信用权更应该成为商事主体之商事人格权的重要内容，而社会信用制度的构建也应该通过将信用权利化来激励社会信用环境的好转，④ 由此需要确定商事主体的商业信用权，⑤ 商业信用权更应该成为商事主体商事人格权的重要内容。所谓商业信用权，即指商事主体就社会对其产品、服务、经营管理、履约能力等综合情况的评价和信赖予以保全、利用，排除他人破坏的权利。还有商事主体的商业机会利益，即商事主体对其交易活动过程中所取得的优势可能性地位所享有的预期利益和成本利益。

---

① 参见李新天、朱琼娟《论"个人信用权"——兼谈我国个人信用法制的构建》，《中国法学》2003 年第 5 期。

② 参见王利明《人格权法研究》（第二版），中国人民大学出版社 2012 年版，第 589—590 页。

③ 参见郭珊珊《民商合一视角下民事权利体系的构建》，湖南大学硕士学位论文，2013 年，第 26 页；许中缘《论商誉权的人格权法保护模式——以我国人格权法的制定为视角》，《现代法学》2013 年第 4 期。

④ 参见刘训智《商事人格权的理论诠释与制度构造》，《西南政法大学学报》2015 年第 6 期。

⑤ 参见程合红《商事人格权——人格权的经济利益内涵及其实现与保护》，中国人民大学出版社 2002 年版，第 97 页；郭珊珊《民商合一视角下民事权利体系的构建》，湖南大学硕士学位论文，2013 年，第 34 页；程合红《商事人格权论》，中国政法大学博士学位论文，2001 年，第 21 页。

不难发现，商业信用权与传统信用权并不相同。尽管如此，商事信用权还是以信用权为基础而确定的商事主体所享有的具体人格权。其一，商事信用权与商事主体人格有着紧密的联系。商业信用权作为商事主体所获得评价的一种权利，特点在于评价。具体表现为对商事主体的财产情况、履约能力、服务水平等外在形式的评价，如果其信用权表现为差评，则其生存和发展将受到影响，轻则发展受阻，盈利减少；重则被市场淘汰，主体资格终止。[①] 该类评价依赖于主体的行为，因而具有一定主观性与客观性，但无论是主观性还是客观性评价，必须依赖于主体而存在，主体资格丧失之后，信用权将不复存在。[②] 因此，商业信用权依赖于商事主体，商事主体的维持也需要良好的商业信用来保证。其二，尽管商业信用权具有一定财产性，但该权利并不是一种财产权，本质上还是人格权。首先，商业信用权作为主体所具有的权利，只能通过其获得一定财产，而不能将其单独地转让或继承。其次，商业信用权随着社会主体对其评价，与一般财产权本身所具有的稳定性存在明显的差异，具有不同的财产价值。比如，破产时期的巨人集团与辉煌时期的巨人集团具有显著的差异，这也正说明该种权利是人格性的而非财产性的。[③] 其三，商业信用权作为具体类型的人格权才能得到最有效的保护。商业信用权作为社会主体信用利益得到公正评价的一项权利，当该种权利受到侵害时，采用一般侵权救济根本无法对其利益进行有效保护，而只有通过人格权的救济方式才能对其利益进行周到保护。我国未来《民法典》中的侵权行为

---

① 参见刘训智《商事人格权的理论诠释与制度构造》，《西南政法大学学报》2015 年第 6 期。
② 参见许中缘《商法的独特品格与我国民法典编纂》（下册），人民出版社 2017 年版，第 454 页。
③ 同上书，第 455 页。

部分和人格权部分是否独立成编直接影响到信用权在整个《民法典》中的安排，从各国立法来看，信用权均规定在侵权行为法中，如《德国民法典》《智利民法典》等，《意大利民法典》采取民商合一模式，并将有关信用权保护内容置于不正当竞争条款，不仅没有体现出宣示信用权独立地位的作用，反而使信用权内容过窄。① 而日本《不正当竞争法》除了在第 2 条第 11 款直接规定了禁止侵害他人信用的条款外，还广泛规定了停止请求权和恢复信用的措施，这正是人格权救济措施的体现。②

（四）以个人信息权为基础确定商业信息权

《民法总则》第111条创新性地规定自然人的个人信息权，"自然人的个人信息受法律保护。任何组织和个人需要获取他人个人信息的，应当依法取得并确保信息安全，不得非法收集、使用、加工、传输他人个人信息，不得非法买卖、提供或者公开他人个人信息"。在信息时代中，信息已经成为私人信息法（data privacy law），在欧洲早期主要避免与隐私相混合，称为"信息保护法"（data protection）、在德国与瑞士研究论文中称为"私人信息"（data privacy）、挪威称为"保护人格权"（protection of personality）、瑞典称为"保护个人尊严法"（protection personal integrity），③ 可以看出概念的混乱与概念的多样。因为，隐私在很大程度上被认为是一种地位、主张或者权利。隐私具有"不得干预"（non-interference）、"限制接触"（limited accessi-

---

① 参见赵万一、胡大武《信用权保护立法研究》，《现代法学》2008 年第 2 期。
② 参见许中缘《商法的独特品格与我国民法典编纂》（下册），人民出版社 2017 年版，第 455 页。
③ Lee A. Byrave, *Data Privacy Law an international perpective*, Oxford University Press, 2014, pp. 25 – 26.

bility）与"信息控制"（information control）以及与个人生活的私密性紧密相关。① 为了准确区分，德国使用了"信息自我决定"（information self-determination "informationelle selbsbestimmung"）② 因为隐私中含有"信息控制"，由此隐私与个人信息概念具有联系，在瑞典甚至使用了"保护个人尊严法"（protection personal integrity）。在早期对个人信息的保护目标并不明确时，对个人信息的保护常常与人格权或者人格尊严相关。③ 但是在欧洲与美国的语境中，个人信息与隐私具有关联，但个人隐私涉及具有多种利益，这些包括信息主体、自由、多样性等，不仅涉及个人利益，也涉及社会乃至国家安全，因此，并不能将其等同于隐私。④ 正如学者认为，个人信息不同于个人隐私，是民事主体对与自身相关的、反映自身特征、具有可识别性的符号系统。⑤

个人信息权的主体是否限定在为自然人？法人等其他组织是否具有信息权？这是私人信息立法中的一个大问题。其实这涉及对信息的理解。20 世纪 70 年代，对信息的保护主要在于保护公民的隐私，而在现代，不仅保护公民的隐私，⑥ 主要涉及经济利益的考虑，此外更为重要的是，实现信息流动的秩序与安全。如果限定在自然人，信息立法的一个重要内容涉及信息拥有者的确定，因为，如果将个人信息的立法主体限定在自然人，其实保护的是自然人对信息所具有的权

---

① Lee A. Byrave, *Data Privacy Law an international perpective*, Oxford University Press, 2014, p. 27.

② Ibid., p. 26.

③ Ibid., p. 118.

④ Ibid., p. 120.

⑤ 参见王利明《人格权法》（第二版），中国人民大学出版社 2015 年版，第 342 页。

⑥ Lee A. Byrave, *Data Privacy Law an international perpective*, Oxford University Press, 2014, p. 120.

利。首先需要解决的信息主体的"确定"（identification）问题，① 在OECD 的立法的制定目的指出：个人信息就是"与个人相关能够决定或者可以确定（identified or identifiable）的信息"②。如果信息主体的不能确定，规定信息主体的权利是不能对信息进行有效的保护。换言之，信息拥有者主体能够清晰判定他或她就是信息的侵权主体。但问题是，尽管在很多情况下，信息本身具有一定程度的特定性，但在很多情况下，对信息的利用并不是某个人的信息，而是多数人的信息，某个人的信息是无足轻重的。而且，在很多情况下，信息很难予以特定化。由此，商事主体对信息权的所有与自然人所具有的个人信息权具有显著差异。自然人所具有的信息权很大程度上具有隐私权的特性，但就商事主体所具有的信息权而言，因为主体不特定性，很大程度上属于财产权性质。

如同隐私权不能完全涵盖个人信息权一样，商业秘密也不能涵盖商业信息。商业秘密属于商事主体不愿意公开的，却能够给主体带来利益的信息。但商业信息并不需要以是否公开作为要件。信息是现代市场经济的运行基础，商事主体进入市场需要大量的信息保障，来支持其交易的判断与决策，只要是能够给商事主体带来利益的信息均属于商业信息。商业信息是商品交换和管理有关的各种消息、数据、情报和资料的统称。商业信息权则是商事主体应当受到保护的利益，尽管商业信息具有财产权属性，但其仍然属于商事主体人格确定的范畴。将商业信息作为一种人格权更有利于保护商事主体的权利。如果将其单纯地作为财产权予以保护，有可能要求有

---

① OECD, Guidelines on the Protection of Privacy and Transborder Flows of Personal Data §1 (b) (1981). 加拿大的信息保护法对个人的信息界定也是如此。

② http：//www.oecd.org/sti/ieconomy/2013—oecd—privacy—guidelines.pdf.

明确的计算赔偿的方式，但作为人格权保护就没有也不需要此种要求。因此，在民商合一的立法模式中，如同个人信息权应作为自然人人格权的内容一样，① 商业信息也应该作为商事人格权的一种类型。

其实，具体类型的商事人格权也是将独特性商事人格权系统性地纳入人格权编中，形成商事人格权的权利体系，进而能够延续《民法总则》所创立的民商合一的立法新模式的核心要素。根据现代民商法的外观主义理论，商事人格权作为商事主体的人格符号，具有市场资源的外在特征，能够对外传递商事主体的基本信息，为市场参与者的交易决策提供信号识别机制。党的十八届四中全会明确提出要健全以公平为核心原则的产权保护制度，加强对各种所有制经济组织和自然人财产权的保护，清理有违公平的法律法规条款。② 商事人格权的具体类型化，首先，能够更好地体现该种权利的特点。例如，商誉权作为商事人格权的一种类型，能够更全面地体现商誉权的这些特性，同时有助于商誉权功能的最大实现。其次，使得民法典体系更为完整。人格权从民事主体制度中独立出来，这是现代人格权立法发展的必然趋势，也是我国学者在中国未来民法典中所形成的基本共识。人格权法体系的构建，需要解决的是人格权涵盖的绝不是传统自然人所享有的人格权，③ 而应该涵盖所有主体的人格权类型。反之，人格权仅仅

① 马俊驹、余延满：《民法原论》（上），法律出版社 1998 年版，第 189 页。

② 《中共中央关于全面推进依法治国重大问题的决定》，中国共产党新闻网（http：//cpc. people. com. cn），2014 年 10 月 28 日。

③ "传统见解认为，人格权系以人的尊严价值及精神利益为其保护内容。与其人本身具有不可分的密切关系，属于个人的专属权。"参见王泽鉴《人格权保护的课题与展望——人格权的性质及构造》，《精神利益与财产利益的保护》，《人大法律评论（2009）》，第 51 页。还有学者认为人格权只是自然人的人格权。参见谢哲胜《中国人格权法独立成编及其基本内容的立法建议》，《人大法律评论（2009）》，第 120—126 页。

具有对自然人权利宣示的价值，就会失去人格权体系化应有的功能。因此，将商事人格权规定在人格权编中，使得人格权体系的构建更为完善，还可以较好厘定自然人与商事主体所具有的不同的损害赔偿请求权基础，因为自然人具有精神损害赔偿的请求权，而商事主体是不具备这项请求权的。① 最后，能够更好地体现商事人格权的特性。随着现代社会的发展，传统人格权出现了商品化的现象，传统观点认为人格权与主体不可分离的情形已经有所改变，人格权体系化已经成为可能。而商事人格权的具体类型化，更好地体现了该种特性，也使得我国未来民法典能够适应时代发展的要求。②

---

① 参见刘训智《商事人格权的理论诠释与制度构造》，《西南政法大学学报》2015 年第 6 期。

② 参见许中缘《论商誉权的人格权法保护模式——以我国人格权法的制定为视角》，《现代法学》2013 年第 4 期。

第三章　民商合一视角下婚姻家庭编商事立法弱化研究

传统的民法典中高度重视家庭对稳定社会秩序的作用，形成了以家庭为中心的身份关系和在家庭之外以市场为中心的财产关系。例如，《德国民法典》就是以财产关系和身份关系为基础构建的法典体系。但问题是，传统潘德克吞体系下的民法典实质上是财产法典，缺乏相应地调整身份关系的价值理念与制度设计。我国以《民法通则》为中心展开的民事立法延续财产法理念，为契合民商合一又不恰当融入商事规范。这样一来，导致商事制度和规范过度地侵入既有的婚姻家庭法及相应的司法解释之中，相应的立法原则、监护制度、法律行为以及代理规则处处彰显着财产法的气息。然而，"家和家庭成员的关系在中国人的日常生活和价值观念中具有异乎寻常的价值和意义"①。本质上，婚姻家庭关系是基于伦理性的身份组合，不应当掺杂过多的经济利益。婚姻家庭法也不应当以过度经济化的商事性规范予以调整。是以，民商合一立法体例下的中国民法典，不仅意味着系统

---

① 王轶：《"人文社科高端讲座"第三讲——"民法总则的时代精神与中国特色"》，《紫光阁》2017 年第 7 期，第 89 页。

性纳入独特性的商事规范，还意味着致力于去除不适当的、过度化的商事规范。本章拟以此为视角展开探讨。

第一节 传统民法体系中的婚姻家庭法过度的商事化

婚姻家庭法回归民法是学者与立法者的基本共识。但是近代国家民法典之编纂是伴随着"从身份到契约"的运动而展开的，洋溢在理性主义的思潮中，无论是19世纪的《法国民法典》，抑或是20世纪《德国民法典》《瑞士民法典》，无一不是以财产法为中心而构建的财产法典体系。[①] 基于此，我国学者与相应的立法乃至司法仍然拘泥于婚姻家庭财产法的属性，以财产掩盖身份、以市场为中心的财产法取代以家庭为中心的身份法，掩盖了婚姻家庭身份法本身的固有法属性。[②] 很大程度上这些都与我国婚姻家庭法过度地纳入财产性的商事规范相关。

一 我国婚姻家庭法作为民法组成部分回归民法体系

清末，临内忧外患之局，清政府"变法"以"图强"，以《德国

---

① 参见［美］艾伦·沃森《民法法系的演变及形成》，李静冰、姚新华译，中国政法大学出版社2005年版，第172—180页。

② 其实，身份法研究的不发达，是大陆法系国家共同存在的问题。就民法总论的教材而言，对身份关系着墨甚少，基本只是满足于概念的描述；就学者对身份关系有关论文或专著而言。甚至有学者认为现代家庭制度就是财产制度的衍生品。See Daniel LaFave and Duncan Thomas，"Farms，Families，and Markets：New Evidence on Completeness of Markets in AgriculturalSettings"，*Econometrica*，Vol. 84，No. 5，September 2016，p. 23。

民法典》与《日本民法典》为蓝本起草了《大清民律草案》，共五编，其中第四编为"亲属编"①。这是中国立法史上首次将婚姻家庭法确定为民事法律部门的组成部分。后民国政府沿用清朝民事立法模式。中华人民共和国成立后，中共中央政府完全废弃《中华民国民法》，转而借鉴苏联家庭法典的立法模式：婚姻、家庭、监护等法律规范调整社会关系中极特殊的法律关系，应为家庭法典，构成社会主义法律体系的一个独立的法律部门。1950 年，我国颁布的第一部《婚姻法》即仿照苏联 1918 年《苏俄婚姻法、家庭及监护法》，确定了婚姻家庭法独立于民法典之外的婚姻法典的地位。② 此时期，我国社会主义法律体系，"包括国家法、民法、刑法"，"婚姻法、审判法等法律部门"。③ 1980 年颁布的第二部《婚姻法》延续将婚姻家庭法为独立法典的立法模式。④

20 世纪 80 年代，"中国婚姻法开启了'回归民法'的进程"⑤。1986 年《民法通则》第 2 条明确民法的调整对象为平等主体之间的"财产关系和人身关系"；第 103 条规定婚姻自主权；第 104 条则进一步确定婚姻、家庭受到法律保护。可见，《民法通则》已经改变了独立家事法典的立法模式，将婚姻和家庭等身份关系纳入民事法律调整范围之内。如学者所言："婚姻家庭法和民法的关系在立法体制上得

---

① 参见陈苇《婚姻家庭继承法》，群众出版社 2005 年版，第 18 页。

② 参见魏磊杰、张建文《俄罗斯联邦民法典的过去、现在及其未来》，中国政法大学出版社 2012 年版，第 263—264 页。

③ 中共中央干部学校民法教研室：《中华人民共和国民法基本问题》，法律出版社 1958 年版，第 19 页。

④ 参见雷春红《论亲属法在我国未来民法典中的地位》，《私法研究》2010 年第 6 期。

⑤ 巫若枝：《三十年来中国婚姻法"回归民法"的反思》，《法制与社会发展》2009 年第 4 期。

到了解决，确定婚姻家庭法为民法的组成部分。"①纵观大陆法系诸国，婚姻家庭法的立法模式主要可以分为两种：第一种是民法典组成模式，即婚姻家庭法为民法典的组成部分。尽管大陆法系国家的民法典就婚姻家庭法是否独立成编以及在民法典中如何排列安置并无统一的安排，但毫无疑问的是，绝大部分大陆法系国家的婚姻家庭法都被纳入民法典之中，如德国、法国、意大利、瑞士、荷兰等。第二种是独立法典模式，即婚姻家庭法是独立于民法典的家事法典。苏联开创此种模式，1922 年的《苏俄民法典》第 3 条即明确："家庭关系由专门的法典调整。"后仅在俄罗斯、哈萨克斯坦等国采用。事实上，俄罗斯等国家采用独立法典模式是对历史传统的继承，但新中国采用苏联模式制定独立婚姻法典只是特定历史条件的产物，并非传承我国婚姻家庭立法。②

自《民法通则》正式承认婚姻家庭法的民法属性后，尽管仍有少部分学者认为"婚姻法应当是一个独立的法律部门"③，"有必要保持家庭法独立部门法的传统"④，但大部分学者开始反思并转变婚姻法律为独立法典的"思维定式"。典型的如梁慧星教授在其主持的《中国民法典草案建议稿》中共设七编，其中第六编即"亲属编"⑤；王利明教授主编的《中国民法典学建议稿》共七编，第三编即为"婚姻家

①　杨大文、马忆南：《中国婚姻家庭法学的发展及我们的思考》，《中国法学》1998年第 6 期。

②　参见雷春红《婚姻家庭法的地位研究》，法律出版社 2012 年版，第 54—55 页。

③　吴洪等：《婚姻法与民法关系的梳理》，夏吟兰、龙翼飞主编：《家事法研究》2001年卷，第 79 页。

④　巫若枝：《三十年来中国婚姻法"回归民法"的反思》，《法制与社会发展》2009年第 4 期。

⑤　参见梁慧星主编《中国民法典草案建议稿附理由·亲属编》，法律出版社 2006 年版，第 1 页。

庭编"①；徐国栋教授在主持编写的《绿色民法典草案》中第一编第三分编即为"婚姻家庭法"②。"婚姻家庭法作为民法有机部分的论证已经相对成熟。"③ 可以明确的是，民法并不只是调整商品经济关系法律，独立婚姻法典模式赖以建立基础，即否定民法对非商品经济的调整，已经不存在。在理论上，亲属关系属于市民关系、婚姻家庭法的私法属性以及身份权的私权属性都表明婚姻家庭法应为民法的组成部分。④ 2001 年通过《婚姻法》（修正案）就是在承认婚姻法的民法属性基础之上制定的，该修正案从立法上改变了 1980 年独立婚姻法典的立法模式。⑤

二　比较法视野下各国民法体系中婚姻家庭法具有财产法的属性

1804 年的《法国民法典》即仿照《法学阶梯》的模式，共设三卷，第一卷人；第二卷财产以及所有权变更；第三卷取得财产的各种方式。⑥《法学阶梯》则共四卷：第一卷是人法；第二卷是物、财产取得和遗嘱取得；第三卷是无遗嘱继承和契约和准契约；第四卷是不法行为、准不法行为和诉讼。其中，有关婚姻家庭法内容集中规定在

---

① 参见王利明《中国民法典学者建议稿及立法理由》，法律出版社 2005 年版，第 1 页。

② 参见徐国栋主编《绿色民法典草案》，社会科学文献出版社 2004 年版，第 184—222 页。

③ 薛宁兰：《婚姻家庭法定位及其伦理内涵》，《江淮论坛》2015 年第 6 期。

④ 理论上，关于婚姻家庭法应作为民法典的组成部分的论证已经相当充分详尽，笔者在此不赘述。具体参见李洪祥《我国民法典立法之亲属法体系研究》，中国法制出版社 2014 年版，第 13—18 页。

⑤ 参见蒋月《20 世纪婚姻家庭法：从传统到现代化》，中国社会科学出版社 2015 年版，第 378—380 页。

⑥ 《法国民法典》（上册），罗结珍译，法律出版社 2005 年版，第 2—9 页。

第一卷"人法"之中。① 其中，婚姻家庭法中调整有关身份关系的内容被作为人法归入第一卷之中，调整财产关系的内容则被作为财产的取得方式归入第三卷之中。法国民法典的体系与概念的表达方式，尽管包括婚姻法与监护法制的人法，继承法与遗嘱，但是它"把全部安排财产归属的归到财产法或物法里，把继承与债法放在财产取得的章节之中"②，这样一来，婚姻家庭法中身份关系与财产关系被解构在民法典不同部分之中。"法国模式，与其他罗马模式相比较，并不显得是理性主义和体系化精神的标准秉承者。"③ 可以说，《法国民法典》中所涉婚姻家庭法既是关于个人身份法，又是个人财产法。

1900 年的《德国民法典》以《学说汇纂》的理论解释为基础内容，共计五编，结构按照总分则的体系展开，第一编总则；第二编债务关系；第三编物权法；第四编亲属法；第五编继承法。④ 如此一来，充分运用体系化思维，既克服《法国民法典》对婚姻家庭法解构性规定，又"为德国的法典化创立了一个重要的条件"，"开启了一个新的纪元"⑤。整部民法典即由抽象一般概念和形式逻辑的范畴构成的体系。然而，"随着支付金钱义务的不断增加，该倾向与抽象、客观化的媒体（金钱）一并挤入相互主体间关系的直接性与亲密性

① 参见徐国栋《优士丁尼〈法学阶梯〉评注》，北京大学出版社 2011 年版，第 4—10 页。

② ［德］弗朗茨·维亚克尔：《近代私法史》（上册），陈爱娥、黄建晖译，上海三联书店 2004 年版，第 338 页。

③ R. Sacco, *La comparaison juridique au service de la connaissance du droit*, Voir les formats et editions, 1991, p. 139. 转引自［英］约翰·贝尔《法国法律文化》，唐家昕等译，清华大学出版社 2012 年版，第 174 页。

④ 参见《德国民法典》（第四版），陈卫佐译，法律出版社 2015 年版，第 5—7 页。

⑤ 吴香香：《民法的演进——以德国近代私法理念与方法为线索》，世界知识出版社 2012 年版，第 213 页。

之间"①。

到20世纪大陆法系国家的民法典，典型代表为：1907年的《瑞士民法典》共计四编，第一编人法；第二编亲属法；第三编继承法；第四编物权法。1942年的《意大利民法典》共计六编，第一编序编；第二编人与家庭；第三编继承；第四编所有权；第五编债；第六编劳动和权利保护。1992年的《荷兰民法典》共计九编，第一编自然人法和家庭法；第二编法人；第三编财产法总则；第四编继承法；第五编物和物权；第六编债法总则；第七编特殊合同，第八编运输法；第九编国际私法。可以明确的是，这些国家的民法典中有关婚姻家庭法的内容均置于一编之中，同时法典也并未单设置一般性的民法总则。其实，《瑞士联邦债法典》中设有法律行为一般规定，《瑞士民法典》第7条即规定其他民事法律关系同样可以适用。《意大利民法典》序编中涵盖了法源以及一般性法律适用的规定。《荷兰民法典》有关法律行为、代理以及时效制度则规定在财产法总则之中。不难发现，潘德克吞式民法总则在其他国家中多是以财产总则或一般性规定的形式而存在的。中国台湾地区的大部分学者也认为按照《德国民法典》体系构建"台湾民法典"中的"民法总则编大都是以财产交易为目的"②。尽管《俄罗斯民法典》设有民法总则一编，但是基于俄罗斯的婚姻家庭法已独立为法典的事实，其民法总则编很大程度上就是财产法总则。

就比较法的视角而论，近代各国民法典主要涵盖三部分内容：第一，私法的一般性规定，包括法源、法律适用一般性条款；第二，财

① ［德］罗尔夫·克尼佩尔：《法律与历史——论〈德国民法典〉的形成与变迁》，朱岩译，法律出版社2003年版，第13页。
② 戴东熊、戴炎辉：《中国亲属法》，五南图书出版公司2002年版，第6页。

产法总则规定，包括法人制度、物和动物规定、法律行为规则、代理规则、时效制度；第三，以总则为出发点确定各分编的规定。其中，财产法规定，构成民法体系绝大部分甚至是全部的逻辑结构的内容。相应地，婚姻家庭法也沦为婚姻家庭财产法。

三 既有民法体系中的婚姻家庭法摄入过多的商事因素

一方面，我国民法体系中婚姻家庭法是以财产性的潘德克吞体系为基础设计的。《民法总则》说明中明确指出民法典将由总则编以及各分编（包括婚姻家庭编）组成。事实上，"民法总则草案以1986年制定的民法通则为基础，按照'提取公因式'的方法，将其他民事法律中具有普遍适用性的规定写入草案"；另一方面，我国婚姻家庭立法又是在《民法通则》的基础上秉承民商合一的立法体例而制定的。"我国民事立法秉持民商合一的传统，通过编纂民法典，完善我国民商事领域的基本规则，为民商事活动提供基本遵循，就是要健全市场秩序。"[1] 特别是，随着商品经济的发展，商品和资本对婚姻家庭立法产生了巨大的影响。可以合理预期的是，民商合一体例下传统民法体系中的婚姻家庭法的结构和内容都不可避免沾染经济利益的因素。由此财产化的婚姻家庭法转化为商事化的立法。这也意味着传统民法体系中的婚姻家庭法在立法、修正、解释的过程中摄入了大量的商事规范。具体而言，我国2001年《婚姻法》（修正案）以及陆续出台三部有关婚姻法的司法解释中商事因素表现在以下几个方面。

第一，婚姻家庭立法价值的商事化。婚姻本应是男女之间具有高度身份属性的结合，因而双方主体在心灵和精神上的联系比契约法的

---

① 《关于〈中华人民共和国民法总则（草案）〉的说明》（2016年6月27日第十二届全国人民代表大会常务委员会第二十一次会议），第5页。

确定更为重要。契约自由、主体平等、效率等价值取向实质上则只是商事规范基本的价值理念。[①] 然而我国现行《婚姻法》第 2 条确定婚姻自由、平等的基本原则，并此理念否定家庭的主体地位，确认个人财产制以及自由结婚、离婚制度。基于此，婚姻被作为一种交易法上的契约，当事人因合意设立或消灭一定的财产关系。《婚姻法》中有关结婚和离婚的规定就主要围绕经济利益而展开。尤其是婚姻法解释三以商事效率的理念确定方便交易的个人财产所有制。[②] 婚姻法司法解释三共 21 条，其中涉及夫妻共同财产和个人财产的有 14 条，涉及房产或不动产的有 5 条。其中第 8 条第 1 款是："婚后由一方父母出资购买的不动产，产权登记在出资人子女名下的，可视为对自己子女一方的赠予，应认定该不动产为夫妻一方的个人财产"，确定了《物权法》上的不动产登记的效力要高于《婚姻法》上结婚的效力。婚姻法解释三第 12 条透露了第 8 条第 1 款的秘密，"登记于一方名下的夫妻共同所有的房屋，一方未经另一方同意将该房屋出售，第三人善意购买、支付合理对价并办理登记手续；另一方主张追回该房屋的，人民法院不予支持，但该房屋属于家庭共同生活居住需要的除外"。第 8 条第 1 款要照顾的最大利益终于出场，既不是男方及其父母，也不是女方及其父母，而是人格化为"善意第三人"的市场。严格登记主义，"谁名下就是谁的"，可以最大限度地保障"交易安全"，最大限度地降低"交易费用"，最大限度地实现物的"市场价值"。而这彻彻底底体现了物的"商事市场价值"，而不是物的伦理价值。[③]

第二，婚姻监护制度的商事化。目前我国《婚姻法》并未确定监

---

① 参见王竹青、魏小莉《亲属法比较研究》，中国人民公安大学出版社 2004 年版，第 4—6 页。

② 参见赵晓力《中国家庭资本主义化的号角》，《文化纵横》2011 年第 2 期。

③ 同上。

护制度。但理论上，不乏学者主张《民法通则》中规定监护制度只是当时立法权宜之计，"监护作为一项具体的法律制度，不应当规定在民法的总则当中，而应当将监护制度规定在婚姻家庭法之中"①。监护是对无行为能力或限制行为能力人的人身、财产以及其他合法权益进行监督和保护的制度。大陆法系民法亲属编的体例大多包括婚姻、亲属、监护三大部分。由于历史的原因，我国婚姻家庭立法历来重婚姻关系，轻家庭关系。1980 年、2001 年两次修改婚姻法在涉及亲属制度、家庭关系部分时均草草收兵。现行婚姻法共有 51 条，直接涉及亲子关系或其他家庭成员关系的只有 13 条。民法典体系下的婚姻家庭法必须要强化亲属制度、家庭关系的内容，将涉及亲属关系的各项制度均统一在婚姻家庭法中，以建构起体系完整、逻辑严密的婚姻家庭法体例。② 其实，尽管现有的监护制度涉及了部分人身权利制度，但在主要程度上还是对被监护人的经济利益予以保护。《民法总则》第 34 条确立监护人的主要职责其实就是代理法律行为，而第 35 条规定经济利益最大化作为监护权行使的目的，在监护制度与亲权制度未加区分的情况下，被监护人的人身权益很难受到除了父母之外的其他监护人的保护。

第三，婚姻行为的商事化。法律行为制度是总则编的核心内容，具有举足轻重的地位。意思表示则是法律行为制度的内核。婚姻行为是特殊的民事行为：婚姻不仅是当事人之间人身关系、财产关系的亲密结合，还具有显著的社会意义，承载着多重社会功能，比如满足个体生理欲望、扶助抚慰家庭成员等。婚姻行为的特殊性使得婚姻行为

---

① 夏吟兰：《民法典体系下婚姻家庭法之基本架构与逻辑体例》，《政法论坛》2014年第 5 期。

② 同上。

有着区别于一般民事行为能力的考量：一方面，婚姻行为对生理年龄的要求高于一般民事行为能力；另一方面，出于保障弱势群体权益的考虑又要适当放松智力精神状况方面的能力要求。① 根据意思表示瑕疵程度，民事法律行为可以分为有效、可撤销、无效。尽管法律行为制度适用于财产行为，特别是商事交易行为。② 但是《婚姻法》也按照法律行为的逻辑路径将婚姻行为划分为行为合法、无效以及可撤销。然而，在婚姻家庭关系，特别是在亲子关系中，"亲属身份的取得或丧失是以亲属的身份共同生活关系这一人伦上的事实能够发生为依据的"③，因此法律并不能简单地因当事人单方或双方的意思表示的瑕疵而否定身份法律关系的存在。在某些情形下简单地以婚姻登记形式要件为标准可能会导致当事人利益严重失衡，如一方的合法婚姻关系尚未解除，又与善意第三方在国外登记结婚，后婚按照《中华人民共和国涉外民事关系法律适用法》获得认可，旋即又因为构成重婚而归于无效，无疑会导致善意第三方处于极为不利的处境。关于无效婚姻、可撤销婚姻问题，制度改良的方向应是更加注重从身份行为的特质出发规范婚姻行为的效力，不必与民法总则中的法律行为制度强求一致。④

第四，婚姻家庭中代理规则的商事化。代理与法律行为制度有紧密的联系，乃辅助行为人实施法律行为之制度。⑤《民法总则》在第

---

① 参见邓丽《论民法总则与婚姻法的协调立法——宏观涵摄与围观留白》，《北方法学》2015 年第 4 期。

② 参见冉克平《民法典总则存废论——以民法典总则与亲属法的关系为视角》，《私法》2008 年第 6 期。

③ 同上。

④ 参见邓丽《论民法总则与婚姻法的协调立法——宏观涵摄与围观留白》，《北方法学》2015 年第 4 期。

⑤ 参见王利明《我国民法典重大疑难问题之研究》，法律出版社 2006 年版，第 89 页。

161 条即明确："民事主体可以通过代理人实施民事法律行为。"然代理规则本质上是财产行为规则，身份行为并不能适用代理，与身份行为有关财产行为也难以适用。① 例如，夫妻一方代理另一方购买某物件，该物品所有权并不归属于被代理人，而属于双方共同所有。现行《婚姻法》司法解释一第 17 条就确定了夫妻家事代理权，即夫妻之间可以互相代理从事民事法律行为。如此，总则中代理规则，便成为夫妻相互代理一般规则，但是基于夫妻之间特殊的身份关系，一般代理规则，包括代理效果、无权代理、表见代理并不能适用于夫妻之间。因为对于任何一个诚实理智的民事主体来说，缔结婚姻关系或解除婚姻关系对其法律权利与法律处境都有非同一般的影响，涉及人身的结合，经济利益的混合，所以婚姻意思必须有本人清楚、明确地表达，不能通过意定代理予以转达。②

第五，婚姻家庭中责任的商事化。我国《婚姻法》中特别是在离婚制度中，明确过错归责原则为婚姻家庭关系中主体承担责任的归责依据。但一般而论，民事主体按自身过错承担侵权责任尚符合经济效益机理。因此，过错责任原则乃财产法（债法总则）中一般性的归责原则。身份法中则不然。身份关系具有强烈伦理性，由此决定了身份关系中归责方式以及承担形式俨然有别于财产关系，尤其是有别于商事关系。例如，在亲子关系中，并不能以有过错为依据要求一方承担扶养或赡养的责任。因此，在婚姻家庭法中再要求民事主体以契合经济效应过错原则为归责原则并不妥当。③

不难发现，契约自由以及交易效率等商事规范的基本理念已经渗

---

① 参见朱庆育《民法总论》，北京大学出版社 2013 年版，第 134 页。

② 参见邓丽《论民法总则与婚姻法的协调立法——宏观涵摄与微观留白》，《北方法学》2015 年第 4 期。

③ 参见张作华《亲属身份行为基本理论研究》，法律出版社 2011 年版，第 79—80 页。

入婚姻家庭法的价值理念以及具体条文设计上。我国现有的婚姻家庭法从原则到监护制度、法律行为以及代理规则都已经发生商事化。

第二节 民商合一视野下婚姻家庭身份法的定位与身份伦理的定性

如此一来，既有民法体系中的婚姻家庭法回归民法，是作为婚姻家庭财产法回归于民法典之中。然而，民法典既是民商合一的民法典，又是统合身份法和财产法的民法典。也就是说，民商合一与财产身份合一应当在民法典之中统一。是故，民商合一的民法典不仅意味着财产法的民商合一，还意味着身份法的民商合一。而身份法的民商合一首先是将婚姻家庭法定位为身份法的基础之上所实现的民商合一。那么，定位为身份法的婚姻家庭法，即婚姻家庭身份法，应当如何实现民商合一，尚需进一步探讨。

一 身份法的定位是实现婚姻家庭法民商合一的出发点

19 世纪的法典编纂运动是从"身份"到"契约"的运动，实质上也是民法典从"人法"到"财产法"的运动。另外，我国自清末，民法体系即沿袭大陆法系，并主要借鉴近代德国民法典之体系和内容。这种不加借鉴萧规曹随式的立法对我国的婚姻家庭关系造成了诸多不利影响。不可否认的是，市场经济的发展给我国带来巨大财富，但同时商品本身具有很大的侵蚀与腐朽功能，特别具有浓厚伦理因素的爱情、亲情关系，一旦被商品所侵蚀与腐蚀，必将导致爱情异味、亲情无味。所谓"民法出、忠孝亡",正是学者对被商品经济侵蚀的婚姻家庭关系所发出的深刻警醒。由此我国民法典婚姻家庭法编的编纂应该对之抱有清醒认识。商品经济越发展,就更应该竭虑守卫婚姻家庭领域的身份伦理。

值得强调的是,民法典不是财产法典,而是调整人身关系和财产关系的法典,婚姻家庭法为民法典重要组成部分,构成法典的两大主要基石之一。① 事实上,"身份法律关系,自始至终都是一种本质的、必然的社会结合的关系,它是人伦秩序内的非财产性关系"②,"因为身份关系具有事实先在性之特征,使得身份关系与财产关系之间存在着截然互异之性质"③。婚姻家庭法作为身份法回归民法之中,一方面有利于民法典的体系化,"所谓民法典的体系,是在采取法典形式时,将调整平等主体之间人身关系与财产关系、具有内在有机联系的民法规则或法条文以某种逻辑加以安排,从而形成的体系"④;另一方面,婚姻家庭法本身也可运用身份法基础理论构造婚姻家庭制度,建立起全面的权利体系。是故,婚姻家庭法首先应当定位以身份法的形式回归于民法典婚姻家庭编,进而构建相关制度。事实上,《民法总则》"民事权利"一章中已经明确表达出此意向,中国未来民法典不仅仅是调整财产关系的民法典,更应是统合财产关系和人身关系的民法典,而身份法的回归最终也促使了中国民法典从财产法典到体系完整民法典的回归。

显然,婚姻家庭法应从构成家庭的身份为出发点来考虑婚姻家庭

---

① 参见〔法〕让·保罗、让·皮埃尔·鲁瓦耶《民法典:从政治意志到社会需要》,石佳友译,《法学家》2004 年第 2 期。

② 张作华:《亲属身份行为基本理论研究》,法律出版社 2011 年版,第 69 页。

③ 〔日〕中川善之助:《新订亲族法》(新订版),青林书院昭和四十年版,第 24 页。

④ 王利明:《中国民法典学者建议稿及立法理由》,法律出版社 2005 年版,第 1 页。

的规则和制度，而不是以宪法性人权代替民法性身份，更不是用商事属性异化婚姻家庭的身份特性。婚姻家庭的身份属性应在身份平等、自治的基础上，突出家庭身份的特性。例如夫妻之间的忠诚协议，是具有特定身份的主体之间签订的契约。此情形下，既要考虑身份的平等性和自治性和权利义务的安排，更要考虑到婚姻中精神情感性因素以及身份关系的伦理性，并不能将忠诚协议等同于平等主体之间签订的经济契约，直接用商事规范予以调整，而要从身份法的属性来审视协议的效力和执行力。婚姻家庭关系并不同于商事关系，婚姻家庭法也不同于商事规范，婚姻家庭法应当定位为身份法，即在身份基础之上调整家庭成员之间的人身关系和财产关系。① 这也是构建民商合一的婚姻家庭法的出发点。

二 身份特性是实现婚姻家庭身份法民商合一的基本依据

婚姻关系乃是主体之间基于特定身份结合而成的关系，血亲更是如此。婚姻家庭关系则"是基于很深的夫妻之情和父母之爱的一种制度"②，本质上是身份关系。身份关系则是民事法律调整对象的重要组成部分。③ 尽管民法调整的身份关系、人格关系与财产关系三者均为民事法律关系，但是调整的利益性质却截然不同。其中，财产关系调整利益属于财产利益，人格关系中为生命、健康等人格利益，身份关系中则是基于特定主体之间的身份利益。婚姻家庭关系则是以夫妻以及亲子或他人之间的"身份利益"为内容的法律关系，即民事主体之

---

① See Stefan Kirchner, "Human Rights Guarantees during States of Emergency: The European Convention on Human Rights", *Baltic Journal of Law & Politics*, Vol. 2, 2010, p. 8.

② ［芬兰］E. A. 韦斯特马克：《人类婚姻史》（第三卷），商务印书馆1992年版，第1244页。

③ 参见刘引玲《亲属身份权与救济制度研究》，中国检察出版社2011年版，第48—49页。

间基于婚姻或血缘结合所产生的稳定的身份关系。因此，在研究民商合一的婚姻家庭身份法的基本制度、条文规范时，还应当考虑两个方面的因素：第一，婚姻家庭关系本身的特质，即特定主体之间身份关系的特质；第二，婚姻家庭身份法规则设计的宗旨，即针对要实现对特定身份关系调整所要实现的价值理念。也就是说，我们必须遵循身份关系的基本属性，这是在婚姻家庭法领域设计契合民商合一立体体例的制度和具体规范的基本依据。婚姻家庭身份法中的身份特性主要表现在以下三个方面。

第一，婚姻家庭中的身份具有先在性。不同于商事规范，婚姻关系法所调整的身份关系，具有"事实先在性"的属性，即"先有身份关系，而后法律予以规范；而非先有法律，而后才有身份和身份关系"。当然"事实先定性"并不否定婚姻家庭法的私法属性，而是表明"法律对身份法介入"，应当"尊重既定的事实"。① 婚姻家庭法中的身份关系"与其说是市场秩序规范，不如说是人伦秩序规范"②。身份制度的私法构造就是"以个人间的组织状态与市民社会的结构性存在为前提的"③。如此一来，法律以及当事人应当尊重当事人之间在先的已经形成的身份事实关系。也就是说，基于婚姻家庭中的身份以及身份关系的事实先定性的特性，婚姻家庭立法应当认可已有的身份关系。例如，认可事实婚姻的法律效力、非婚姻产生的亲子关系。反之，人格关系或财产关系，则必须经由法律确认后才上升为法律关系。

---

① 张作华：《亲属身份行为性质的民法解析》，《武汉大学学报》（哲学社会科学版）2012 年第 1 期。

② 张作华：《认真对待民法中的身份——我国身份法研究之反思》，《法律科学》（西北政法大学学报）2012 年第 4 期。

③ 马俊驹、童列春：《身份制度的私法构造》，《法学研究》2010 年第 2 期。

第二，婚姻家庭中的身份具有团体性。团体是人的集合体，古已有之，即指两个以上的民事主体基于特定联系所构成的稳定持久的组织体。商法领域中既有团体也有个人，婚姻家庭是基于婚姻血缘等特定身份关系构成的团体，因此身份法领域则只存在团体性结合的关系。身份法自古以来就是规范统一团体的法律，婚姻家庭法因此也可以被称为"统体法"①。这意味着家庭团体在从事民事活动以及承担民事责任上具有不可分性。例如，一般情况，并不区分夫妻双方而是作为一个整体与第三方当事人缔结合同，就此产生法律效果归属家庭团体。需要明确的是，尽管商法规范也存在团体性结合，例如公司、合伙。但是商法上团体的结合是基于特定经济性利益，身份法上的团体则是基于特定身份关系之上的。就此而论，两者存在本质上的差异。在立法具体表现为：其一，指导价值理念不同。前者重视于经济效应而侧重效率价值。后者重视情感连接而侧重伦理价值。其二，成立、变更、消灭的基础不同。前者以财产为中心，民事主体通过投入一定财产而设立团体，设立后并不因成员变化而变更或消灭该团体。后者则以特定身份为中心，处于一定身份中则成为团体，身份消灭则团体消灭。

第三，婚姻家庭中的身份具有主导性。事实上，身份体成员间的财产关系，"依附于身份关系而存在，具体财产被特定的身份体以及特定的成员结构、规则所塑造，财产丧失同质性，形成具有不同功能，服务特定目的的财产"②。婚姻法之中规定因身份关系而产生的给付一定经济内容为媒介的义务，即表现为以身份关系为前提的财产关

---

① 参见［日］中川善之助《新订亲族法》（新订版），青林书院昭和四十年版，第14—18 页。

② 马俊驹、童列春：《身份制度的私法构造》，《法学研究》2010 年第 2 期。

系，包括夫妻之间因扶养义务给付金钱而产生的财产关系、亲子之间因赡养或抚养义务而产生的财产关系以及结婚或离婚中产生财产关系。例如，要求给付彩礼，离婚时请求损害赔偿。也就是说，婚姻家庭法所调整的财产关系并不同于商事交易中财产关系，其以特定身份为前提，具有强烈的身份关系附随性。例如，夫妻关系终止，夫妻间的抚养给付义务也相应地终止。"这种财产关系不能脱离亲属身份关系而独立存在，它是依附、从属于亲属身份关系的，它随着相应的身份关系发生或终止，其内容也反映了相应的身份关系的要求。"① 由此可见，婚姻家庭法中身份具有主导性，其财产关系是依附于身份的财产关系。商法规范则不然，其财产占主导地位，团体依附于特定经济利益关系。

三 伦理精神是实现婚姻家庭身份法民商合一的基本理念

事实上，任何法律规范离不开该领域特定价值理念的指导，而伦理精神正是构建婚姻家庭身份法的价值理念。可以说，身份的诸多特性都源自婚姻家庭中的伦理精神，伦理精神也是婚姻家庭中身份这一抽象概念的基本内涵。既然如此，婚姻家庭身份法就应当以伦理精神为基本理念展开立法设计。其实，商事规范是以契约自由、交易效率为基本价值导向而构建的，婚姻家庭法则是以身份伦理属性为基础而构建。婚姻家庭关系，既是法律关系，又是伦理关系。② 关于婚姻家庭关系之伦理性，马克思在《论离婚法草案》中就深刻地指出："尊重婚姻，承认它的深刻的合乎伦理的本质"③，正是由于浓重的伦理色

---

① 巫昌祯：《婚姻家庭法新论》，中国政法大学出版社 2002 年版，第 54 页。
② 参见马俊驹、余延《民法原论》，法律出版社 2007 年版，第 777 页。
③ 《马克思恩格斯全集》（第二卷），人民出版社 1965 年版，第 185 页。

彩，作为调整和保护婚姻家庭关系的法律也要具有鲜明的伦理性特征。梅因在《古代法》中所言的所有进步社会的运动都是从"身份到契约"的运动，① 揭示了个体的法律人格和社会地位从古代到近现代发生的革命性转变，但梅因的断言并不意味着亲属身份的消亡。② 无论时代如何变迁，经济如何发展，亲属关系本质上的伦理性都不会改变，现代社会仍然遵从辈分伦理、夫妻伦理，仍然讲究长幼有序、尊卑有别、名分有定。③ 因而，商法价值理念并不能用以指导身份法立法，相反商事规范与身份法有着无法逾越的鸿沟。这也就意味着婚姻家庭身份法的民商合一应当致力于去除婚姻家庭法商事化的影响。具体而言，婚姻家庭身份法中伦理精神表现为以下几个方面。

第一，婚姻家庭身份法中伦理精神的人性。事实上，"伦理都是人际的"，"这意味着我们的伦理生活开始于我们特别依赖家庭的时候"。④ 个人不仅是社会的成员，更是家庭的成员。"人伦社会也是任何一个社会所必须具备的。"⑤ 因此，无论是个人道德或社会伦理，无论是人类自身或人与自然的伦理原则和规范，都可以也应当从婚姻家庭的伦理中衍生。诚如学者所言"家庭不仅作为市民社会伦理合理性的根源，而且作为整个伦理合理性本源都是必然的"⑥。身份法的价值理念不同于人格法的人格价值以及财产法的契约自由，体现为一种伦理精神。婚姻家庭"之所有能体现出理性、平时、传统、宽容的特

---

① 参见史尚宽《亲属法论》，荣泰印书馆 1980 年版，第 4—5 页。
② 参见梅因《古代法》，沈景一译，商务印书馆 1959 年版，第 96—97 页。
③ 参见张作华《认真对待民法中的身份》，《法律科学》2012 年第 4 期。
④ 赵庆杰：《家庭与伦理》，中国政法大学出版社 2008 年版，第 232 页。
⑤ 蒋月：《20 世纪婚姻家庭法：从传统到现代化》，中国社会科学出版社 2015 年版，第 105 页。
⑥ 赵庆杰：《家庭与伦理》，中国政法大学出版社 2008 年版，第 278 页。

色",是因为"蕴含着伦理内涵和发展方向"。① 伦理精神是以人性的社会属性为基础的,身份法制度的构建,就必须符合人性的逻辑推演,遵循身份关系至善的价值导向。

第二,婚姻家庭身份法中伦理精神的情感性。婚姻家庭法中的身份伦理性根植于人性深处情感的本能而呈现出情感性色彩。婚姻家庭关系本质上是人伦的情感因素的身份集合体。现代社会中,不同于财产法上团体成员之间契约性联系,婚姻家庭中的个体之间具有高度身份性的联系。可以说,"情感因素既是身份行为产生的基础,也是亲属身份关系维系的纽带和润滑剂"②。婚姻家庭法构建应特别注重夫妻、亲子或其他亲属之间的精神情感的联系,尤其是对婚姻家庭关系的认定应以情感因素为主导。婚姻家庭法中情感性即表现为家庭团体的内在连接纽带。

第三,婚姻家庭身份法中伦理精神的道德性。婚姻家庭的伦理性其实也就决定了婚姻家庭领域需要社会道德规范的调整,道德规范反过来也使得身份法具有伦理性。诚如学者所言:"由于两性关系和血缘联系为特征的婚姻家庭关系实质上是一种伦理关系,具有深刻的伦理性,这种法律与道德一致性在婚姻家庭中就得到了突出的体现。"③因而,身份法伦理精神也表现为具有道德性的精神需求。就此而论,婚姻家庭法其实是道德化的法律或法律化的道德,其立法指导思想以及权利义务的设置,包括平等处理财产的权利、扶养、赡养义务以及继承权都应当体现出道德性。

---

① 丁慧:《论中国亲属法的现代化转型》,《中华女子学院学报》2013 年第 4 期。
② 张作华:《亲属身份行为基本理论研究》,法律出版社 2011 年版,第 92 页。
③ 巫昌祯:《婚姻家庭法新论》,中国政法大学出版社 2002 年版,第 55 页。

第三节　民商合一的婚姻家庭身份法亟须
系统性地去除商事规范

但问题是，身份法主要适用于家庭亲属之间的身份关系，财产法则主要适用于市场经济中商品交易关系，两者的价值取向、制度设计和条文规范存在着巨大的区别，而商事规范又适用于市场经济之中。财产法的立法理念是个人本位下的个人主义，最大限度地保护个人利益，实现个人价值；而婚姻家庭法的立法理念则是人格独立下的团体主义，在保障个人利益的同事要维护婚姻家庭关系的稳定，实现婚姻家庭的功能。[①] 就我国现行婚姻家庭法商事化程度而言，保持身份体系之完整性，进而保持民法典体系之完整性，已经不是简单地去除某些独特性的商事规范所能解决的问题，必须在坚持婚姻家庭身份法的定位以及身份伦理定性的基础上，系统性地去除既有婚姻家庭法中过度商事化的立法规范，而后才能构建契合民商合一立法新模式的婚姻家庭法体系。本节拟以此为视角展开探讨。

一　民商合一的婚姻家庭身份法去除商事规范的必要性

第一，婚姻家庭身份法中的商事规范否定家庭团体的主体地位。近代民法的基本价值取向是个人本位主义，婚姻家庭制度，包括婚姻

[①]　参见夏吟兰《论婚姻家庭法在民法典体系中的相对独立性》，《法学论坛》2014 年第 4 期。

自由，男女平等原则以及个人财产权，即是以个人本位为中心而展开的。① 毫无疑问，个人本位原则彻底地废除了封建家父权，实现了不平等的身份地位转向平等的身份关系，现代婚姻家庭法仍应予以坚持。② 然而，步入 20 世纪后，特别是在全民皆商的 21 世纪，商业高度繁荣，商事规则大幅度侵入民法典，民商事合一化，家庭生活商品化，更加使得身份关系迈向自由化与财产化的个人本位，婚姻家庭沦为物质计算的单位。事实上，近现代民法中倾向于承认商法中的团体组织的主体地位，例如，《德国民法典》承认法人主体地位，《意大利民法典》承认企业的主体地位，我国《民法总则》确定了法人与非法人组织的主体地位。尽管如此，基于"个人应当独立于家庭"的认识，现代民法中却普遍不认同婚姻家庭组织体的法律地位，我国既有的民事立法也不承认家庭团体的主体地位。其实，尽管商法上团体与身份法上的团体存在实质上的区别，但两者都是由两个以上主体构成的团体性组织体，都应当具有主体地位。

第二，婚姻家庭身份法中的商事规范无法满足"同居共财"理念的现代化更新。"同居共财"古已有之。在氏族社会"同居共财"乃是最根本的财产所有模式，我国"自古以来，家庭生活实行同居共财，家产归家属共同共有"③。后近代社会个人从家庭中独立出来，尊重个人权利而尊重人人财产，相应地，共同财产演变为个人财产。"强调家庭成员人格独立而不得不承认个体私有财产的独立性。"④ 不可否认的是，在现代市民社会，个人仍然处于一定婚姻家庭关系之

① 参见巫昌祯《婚姻家庭法新论》，中国政法大学出版社 2002 年版，第 118 页。
② 参见许莉《家族本位还是个人本位——民国亲属法立法本位之争》，《华东政法学院学报》2006 年第 6 期。
③ 蒋月：《20 世纪婚姻家庭法：从传统到现代化》，中国社会科学出版社 2015 年版，第 94 页。
④ 同上书，第 126 页。

中。事实上，婚姻家庭是一个不可分的概念，现代社会仍需要同居共财的理念以维系家庭生活和谐稳定。然而，以个人或团体为中心的"个人"财产制度是现代商事规范的基本理念。也就是说，婚姻家庭身份法如果仍然以商事规范理念构建婚姻家庭财产制度，根本无法实现个人财产制度向共同财产制度的转变。例如，尽管我国 1950 年的《婚姻法》第 10 条确定家庭财产的概念，即明确家产制，但是《婚姻法解释（三）》又以商事规范的独立财产制度使得家产制成为仅有的法律概念。①《婚姻法解释（三）》有意将婚姻法变成一部《物权法》和《离婚法》，多数的条款都是为了离婚和财产争夺的便利而设定的。实际上，按照婚姻法对家产共有的否弃与对离婚条件的简约化设置，中国人的结婚以及对婚姻的维持将越来越难，而离婚则将越来越容易。② 家庭法律是要促进家庭的稳定，而不是促进家庭的破裂，当前家庭法律"去家产制"的发展趋势与转型社会对家产制的内在需求完全背离，一方面使家庭法律面临"合法性危机"，另一方面也助长了破坏家庭稳定的消极因素。发达国家对家庭功能的重新重视可以给我们提个醒：作为发展中国家的我们应该发挥家庭原本所具有的优势，尤其是在维护社会稳定上的作用。③

　　第三，婚姻家庭身份法中的商事规范使得"身份关系法"陷入"投资促进法"的困境。我国 2001 年的《婚姻法》已显露出诸多商事规范的特性。《关于适用〈中华人民共和国婚姻法〉若干问题的解释（三）》（以下简称《婚姻法解释（三）》）更是适用财产收益原则将

---

①　参见赵晓力《中国家庭资本主义化的号角》，《文化纵横》2011 年第 2 期。

②　参见顾骏《司法解释与生活逻辑的背离》，《文化纵横》2011 年第 1 期。

③　参见林辉煌《家产制与中国家庭法律的社会适应———一种"实践的法律社会学"分析》，《法制与社会发展》2012 年第 4 期。

婚姻家庭法从"身份关系法"推向"投资促进法"。① 因此，尽管婚姻家庭法已经实现向民法典的回归，即从婚姻家庭法典回归于民法典的婚姻家庭编，但是由于身份伦理精神缺失，实际上也只是实现了财产性回归，即回归为民法典的财产法编。事实上，我国婚姻家庭法一味地忽视身份伦理精神的特殊性，用商事规范的思维结构身份法规则，已经越发地显示出弊端，致使现实的婚姻家庭规则陷入功利化、经济利益化的困境。

二 民商合一的婚姻家庭身份法去除商事规范的基本原则

尽管近代社会个人是从家庭中折射出的，继而成为民法调整的法律主体，但是现代市民社会中，尤其是现代婚姻家庭法中，从家庭中折射出的个人，又通过伦理性身份进入家庭之中，成为婚姻家庭的成员。因此，我国婚姻家庭法应当以身份法为基本定位以及伦理精神为价值理念去除既有立法中的商事规范。具体而言，系统性去除婚姻家庭身份法中的商事规范应当坚持以下几个方面的基本原则。

第一，体现婚姻家庭法为身份法的本质特征。有学者称"在现代市民社会中，身份关系逐趋弱化，财产关系日益增强，传统的亲属法的固有性能逐步消亡"②，婚姻家庭与其说是身份法，不如说是财产上的规范，只是间接以身份关系为前提。其实不然，婚姻家庭法具有伦理性色彩，"婚姻是伦理性的契约和契约性的伦理实体，其表征是契约性，实质上伦理性"③。婚姻家庭法性质上属于民法，但其中伦理精神则彰显出婚姻家庭法为身份法的本质特性。其社会功能是保护婚姻

---

① 参见赵晓力《中国家庭资本主义化的号角》，《文化纵横》2011 年第 2 期。
② 赵庆杰：《家庭与伦理》，中国政法大学出版社 2008 年版，第 214 页。
③ 曹贤信：《亲属法的伦理性及其限度研究》，群众出版社 2012 年版，第 65 页。

家庭关系当事人的权利，养老育幼，维护婚姻家庭这个社会基本单位的和谐稳定。与其他财产法律关系相比较，婚姻家庭法法律关系是稳定或相对稳定的，因为它是以两性结合和血缘联系为自然条件的社会关系，是一种长期的或永久的伦理结合，亲属之间具有固定的身份和称谓，夫妻、父母子女、兄弟姊妹等身份和称谓的稳定性保障了社会关系的稳定性。亲属间的血缘联系只能基于出生、死亡的事件而发生、终止，不能通过法律行为或其他途径而人为地设立或解除，更不是基于利益的短暂结合。①

　　第二，实现财产关系与身份关系统合于民法典。毫无疑问，身份法应当秉持伦理精神的基本理念，从而不至于被财产法领域"契约自由"的价值理念所蚕食。伦理精神以注重维系家庭关系的稳定，从而彰显出身份关系不同于财产关系的本质特性。事实上，婚姻家庭法所蕴含的伦理精神不仅能够区分于财产法，彰显身份法特质，而且还有利于纠正婚姻家庭资本化、财产化的倾向，提升家庭的团体性，强化婚姻家庭关系的身份性，进而矫正近代市民社会伦理性缺失所构建的民法体系。② 亲属之间的身份关系不是出于功利目的而创设和存在的，以亲属身份所派生的财产关系并不是体现直接的经济目的，它所反映的主要是家庭成员共同生活和家庭职能的要求，不具有等价有偿的性质，更强调夫妻之间、家庭成员之间是利益共同体，提倡分享、利他和奉献精神。譬如夫妻间的法定财产制为婚后所得共同制，设立的目的是维持夫妻和家庭的共同生活、鼓励夫妻间相互扶助、同甘共苦、

---

① 参见夏吟兰《论婚姻家庭法在民法典体系中的相对独立性》，《法学论坛》2014 年第 4 期。

② 参见许中缘《商法的独特品格与我国民法典编纂》（上册），人民出版社 2017 年版，第 126—132 页。

增强家庭的凝聚力，实现养老育幼的经济职能。① 而一般财产关系具有任意性，以"意思自治"为特点，以保护个人财产利益，保护当事人意思自治为宗旨，财产关系的发生、变动、消灭完全取决于个人意思。民法典中以伦理精神构建婚姻家庭法的身份规则，在内容上，即实现了财产关系与身份关系的统合，进而最终实现法典体系上的完整性。如此一来，民法典方能不仅是财产法法典，也是身份法法典。

第三，彰显现代化的婚姻家庭法理念。"现代化是法律发展的方向"②，婚姻家庭法即向现代化的方向迈进。尽管婚姻家庭法近代化的过程中确定婚姻自主自由的基本价值理念，削弱传统社会中人身依附关系，将个人从氏族中解放出来，具有重大意义，但同时婚姻家庭法也沦为财产性身份法。如今，婚姻家庭法以伦理精神为核心的价值理念，在承认近代社会个体独立、个体自由的基础上，同时强调婚姻家庭法伦理性属性，从而逐步迈向现代化的身份法。③ 现代市民社会"重视家庭生活的价值，以家庭和谐为中心，形成了规范家庭生活的伦理道德体系"④。现代婚姻家庭制度，根植于人格独立、婚姻自由、但仍然具有维护人伦秩序、抚养子女健康成长、赡养老人安度晚年的社会性功能。婚姻家庭法就是要发挥法律的导向与指引功能，通过明确婚姻双方和家庭成员的责任，进一步弘扬文明进步的婚姻家庭伦理

---

① 参见夏吟兰《论婚姻家庭法在民法典体系中的相对独立性》，《法学论坛》2014 年第 4 期。

② 蒋月：《20 世纪婚姻家庭法：从传统到现代化》，中国社会科学出版社 2015 年版，第 42 页。

③ 参见［美］昂格尔《现代社会中的法律》，吴玉章、周汉华译，中国政法大学出版社 1994 年版，第 218—223 页。

④ 曹贤信：《亲属法的伦理性及其限度研究》，群众出版社 2012 年版，第 126 页。

道德观念，维护社会主义婚姻家庭制度。① 就此而论，伦理精神是现代化婚姻家庭法基本的价值理念。

三　民商合一的婚姻家庭身份法去除商事规范的基本进路

首先，就方法论而言，应当在个人本位的基础上，坚持团体主义的方法论。事实上，"随着社会的发展进步，消灭封建社会的宗法家族制度是合理的，但不应一并消灭作为伦理始点的家庭本身"②。因而，现代意义上的婚姻家庭法应当矫正近代民法对家庭功能和定位的扭曲，家庭内个人权利与家庭整体的和谐并不冲突。③ 相反，家庭本位契合是设立婚姻家庭的根本目的。诚如学者所言："无论是个体幸福还是家庭和谐"，"确实与民法典的个体主义及权利本位达成了某种程度的融合，这个融合点就是亲属法'以个人权利为基础的家庭本位'"。④ 概言之，我国婚姻家庭法应在坚持民法个人本位的基础之上确定自由、平等的基本原则，同时在身份法领域结合家庭本位，注重家庭之间情感性联系，维护特定主体结合而成的家庭团体，以婚姻家庭稳定和谐为最根本的追求，确定身份体成员之间的权利义务关系，以此在婚姻家庭领域达到个人价值与家庭价值的平衡。⑤ 其实，在婚姻家庭领域确定以个人本位为基础的家庭本位也是婚姻家庭法作为身份法回归于民法典的契合点。

---

① 参见夏吟兰《论婚姻家庭法在民法典体系中的相对独立性》，《法学论坛》2014 年第 4 期。

② 赵庆杰：《家庭与伦理》，中国政法大学出版社 2008 年版，第 235 页。

③ 参见赵万一《婚姻家庭法与民法典关系之我见——兼论婚姻家庭法在我国民法典中的实现》，《法学杂志》2016 年第 9 期。

④ 曹贤信：《亲属法在民法典定位中的价值取向难题之破解与对策》，《华中科技大学学报》（社会科学版）2014 年第 4 期。

⑤ 参见曹贤信《亲属法的伦理性及其限度研究》，群众出版社 2012 年版，第 208—209 页。

其次，就法律适用渊源而言，应当认可习惯法与道德规范为婚姻家庭法的法源。婚姻家庭法应承认婚姻家庭领域的习惯法。"习惯法是人类长期社会生活中自然形成的一套行为规范，它源于各民族生存发展的需要。"① 人类社会中法律发展史就是从习惯法上升为制定法的历史，事实上，法律规范尤其是具有浓烈伦理性色彩的婚姻家庭法，其基本原则和规则很大程度上源于长期形成的地方习惯，也应当符合当地的习惯。可以说，习惯之所以需要在婚姻家庭中得到充分的尊重，乃在于婚姻家庭本身即根植于习惯。② 就婚姻家庭法的内容而言，近代身份法是以资本主义社会的自由、平等为立法依据，而中国传统婚姻家庭理论重视孝道与家庭。③ 因而，当代中国婚姻家庭法之外还应承认地方长期形成的婚姻家庭领域内的习惯法，尊重习惯法能够耦合当地社会实际，从而减少法律与生活的冲突。婚姻家庭法应确认合理范围内的道德准则。"法律与道德代表着不同的规范性命令，然而它们控制的领域却在部分上是重叠的。"④ 婚姻家庭领域中之所以必须要遵循道德规范，则是由婚姻家庭制度本身的特点所决定的。⑤ 在婚姻家庭领域内，由于身份伦理性之属性，婚姻家庭法与伦理道德高度重合。"在基本原则和规范层面上，亲属法与现代婚姻家庭伦理之间存在相互包容、相互渗透的关系"，"虽然有些婚姻家庭伦理道德不是

---

① 高其才主编：《当代中国婚姻家庭习惯法》，法律出版社 2011 年版，第 1 页。
② 参见赵万一《婚姻家庭法与民法典关系之我见——兼论婚姻家庭法在我国民法典中的实现》，《法学杂志》2016 年第 9 期。
③ 参见［美］格林顿·戈登·奥萨魁《比较法传统》，米健、贺卫方、高鸿钧译，中国政法大学出版社 1993 年版，第 6—7 页。
④ ［美］E. 博登海默：《法理学——法律哲学与法律方法》，邓正来译，中国政法大学出版社 2004 年版，第 400 页。
⑤ 参见赵万一《婚姻家庭法与民法典关系之我见——兼论婚姻家庭法在我国民法典中的实现》，《法学杂志》2016 年第 9 期。

亲属法的调整范围，但亲属法调整的却是婚姻家庭伦理道德所要求的"。① 其实，婚姻家庭关系"具有鲜明的地域、民族特性和传统伦理内涵，与社会的民族文化传统、伦理道德紧密联系，立法时不能超越民族文化和伦理道德"②。道德伦理规范在婚姻家庭法价值取向上表现为家庭成员之间的"相亲相爱"，在婚姻家庭法原则上则表现为保护弱势群体。也正是如此，婚姻家庭法"反映出法律制度'温情脉脉'的人文关怀的一面"③。

再次，就主体制度而言，应当承认婚姻家庭团体的主体地位。但事实上，婚姻家庭是"以一定范围的亲属所构成的社会生活单位"④。通常情况下，这样的结合是以婚姻关系、血缘关系或收养关系等伦理性身份为基础的，因而也可以说，婚姻家庭"是一个伦理共同体，是以不分彼此，为了对方和子女从需要做出牺牲和贡献，具有利他主义精神的团体"⑤。并且基于伦理性结合也使得身份法上的团体较之财产法上的团体更具有稳定性和持久性。因而，婚姻家庭是事实意义上的团体，我们必须要认识到婚姻家庭结构本质上具有团体性。⑥ 婚姻家庭的"团体性，表明该结合状态的每一个当事人都是该结合体的一个成员，该结合体类型特定，结合状态稳定而长久"⑦。在长久关系的婚姻家庭中，团体性还意味着存在内部和外部之分，适用内部规则和外部规则之别。在家庭内部，为了维护和经营该统一体，各身份人应当

---

① 曹贤信：《亲属法的伦理性及其限度研究》，群众出版社 2012 年版，第 203 页。

② 杨立新：《完善我国亲属法法律制度涉及的六个基本问题》，《重庆社会科学》2008 年第 6 期。

③ 马忆南：《婚姻家庭法的弱者保护功能》，《法商研究》1999 年第 4 期。

④ 巫昌祯：《婚姻家庭法新论》，中国政法大学出版社 2002 年版，第 32 页。

⑤ 丁慧：《再论中国亲属法的立法价值选择——在民法典起草和制度的语境下》，《西南政法学学报》2016 年第 1 期。

⑥ 参见张作华《亲属身份行为基本理论研究》，法律出版社 2011 年版，第 75—76 页。

⑦ 同上书，第 74 页。

以伦理精神为理念遵循统一身份法规则，并且存在一定服从关系。例如，婚姻家庭中意思自治适用的限制，并非依据当事人之间的意思自治而是基于特定身份关系之中，且只发生在身份关系之中。在家庭的外部，家庭成员构成统一的整体，家庭成员与外部之间财产关系实质上也是家庭与外部之间的财产关系，应遵循物权法的相关规定。① 例如，家庭中成员的内部约定并不影响与外部人的债权关系，第三人通常将身份体内的成员视为一个整体偿还债务。

最后，就财产制度而言，应当以同居共财作为婚姻家庭身份法的基本财产制度。家庭是家庭成员共同生活的居间，家庭的共同财产即家产，在财产所属上，家庭伦理相对应就表现为家产制。确定夫妻、亲子或其他亲属同居共同拥有的财产制度即为家产制。其中，共同生活是家产制的基础，而家产制则是家庭共同生活得以延续的保证。"理解家产制的性质，还须理解家产归属于家。如果非要给家产找一个归属，那么只能说家产归属于家，而不是任何个人"，进而言之，"家产制是用财产以维持的存在与延续为目的的制度，家产是家庭公共的产业，任何家庭成员不对家产享有排他性的权利"。② 在长期的城市化进程中，处于转型农村社会的家庭经济模式对家产制有内在需求。当前农村家庭的经济模式主要是由小农经济和半公半农共同构成的。当前全家留在农村的农民，很多都可以一家耕种 20 亩左右的田，形成新的"中农"阶层。③ 这个阶层的土地耕种量虽然有所增加，但是在本质上依然是小农经济，具体体现在其农业经营主要是靠强化

① 参见赵庆杰《家庭与伦理》，中国政法大学出版社 2008 年版，第 190—196 页。
② 俞江：《家产制视野下的遗嘱》，《法学》2010 年第 4 期。
③ 参见贺雪峰《取消农业税后农村的阶层及其分析》，《社会科学》2011 年第 3 期；杨华《农村土地流转与社会阶层的重构》，《重庆社会科学》2011 年第 5 期；林辉煌《江汉平原的农民流动与阶层分化：1981—2010》，《开放时代》2012 年第 3 期。

"自我剥削"而不是采取资本化的模式。① 这就决定了农民收入主要依赖全家人的劳力合作以及对家产的统一支配。这种模糊的家产制有利于维持小农家庭的安全和再生产，而且从本质上讲，其家庭财产本身就不具有可分割性。半公半农的经济模式是在市场经济的推动下形成的，其本质特点在于城乡之间的夫妻分工或代际分工。年轻人在外打工，老人和妇女在农村种田，表面看起来财产收入来源已经分开了，但是他们在家庭财产的支配上却是统一的。首先，外出打工者大多会按时向农村的家里汇款，② 务工或者务农依情况仅被视为一种兼业；其次，在教育、建房、结婚、看病等大宗开支上，所有家庭财产都是统一支配的；最后也是最重要的，务工和务农的收入只有联合起来才能发挥作用，分割开来只会让家庭生活陷入困境。从这个意义上讲，半公半农仅仅是小农经济的另一个版本。由此可见，转型农村家庭的经济模式并没有改变对家产制的内在需求。③ 在家产制的基础上，方能实现家庭养儿育老与相互扶助的功能。④ "和谐幸福是婚姻家庭法的终极价值目的"，而"家庭伦理的价值目标是和谐幸福"⑤，因而，婚姻家庭的演进并不能忽视婚姻家庭的伦理性，尤其是婚姻家庭的"同居共财"的特点。事实上，同居共财理念是婚姻家庭共同财产制的伦理性的基础，忽视同居共财制的理念，盲目地扩大婚姻家庭领域

---

① 参见［俄］恰亚诺夫《农民经济组织》，萧正洪译，中央编译出版社1996年版，第58页。

② 参见李实《中国农村劳动力流动与收入增长和分配》，《中国社会科学》1999年第2期。

③ 参见林辉煌《家产制与中国家庭法律的社会适应——一种"实践的法律社会科学"分析》2012年第4期。

④ 参见曹贤信《亲属法的伦理性及其限度研究》，群众出版社2012年版，第289—291页。

⑤ 曹贤信：《亲属法在民法典定位中的价值取向难题之破解与对策》，《华中科技大学学报》（社会科学版）2014年第4期。

的个人财产制，必然会造成婚姻家庭之间情感的疏离，影响家庭和谐稳定。①

第四节　民法典婚姻家庭编基本制度的伦理性构建

民法典婚姻家庭编的法律制度、法律规范应当与婚姻家庭身份法的价值理念统一。那么，婚姻家庭制度的构建应当遵循身份伦理精神的价值指导，而不是商事规范的价值理念。因此，婚姻家庭法身份性的回归，必须跳出传统商品经济之拘囿，以身份关系为依托，贯彻家庭伦理精神之价值。也就是说，婚姻家庭法要以伦理精神的价值理念为核心而构建民商合一的婚姻家庭编。

一　婚姻家庭的主体地位是伦理性身份法与商事化财产法的连接点

"婚姻家庭关系是以两性的结合为前提的。"② 婚姻乃是人类社会的一种制度，不仅涉及缔结婚姻的男女当事人，还会涉及其他人。"婚姻的含义还不仅仅在于男女双方与对方的家人、亲属和所属的社会群体建立了新的关系，婚姻往往还意味着，其中一方通过住所的改

---

① 参见曹贤信《亲属法伦理本性的人性之维——由婚姻法司法解释（三）引发的思考》，《重庆大学学报》（社会科学版）2013 年第 5 期。
② 巫昌祯：《婚姻家庭法新论》，中国政法大学出版社 2002 年版，第 35 页。

变，实际上，转入对象的家庭群体之中。"① 在中国社会制度中，该种婚姻所产生的家庭关系则表现为户籍制度，结婚则立"户"。从这个层面而言，家庭与婚姻之间密不可分，民事主体通过缔结婚姻关系，同时还组成了家庭关系。婚姻是组成家庭的基础，家庭则是婚姻的产物。

因此，尽管婚姻家庭组织结构已经从传统的以血亲关系为核心的大家庭，转向现代以婚姻关系为核心的小家庭。但是可以明确的是，不管家庭的社会地位、功能作用以及组成人员如何变化，就婚姻家庭的本质而言，所谓婚姻家庭就是基于婚姻或血亲身份关系组合而成的共同体（团体）。② 婚姻家庭关系则是基于身份组合而构成的团体性的关系。这就意味着家庭可以作为社会基本单位重回市民社会之中。现代立法也有承认家庭的团体地位的倾向。例如，德国基本法中就明确家庭为父母子女构成的共同体。③

其实，随着工业社会发展，当代婚姻家庭中伦理理念逐渐商事化，尤其表现在民事主体制度上。④ 我国《民法总则》就坚持多年市场经济中形成的民法传统，将以家庭成员为核心参与商事活动的重要形式——个体工商户和农村承包经营户作为民事主体的重要类型。实质上，个体工商户和农村承包经营户就是以家庭的形式参加经营活动或商事活动所产生的特定的组织形态。是故，在社会化转型的今天，中国的婚姻家庭法制度的构建不仅要重新认可并定位婚姻家庭的主体

---

① ［芬兰］E. A. 韦斯特马克：《人类婚姻史》（第二卷），商务印书馆 1992 年版，第946—947 页。

② 参见赵庆杰《家庭与伦理》，中国政法大学出版社 2008 年版，第 250—251 页。

③ 参见蒋月《20 世纪婚姻家庭法：从传统到现代化》，中国社会科学出版社 2015 年版，第 107—116 页。

④ 参见周立梅《试论当代中国婚姻家庭伦理关系的新变化》，《青海师范大学学报》（哲学社会科学版）2006 年第 5 期。

地位，而且应当秉承人伦的观念，遵循家庭本位、家庭团体性、同居共财的理念并且适当纳入习惯法与道德规范，从而在主体制度的设计领域上贯彻伦理精神，为家庭功能的重塑与家庭规则的重建提供各方面的支持。① 值得强调的是，家庭不仅是社会的细胞，更是参加市场经济活动的重要组织形式。由此，民商合一的民法典婚姻家庭编之中应当确定家庭的主体地位并彰显家庭主体的特点。这正是连接人身关系和财产关系进而统一于民法典之中的重要着力点。

二　民商合一的婚姻家庭基本制度伦理性构建的具体路径

第一，设置身份关系的生效或登记的缓冲期。婚姻收养关系按照登记的程序，即意味着获得合法的形式，但是婚姻家庭关系的伦理性，要求身份关系登记规则的伦理化。婚姻家庭法中表现的结婚自由、离婚自由、收养自愿原则等个人主义精神，我们可以想象，婚姻关系比以前容易缔结，也比以前容易解除。② 但是婚姻缔结或解除不仅需要双方合意，而且从法律角度来说，还需要一定仪式才能成立婚姻关系，在我国即表现为婚姻登记，从最普遍的意义上来说，婚姻仪式的社会目的在于使得男女双方的结合具有一种公开性，这种仪式的目的不仅仅是一种象征和公示，而且还旨在加强男女双方的情感性结合。③ 由此可见，不同于财产法的登记制度，身份法中的登记公示规则带有一定的伦理性色彩，不能完全凭借当事人的合意，还需要考虑双方的感情。婚姻家庭关系是伦理秩序中的成员之间共同生活关系。

---

① 参见丁慧《试论中国亲属法哲学的发展方向——兼与徐国栋教授商榷》，《法学杂志》2012 年第 7 期。

② 参见［芬兰］E. A. 韦斯特马克《人类婚姻史》（第一卷），商务印书馆 1992 年版，第 339 页。

③ 同上书，第 826—840 页。

"在社会物质财富激增的今天，家庭的情感功能越发显得重要，是人类休养生息的'避风港'。"① 可以说，正是情感性的结合使家庭得以安定，也使社会得以稳定发展。也正是如此，登记规则不能也无法割裂婚姻家庭关系中的情感。关于离婚制度，我国法院通常以"感情破裂"作为判决离婚的标准，收养制度中也必须考虑收养双方的感情，在亲情消失殆尽时，则解除收养关系。进而言之，情感因素要求身份登记规则中结婚、收养登记的生效或解除规则存在一定的缓冲期或冷却期。在法律制度设计上，则表现为公告期的设置。例如《法国民法典》第 165 条、第 166 条就明确指出结婚应当公告，公告期届满后，无人提出异议的婚姻关系才生效。英国、美国的法律规范中也有结婚公告制度。我国传统婚礼中"请期"，通过确定举行"亲迎"仪式的时间，让双方亲属知道婚姻和有时间准备。婚姻的本质属性是社会性。通过公告婚姻，让第三人知晓婚姻，提出异议，排除婚姻瑕疵。② 基于身份登记规则制度的伦理性，我国婚姻家庭法中也应当为身份生效或解除登记规则设置一定的公告期，其间届满则登记生效。应在婚姻登记机关的公示栏中将拟缔结的婚姻公之于众，同时给当事人公示材料，在居住地公示栏张贴。公告时间不少于两个星期。公示内容包括结婚男女出生年月、民族、居住（暂住）、职业（工作地）、婚姻状况（未婚、离婚、无事实婚）、健康状况（是否患有婚姻法禁止结婚的疾病）等个人信息和父母姓名、住址。

　　第二，系统地确定亲权制度。尽管不乏学者主张亲权与监护的同质性，"在理论上亲权与监护在性质和内容上高度一致"，我国甚至应

---

　　① 李洪祥：《论我国民法典立法之亲属法体系构建的价值取向》，《社会科学战线》2012 年第 12 期。

　　② 参见向红全、高崇惠《论我国婚姻公示制度》，《重庆工商大学学报》（社会科学版）2008 年第 6 期。

当"合并亲权与监护,仅仅保留监护"①。但在我国民法体系下,监护实质是财产法上的制度,而亲权是身份法上的制度,亲权与监护并非同一性质的制度。亲权的基础是亲子之间的血缘联系;而监护关系的发生不以血缘亲属关系为基础。"监护系公职,监护人不再限于家庭成员,任何国家为履行其照顾人民义务而指定之可信任之人均可为监护人。"我国《民法通则》在民事主体的章节中设置监护制度,明确了监护人资格和范围、职责、报酬以及监护的变更和终止等相关规定旨在辅助无民事行为能力人和限制行为能力人等欠缺主体资格能力之人实施法律行为,以结束不确定的法律状态。② 监护人在履行监护职责,保护被监护人的人身、财产及其他合法权益的同时,还有权获取相应的报酬。然而,亲权制度无论是父母对子女的抚养和教育义务或是对子女财产的管理权利,都源于特定血缘关系之上的伦理性权利义务,是身份关系的内在伦理性的必然要求。亲权制度源于氏族社会的"家长权",表现为家长对子女人身和财产绝对的支配权。后在1900年《德国民法典》中规定为父母权力,经1980年修改为父母责任,包括父母照顾、交往权、抚养义务以及法律责任。"父母子女关系在20世纪经历了根本性的变革,以致20世纪被称为'子女的世纪'。"③ 现代社会各国亲属法中的亲权制度也是以父母照顾子女为主的。父母对子女人身照顾和财产的照顾的亲权制度是"父母之自然权利,亦为其'至高'义务"④。就我国目前的法律规定而言,涉及亲

---

① 蒋月:《20世纪婚姻家庭法:从传统到现代化》,中国社会科学出版社2015年版,第444页。

② 参见陈苇《中国婚姻家庭法立法研究》(第2版),群众出版社2010年版,第460—465页。

③ [德]迪特尔·施瓦布:《德国家庭法》,王葆莳译,法律出版社2010年版,第259页。

④ 同上书,第260页。

权制度的法律规范主要有《民法通则》《婚姻法》以及《未成年人保护法》。由于我国现行私法亲权制度缺乏社会化规范，造成了民法亲权制度与未成年人保护法的相互分离，而不是有机结合。① 未来民法典婚姻家庭编要完成婚姻家庭法的体系化，必须设立亲权制度，强化父母对未成年子女的责任，不仅包括现有的对未成年人子女的抚养教育、保护教育的权利义务，还应当包括对父母使用、收益、处分未成年子女财产权利的限制，以及明确规定对不当行使亲权或滥用亲权者中止或剥夺其行使亲权，但不免除其给付子女抚养费的义务，② 因此，婚姻家庭法中系统性地建立亲权制度，有利于更好地保护未成年人健康成长，实现家庭伦理化的功能。③

第三，确立家产制。家庭共同生活的伦理属性决定了家产制存在的必然性与必要性。另外，基于婚姻家庭关系而共同所有、共同消费的财产，即家产，是家庭共同生活得以维系的基础。④ 事实上，家产制这种家庭共有财产制度与"同居共财"的伦理精神具有内在的一致性，家产制即是"同居共财"伦理精神的制度化。家产制不但是婚姻家庭"伦理性特质在财产关系上的自然反映，而且也是维系家庭稳定的重要支柱"。相反家庭个人财产制以及婚前财产公证制度"不但具有强烈的反伦理性，而且将神圣的婚姻关系堕入恶俗的商品经济的旋涡"⑤。家产制与家庭抚养义务具有一致的功能，即促进家庭和谐稳

---

① 参见肖新喜《亲权社会化及其民法典应对》，《法商研究》2017 年第 2 期。

② 参见巫昌祯、夏吟兰《民法典·婚姻家庭编》，《政法论坛》（中国政法大学学报）2003 年第 1 期。

③ 参见王利明《民法典体系研究》（第二版），中国人民大学出版社 2012 年版，第 497—498 页。

④ 参见姚秋英《婚姻效力研究》，中国政法大学出版社 2013 年版，第 216 页。

⑤ 赵万一：《婚姻家庭法与民法典关系之我见——兼论婚姻家庭法在我国民法典中的实现》，《法学杂志》2016 年第 9 期。

定。事实上，家产制是抚养义务的物质基础。家庭共同共有的财产制度有利于实现家庭承担抚养义务的功能。"家庭的抚养功能首先依赖于'共有财产'这种物质性纽带。"① 也就是说，家庭抚养义务乃至于家庭和谐稳定，都须建立在家庭的经济基础，即家产制之上。诚如学者所言"夫妻间的法定财产为婚后所得共同制，设立的目的是为了维持夫妻和家庭的共同生活，鼓励夫妻间相互扶持、同甘共苦，增强家庭的凝聚力，实现养老育幼的经济职能"②。中国的家文化源远流长，家产制也拥有极长的发展历史，虽然近年来遭到某种程度的破坏，但是作为一种习惯法依然在广大家庭中发挥作用，并且构成转型社会的基本需求。重建家产制需要汲取三种历史资源。一是继承传统社会家产制的公有性和伦理性，要保持家产尤其是大宗家产的公有性（不是共有），并且赋予家产一定的伦理色彩，毕竟它的主要功能是维持家庭的稳定而不是进行市场交易。公有性和伦理性可以确保家产的完整性，提高家产分割的成本。二是吸取家产制所特有的集体性和统筹性，主要是在土地利益方面，集体性可以保证每个家庭都能分享土地利益并且不至于造成地权分配不均，而统筹性是要发挥统分结合的双层经营制度中"统"的功能，促进公益事业的达成。三是当前家庭法律对主要用于参与市场交易的财产的私有性，在确保大宗家产公有性的前提下，适当地回应市场本身的需求。③ 总之，家产制法律要有自己的精神品质和法理追求，而不应该依附于物权法之类的财产法，明确家产法的身份属性和伦理属性，以家庭稳定为基本追求。

---

① 曹贤信：《亲属法的伦理性及其限度研究》，群众出版社 2012 年版，第 289 页。

② 夏吟兰：《论婚姻家庭法在民法典体系中的相对独立性》，《政法论坛》2014 年第 4 期。

③ 参见林辉煌《家产制与中国家庭法律的社会适应——一种"实践的法律社会学"分析》，《法治与社会发展》2012 年第 4 期。

第四，区分债务承担机制。婚姻家庭是伦理性的结合。具而言之，家庭内部是密不可分的，夫妻之间具有相互的扶养义务，亲子之间具有抚养和赡养义务，故而家庭债务应为共同债务，并且家庭成员之间的责任分担机制也应不同于财产法的处理机制。进而言之，家事纠纷案件中包括伦理性因素，应当契合地方社会的伦理习俗。尽管债务承担责任"不能简单化约为物权关系或债权关系，但债权关系或债权手段却仍然可以成为调整夫妻财产制的主要技术手段"①。因此，家庭内部之间应当主要依赖债权性质的法律手段去调整夫妻间的财产关系，也以此为依据解决夫妻之间产生的纠纷。事实上，德国、瑞士和中国台湾地区等大陆法系地区的民法经过变革后都采用了这一调整手段。典型的如《德国民法典》在1957年修订第1364条确定了共同制的法定财产制度。

另外，近年来，《婚姻法司法解释（二）》第24条在司法实践中的适用引发社会的广泛关注，即"债权人就婚姻关系存续期间夫妻一方以个人名义所负债务主张权利的，应当按夫妻共同债务处理"，可能导致一方不恰当地承担共同债务。许多人对第24条大加谴责，认为夫妻共同债务过度地保护了债权人并且严重地损害了夫妻一方的利益。② 事实上，第24条实际上是法律适用与举证责任分配不恰当的问题，也反映了家庭伦理性情感性导向的缺失，而不是要否定共同财产共同责任。另外，现代交往行为与结合越来越注重功利性与物质性，尽管传统的婚姻家庭领域伦理精神受到挑战，

---

① 贺剑：《论婚姻法回归民法的基本思路——以法定夫妻财产制为重点》，《中外法学》2014年第6期。

② 离婚后无端"被负债"一方，引发了社会的广泛关注，激发了人们的同情心。为此，民间组成了"反24条联盟"，即指在离婚时被负债，反对《婚姻法司法解释（二）》第24条的群体。参见张素凤《论夫妻共同债务纠纷的举证规则——兼论〈婚姻法司法解释（二）〉第24条的不足与完善》，《江苏第二师范学院学报》（社会科学版）2014年第6期。

但是基于家庭本质是共同生活体，婚姻家庭关系仍然要以爱情、亲情为基础。就此而论，第 24 条将夫妻债务视为共同债务是契合伦理精神的。①

第五，强化国家责任。婚姻家庭法中涉及身份关系既具有自然属性也具有社会属性。其中，社会属性是身份关系的本质属性，即影响婚姻家庭的社会力量是婚姻家庭包含的社会内容，决定着"婚姻家庭演进的发展方向"②。在权利保障方面，身份关系的社会属性即意味着强化国家和社会义务。在现代社会中，国家在教育、培训和辅助未成年人方面的作用日益增加，未成年人有接受保护和教育的权利，这不仅是家庭的责任，也是国家和社会的责任。③ 随着家庭结构简单化，家庭也不能完成胜任供养老人的责任。④ 社会、国家和家庭相互补充、相互独立，都是保障弱势群体权益不可或缺的。事实上，婚姻家庭关系不仅涉及家庭以及家庭成员，而且在社会生育、繁衍上发挥极其重要的作用，国家出于平衡当事人利益、保护弱者以及维系家庭稳定的需要，必须对婚姻家庭关系予以适当的干预。例如，德国婚姻法中就引入了国家和社会义务，即国家或社会组织在父母能力不足以抚养、教育未成年人或滥用权力的时候，应当进行干预并承担相应的义务。⑤只有在国家层面和社会层面加强相应的监督和干预机制，才能够对弱势群体进行有效的保护。由此可见，国家公权力以及社会组织介入家

---

① 参见胡骏轩《论夫妻共同债务中伦理性与财产性的统一——兼析〈婚姻法司法解释（二）〉第 24 条》，《南昌航空大学学报》（社会科学版）2013 年第 3 期。

② 巫昌祯：《婚姻家庭法新论》，中国政法大学出版社 2002 年版，第 139 页。

③ 参见［德］迪特尔·施瓦布《德国家庭法》，王葆莳译，法律出版社 2010 年版，第 38 页。

④ 参见蒋月《20 世纪婚姻家庭法：从传统到现代化》，中国社会科学出版社 2015 年版，第 130 页。

⑤ 参见杨晋玲《德国父母照顾对我国亲子关系立法的借鉴》，《云南法学学报》（法学版）2015 年第 6 期。

庭自治具有正当性的基础。当然，国家或社会适当介入家庭关系，保护弱势群体的同时，还要给予家庭团体足够的自治空间。诚如学者所言："我国婚姻法所体现和蕴含的伦理道德观念是被社会所普遍认可的最基本的伦理道德观念，是每个社会成员都必须遵守的有关婚姻家庭的核心价值。"[①] 同样，各国对婚姻家庭纠纷解决机制也大异于一般纠纷的解决，家事纠纷历来是体现国家干预的场所。[②] 其表现为：其一，职权主义的司法程序，世界各国通常都有家事特别程序法或设立专门的家事法院，区别于行政程序和一般民事诉讼程序，采取较强的职权主义，体现了国家的干预和介入，并自成体系。比如德国专门的家事法院和诉讼程序，英国专门的家事法庭以及非讼程序，日本专门的《人事诉讼程序法》和《家事审判法》，特别限制当事人的处分权等。其二，针对家事纠纷的特点，非诉讼的纠纷解决机制最有利于问题的解决，尤其是调解，包括人民调解和法院调解。从国外有关经验看，美国经历了离婚案件依靠对抗性诉讼到强调家事调解的历程，进而反思将婚姻关系视为纯粹的民事权利义务关系的假定；[③] 有些国家如日本甚至设置了心理咨询、社区服务等多种方式来辅助解决婚姻家庭纠纷，以及各种各样的防止当事人考虑不周一时冲动的举措等。[④]

[①]　夏吟兰：《论婚姻家庭法在民法典体系中的相对独立性》，《政法论坛》2014 年第 4 期。

[②]　参见范愉《非诉讼纠纷解决机制研究》，中国人民大学出版社 2000 年版，第 210 页。

[③]　See Lenard M arlow and S. Richard Sauber, *The Handbook of Divorce Mediation*, New York Plenum Press, 1990, pp. 6 – 10.

[④]　参见巫若枝《三十年来中国婚姻法"回归民法"的反思——兼论保持与发展婚姻法独立部门法传统》，《法制与社会发展》2009 年第 4 期。

三 民商合一的婚姻家庭编与民法典的体系性安排

正值我国民法典编纂之际，《民法总则》已经明确婚姻家庭编是民法典的组成部分。《民法总则》也指出民事法律调整人身关系和财产关系。事实上，婚姻家庭法编调整的是身份关系以及附身份的财产关系，因而，婚姻家庭法应系统性地去除商事规范，作为身份法纳入民法典婚姻家庭编之中。从身份法的视角出发，婚姻家庭法作为法典体系中的婚姻家庭编，应当通过以下四个方面的努力，实现民商合一的立法。

首先，设置婚姻家庭通则一章。婚姻家庭编中通则一章应与《民法总则》的规定相衔接。婚姻家庭通则是一部符合体系化要求的法律应当具备的，不仅是民法总则的逻辑推演，也是统率、指导分则部分具体制度的必然要求。[1] 具而言之，通则应契合总则对人身关系的调整以及平等、自由等原则性的规定，在此基础之上，婚姻家庭通则部分应婚姻家庭编贯彻伦理精神，从而确定身份法的一般性规则，承认家庭的主体地位。事实上，我国《婚姻法》中确定的婚姻自由以及男女平等是自由和平等原则的重复规定。通则中有关身份法的一般性规则主要应是对伦理性价值的体现，包括保护妇女、儿童、老人的合法权益、儿童利益最大化以及确定婚姻家庭的团体性以及社会和国家义务等一般规则。[2] 另外，我国继承法实际上也是基于特定身份关系而发生的财产关系，可以准用婚姻家庭编通则的一般性规则。

其次，有关身份登记制度应设置婚姻、收养身份取得或解除的公

---

[1] 参见李洪祥《我国民法典立法之亲属法体系研究》，中国法制出版社 2014 年版，第 73 页。

[2] 参见郭明瑞《身份法之立法原则》，《北方法学》2013 年第 1 期。

告期。民法总则中涉及财产行为登记即生效的规则，但在身份法中应考虑身份关系的伦理性。尽管我国《收养法》第 15 条第 2 款已经明确："收养查找不到生父母的弃婴和儿童的，办理登记的民政部门应当在登记前予以公告。"《中国公民收养子女登记办法》第 17 条进一步明确公告期为 60 天。该条款体现身份登记规则的情感性，但是仅限于"孤儿"的收养，适用范围过于狭隘而且 60 天公告期间太短，不利于身份登记制度伦理性的表达。事实上，婚姻家庭是基于共同生活伦理性的表达，因而，在婚姻家庭编中结婚、离婚、收养登记规则中应当设置登记生效或解除的缓冲公告期，公告期届满登记才生效，并规定公告期不得短于 3 个月。

再次，增设亲权章节，系统性规定亲权制度。《民法总则》在《民法通则》的基础之上，不仅增加意定监护的规定，而且在监护一章节中还纳入亲权的规定，第 26 条即规定"父母对子女负有抚养、教育和保护的义务"。尽管监护和亲权在功能上存在一定的重合，但两者是不同性质的法律制度，监护旨在弥补被监护人的行为不足，亲权则是血缘身份关系的伦理内涵。可以说，民法总则将财产性的监护和身份性的亲权统帅于民法总则监护一章之中，其实质乃在于将身份权纳入民法总则之中，以实现总则对婚姻家庭编的调整，而非以监护制度代替亲权制度。因此，婚姻家庭编中应系统性地设计亲权制度章，以契合和细化民法总则有关亲权的规定，实现法典的体系性结构。

最后，债务承担上，设计区分团体内和团体外的责任承担机制。民法典婚姻家庭编必须整合我国《婚姻法》和相应司法解释有关债务承担责任混乱和矛盾的规定。婚姻家庭是伦理性团体，在家庭团体之外，婚姻家庭编可以确定司法解释有关家事代理权以及共同重大行为须共同决定规定，同时改变有关司法解释确定家庭成员之间适用债权手段调整财产关系，以加深家庭法律联系，促进家庭和谐稳定。在家庭团体之外，婚姻家庭编应废弃有关司法解释关于夫妻共同债务连带责任，确定共同责任承担机制，并明确团体之外财产关系适用物权法编和合同法编以及侵权责任编的相关规定，从而协调身份法与财产法之间的适用。

第四章　民商合一视角下合同编商事立法区分研究

　　我国《合同法》是两大法系相互融合借鉴的结果，具有全球性和统一性的特点。但问题是，基于"求同性"的背景下，盲目追求统一性，尽管《合同法》在内容上达成统一规则的全球化的法律，形式上却具有日渐完备体系和丰富化内容，脱离民法典民商合一体例的形式。法典化的《合同法》意味着合同法中固然有些许商事规则，对商事独特性规定还远远不够，也难以契合《民法总则》所创立的民商合一立法新模式。事实上，我国民法典是民商合一体例下的民法典。在全球化追求统一性规则的趋势之中，民法典合同编不仅不应当自成一脉脱离民法典体系之外的，更不应当一味追求统一性规则而丧失商事规范的独特性。① 因此，民法典合同编的立法必须从民商合一的视角再解读既有《合同法》而后展开商事规范独特性设计。这不仅是民法典体系内在要求，更是契合民商合一立法新模式的必然需要。本章拟以此为视角展开探讨。

---

　　① 参见许中缘《商法的独特品格与我国民法典编纂》（上册），人民出版社 2017 年版，第 150—153 页。

第一节 法典化的《合同法》缺乏
民商合一的立法条件

在"全民皆商"时代，尽管商事规则已不具备独立于民事规范的基础，却没有否定商事规范的独特性。相反，市场经济越趋于成熟，商事规范在商品交易中越发不可或缺。这也就意味着作为调整市场交易的合同法应当突出独特性的商事规范。这也是民商合一的合同法的必然要求。但令人遗憾的是，1999 年颁布的《合同法》是法典化的合同法，尚未确定民商事合一或分离的标准，其所谓民商合一，往往只是民商混合或民商区分，并没有体现出商事独特性。

一 现行体系中的《合同法》实质上是合同法典

在民法典体系设计上，我国合同法体系安排遵循传统德国潘德克吞体系，即民法总则—债法总则—合同法总则路径，消弭了《经济合同法》《涉外经济合同法》《技术合同法》三足鼎立的局面，形成了以《合同法》为中心，相应的单行法律为补充的基本体系，统一债权债务关系的民事立法。但是在总—总—分的立法路径中，《合同法》形成的体系是法典化的体系。该种法典化体系与民法典体系一般，具有自己的调整范围、基本原则、适用方法，以此形成了体系化的立法。

而法典化体系的立法模式下，《合同法》的总则规定很大程度上就是《民法总则》的一般性规定。其一，《合同法》的基本原则与

《民法总则》的基本原则近乎等同。《合同法》在第一章总则规定之中确定了平等原则、自愿、诚实信用以及公序良俗等基本原则。这些基本原则同样地被确定在《民法总则》第一章的一般规定之中。其二，《合同法》的一般规则与《民法总则》的一般规定几近一致。就代理制度而言，《合同法》第48条规定代理制度的一般规定。《民法总则》中也已经对代理相关内容进行概括且全面的规定。例如，第七章代理制度进行规定，并且详细规定了法定代理、委托代理、无权代理与表见代理，《合同法》第三章合同效力中也有相似的规定。由此可见，民法总则的规定与合同法关于代理的规定并无实质不同，合同法只是简单地将民法典总则中的代理制度运用于订立合同之中。两者的无权代理的情形、无权代理的追认权与相对人的催告权规定并无二致。就法律行为规定而言，《合同法》第三章合同效力中规定了无效，效力待定、有效合同情形。同样地，《民法总则》中也明确规定法律行为效力一系列规则，包括无效，效力待定、有效的法律行为。

不难发现，现有《合同法》基本规定与《民法总则》的基本原则以及一般规则之间存在高度的重复。也就是说，《合同法》中也涵盖了《民法总则》的一般性规则与价值指导功能。而这不仅意味现行《合同法》的相关规定能够形成自洽内部体系，不再需要民法总则的一般性规定，也意味着《合同法》实质上是合同法典，即《合同法》中总则与分则的规定构成了法典化体系，合同法也由此成为合同法典。

二　法典形式的《合同法》难以延续民商合一的《民法总则》

其实，合同法典的形式也是基于潘德克吞体系的立法模式所确定的。合同法总则设立本身也是一个通过提取公因式实现体系化的过程。① 合同法典体系结构相应的就是合同法总则—合同法分则，即合同法总则直接与合同法分则接壤，而潘德克吞体系极其注重法典准确性、清晰性以及完整性，合同法总则是针对一些确定的基本法律制度，是整个合同法中都要加以运用的法律制定。② 在潘德克吞立法体系中，我们也不难发现合同法典体系化丰富规定背后，还是合同法的一般规则与合同法的具体规范，法典化的《合同法》根本就没有《民法总则》适用的空间。③

然而，由于民法总则和合同法之间的一般与个别，抽象与具体的关系，即民法总则原本设计是作为债的概念和基本制度为具体债法制度提供抽象性指导性框架，此框架下形成规范的有机整体，为合同法确立一般性规则，提供民商合一的基本范式。④ 因此，在架空《民法总则》后，尽管现行《合同法》吸收了两大法系成功的立法经验，但是作为合同法典形式存在的《合同法》也必然无法延续《民法总则》的民商合一的立法模式。例如，《合同法》第 50 条的规定合同交易行为，困守于合同法典之中，并不受《民法总则》所确定商事法律行为的指导，其适用范围就显得过于狭窄，即只能对合同行为适用，然商事主体从事商业交易活动并不限于合同，商事主体之间的交易活动除了基于合同而发生外，还有许多交易活动并非基于合同而发生。

在法典化体系中，民事立法容易故步自封，延续自身法典体系的

---

① 参见王利明《论债法总则与合同法总则的关系》，《广东社会科学》2014 年第 5 期。
② 参见［德］K. 茨威格特、H. 克茨《比较法总论》，潘汉典、米健等译，贵州人民出版社 1992 年版，第 268—269 页。
③ 参见许中缘《合同的概念与我国债法总则的存废——兼论我国民法典的体系》，《清华法学》2010 年第 1 期。
④ 参见王利明《债法总则在我国民法典中的地位及其体系》，《社会科学战线》2009 年第 7 期。

立法结构和内容。因此，现行《合同法》作为法典化的合同法，其规定不仅浪费立法资源和致使司法适用杂乱，极大地加重了民众知法守法的难度，而且内容上无法遵循《民法总则》中民商合一的立法规定，也难以系统性融入独特性的商事规范。是故可以说，作为合同法典的《合同法》，在体系上和内容上都无法满足民商合一的基本要求。①

第二节　民商合一的立法体例要求合同法典回归为民法典合同编

面对体系上严重偏离《民法总则》的合同法典，我国《民法总则》已明确指出未来修订方向："总则编规定民事活动必须遵循的基本原则和一般性规则，统领各分编；各分编在总则编规定的基础上对各项民事活动制度作出具体可操作的规定，总则编和分则编形成一个有机整体，共同承担着保护民事主体合法权利、调整民事关系的任务。"② 因此，在我国编纂民法典合同编之际，必须妥善处理并协调合同法与《民法总则》在民法典体系之下内容的融洽性，这也是使得民法典合同编能够延续《民法总则》所创立的民商合一的立法新模式，进而实现民商合一的必由之路。

---

① 参见《中华人民共和国民法典·民法总则专家建议稿（提交稿）》和《民法总则（草案）》。

② 《关于〈中华人民共和国民法总则（草案）〉的说明》（2016 年 6 月 27 日第十二届全国人民代表大会常务委员会第二十一次会议），第 5 页。

一 民法典合同编的定位有利于体现民商合一合同的本质

大陆法系国家，以"合同协议说"为主导，而英美法系国家则认为合同是一种"允诺"。其实，要约人做出一项允诺时，受要约人或受允诺人必须以其允诺或其他行为予以回报，才能构成一项有效的协议或约定。据此可见，英美合同法认为合同也并非单方的允诺，实质上是以交易为基础的允诺。所以可以说，合同的本质在于，它是市场交易中的一种合意或者说是协议。① 相应地，合同法的调整对象也应为市场交易行为。

事实上，一方面，法典化的《合同法》的调整范围过于宽泛，其不仅调整债权行为，而且调整物权合同，甚至包括婚姻，收养、监护继承等身份合同。然而《合同法》的调整范围过于宽泛不仅起不到有效的规范作用，还会削弱《合同法》适用的有效性，甚至会架空民法典总则与物权法篇、亲属篇等编章的部分内容，由此导致民法典内部规则之间适用的冲突与体系之间的不协调；另一方面，封闭的法典化法典之中的《合同法》，又无法调整合伙合同、投资合同等商事合同。商事合同是商事主体之间，或作为商事主体的企业法人，其他经济组织和有经营资格的商个人与非商事主体之间订立以交易为基础的合同。② 但是缺乏对商事合同的规范与调整，不仅不能适用日益增长的商事投资的需要，而且也无法真正地体现民商合一的合同内容。

其实，法典化的《合同法》回归为民法典合同编的关键，需要准确界定合同的本质，从而准确界定合同法调整范围，使得《合同法》的调整对象回归于交易行为，对于其他行为则回归于民法典总则中的

① 参见王利明《合同法新问题研究》，中国社会科学出版社 2011 年版，第 2—5 页。
② 参见魏宏《商事合同法律问题》，中国法制出版社 2000 年版，第 3 页。

法律行为，用法律行为的一般规则调整。因此，我国《合同法》的修正，首先必须摆正《合同法》内容的基本性质，明确合同本质乃是达成交易行为的协议，进而明确《合同法》应是调整市场交易行为的基本规范。而民法典合同编的基本定位必然意味着合同法是民法典的重要组成部分，同时既然合同法是在市场经济中运作的基本法律，而合同本质上也就是商品经济的产物。那么，这也就意味着民法典合同编中的合同基本内容必然是民商合一的。

二　民法典合同编的定位有利于适应民商合一民法典的体系需求

不可否认的是，体系是民法典的生命。民法作为一个有机体系体，就应该遵循民法典体系强制的要求。所谓体系强制，指民法制度体系构造应力求系于一体，力求实现法律概念的一致性和贯彻性，在具体问题的价值判断不应违背体系一致性。民法典的体系分为内部体系和外部体系。内部体系是指"法秩序内在的意义关联"，其涉及的是一般法律思想的发现、避免评价矛盾以及将法律原则具体落实为法规则的内容，同时合理地促进司法裁判。[①] 外部体系指抽象概念式的体系，是指依形式逻辑的规则建构之抽象、一般概念式的体系。

事实上，民法典体系化的根本目的，即在于获得一个关于民法典的完备体系，在该体系支撑下制定出一部具有高度逻辑性和体系性的民法典。体系化与系统化不仅是民法典的内在要求，更是贯彻民法典基本原则、消除民事法律制度之间冲突混乱以及便于民法规范遵守适

---

① 参见王利明《民法典体系研究》（第二版），中国人民大学出版社 2012 年版，第201—210 页。

用裁判的逻辑起点。① 故合同法作为民商合一的民法典的重要组成部分，入典必须适应民商合一的民法典的体系性需求。但现行《合同法》中商事规范规定以及制度安排明显存在不足。另外，尽管我国主要是采纳德国式的潘德克吞体系，但立法对德国的体系已经进行了重大的改变，已经不再具有民商分立体系存在的基础。② 这样就决定了我国民法典体系的设置不能因循守旧地遵照这些国家民法典体系的编排内容。如此一来，在我国《合同法》采纳的是传统民法合同的概念的情况下，仅仅已经将民事合同内容容纳在合同的内容中，已经不符合民商合一民法典体系化制定的要求。而传统法律也完全可以依照民商合一的合同法属性予以解释。③

其实，废除债法总则后，我国现行的合同法在体系和内容上还是必然依赖《民法总则》的基本安排。可以说，民法典合同编制度设计的逻辑起点，就应当按照潘德克吞体系，遵循民商合一的《民法总则》，然后安排合同编的基本制度，这是从一般抽象到具体规则，一层一层展开的合同法规范设计，《民法总则》中债权债务的规则设计就可以对合同法、侵权、不当得利和无因管理等债务共同规范高度抽象，起到一般性债法规则的指导和补漏作用。④ 因此，我国合同法，特别是合同法总则体系以及内容的设计上，必须从合同法典的既有定

———————————

① 参见王利明《中国民法典学者建议稿及立法理由·总则编》，法律出版社 2005 年版，第 1—3 页。

② 需要指出的是，学者在论述债法总则的设立时，常常进行比较法的考察来验证我国应该采取这种立法，但没有看到这种立法所具有的背景。事实上，也有一些国家没有设立债法总则，如 1960 年颁布的《埃塞俄比亚民法典》在第四编"债"中仅仅规定了"合同的一般规定""非契约责任与不当得利""代理"，但没有规定债法总则。笔者认为，对债法总则的设置，比较法考察的说服力有限。

③ 参见王利明《论侵权行为法的独立成编》，《现代法学》2003 年第 4 期。

④ 参见陆青《债法总则的功能演变——从共同规范到体系调整》，《当代法学》2014 年第 4 期。

位回归为民法典合同编的基本定位，以满足适用民商合一的民法典体系以及内容的安排的要求。如此一来，方能使得合同编特别是合同编中立法体例延续民商合一的《民法总则》，以潘德克吞体系为依托的民法典逻辑体系才能展开。

三　民法典合同编的定位有利于契合民商合一立法的形式要求

值得强调的是，我国民法典是遵循民商合一的立法体例而编纂的民法典。因此，民法典不仅是民事基本制度的法典，也应是商事基本制度的法典。合同法为民法典有机组成部分亦是如此。然而，随着全球经济的发展，在 20 世纪中叶合同法迎来重要的法律转折点，即全球化。到 20 世纪中下叶，政治和经济上达成合同条款一致性的重要性趋势也越演越烈。到 1990 年，合同法规则发生巨大的变化，先前社会主义转型的国家与市场经济的西方国家需要基本统一的经济规则和占据中心地位的法律规则。在此背景下，相应地，中国受此影响逐步发生变化并在 1999 年制定符合统一性规则的合同法。[①]

因而，我国合同法诞生必然是两大法系相互融合借鉴，达成统一规则的全球化的法律，在这种"求同性"的环境之中，合同法具有日渐完备体系和丰富化内容，但盲目追求统一性，脱离民法典民商合一体例的形式，固然有些许商事规则，对商事独特性规定还远远不够，如此，也必然难以达成民商合一体例形式的要求。这一点，从我国《合同法》和《联合国国家货物买卖合同公约》（以下简称《货物买卖合同公约》）以及《美国合同法重述》体系安排上和内容设计上大幅度相似就可以很好论证。例如，我国《合同法》的要约承诺的基本

---

① See Reiner Schulze, *New Feature in Contract Law*, Sellier. European Law Publishers, 2007，p. 4.

规则以及合同形式和生效的基本规则几乎与《货物买卖合同公约》一致。

然而，尽管全球化经济发展是不可抵挡的趋势，但是在全球化追求统一性规则的趋势之中，我们的合同法并不应该是自成一脉脱离既有民法典体系之外的，也不应当一味追求统一性规则而丧失民商合一立法体例编排上的独特性安排。我国民法典应是民商合一体例下的民法典，因此，合同法典也应当回归为民法典的合同法编。这也就意味着合同法应当从民商合一的民法典体系以及编纂体例的视角之下，展开立法设计。这不仅是民商合一民法典体系的内在要求，更是契合民商合一立法形式的必然需要。申言之，只有明确《合同法》乃民法典的合同法编的基本定位后，才能准确定位《合同法》与《民法总则》的关系，系统性安排商事独特性内容，而后才能契合民商合一立法体例的形式要求。①

第三节　构建民商合一的民法典合同编体系的基本路径

可以明确的是，现行《合同法》的修改应紧紧围绕《合同法》在民商合一的民法典中的体系性定位而展开。其实也就是以民法典合同编的基本定位而展开。当然，民法典合同编的定位是民商合一立法体例的必然要求，这也就意味着民法典合同编本身就应当是民商合一

---

① 参见石佳友《我国〈民法总则〉的颁行与民法典合同编的编订——从民事法律行为制度看我国〈合同法〉相关规则的完善》，《政治与法律》2017 年第 7 期。

的。当然，民商合一并不意味着民商混同，民商合一的合同编首先要求合理地区分民商事合同。① 而如何区分民事合同与商事合同，实现两者在内容和规范上适用的区别，并妥当处理两者关系，正是民商合一的合同编体系化构建的基本路径。

一 应当妥善地区分民事合同与商事合同

从比较法视角上看，无论民商合一抑或民商分立立法体例，传统大陆法系民法典合同编并非以"民事合同—商事合同"二分的面貌呈现，各国更倾向于有名合同的类型划分标准，如买卖合同、服务合同、雇佣合同等，这些有名合同或多或少包含了商事合同的特殊规则，例如检查义务、默示承诺、特殊的诉讼时效等条款。然而，无论从数量还是抽象程度而言，这些条款的规模都未形成"民事合同—商事合同"二分的局面。随着近年来一系列欧盟保护消费指令、建议的通过，上述情况正得到改变。欧盟先后通过多部规范消费者合同的指令、建议使得"经营者—消费者"（B to C）的法律规范体系在各国立法中凸显，与之相对，"经营者—经营者"（B to B）的法律规范也随之进入立法的视野。无论民商合一还是民商分立，无论商法典采商行为立法抑或商主体立法，有关国家的立法者都需要正视民事合同和商事合同区分的立法价值，并嵌入本国既有的法律体系。② 所谓商事合同，指双方或一方为市场中经济人而订立的合同，也就是学理上所言的经济合同。其实，"商事合同，即发生在生产经营领域内，服务

---

① 参见刘保玉《论商事通则与民法一般规则的关系——商事通则立法的可行性悖议》，《河南省政法管理干部学院学报》2005 年第 4 期。

② 参见李建伟《我国民法典合同法编分则的重大立法问题研究》，《政治与法律》2017 年第 3 期。

于生产经营目的的交易行为。商事合同的各方当事人同属商事主体"①。商事合同本质上是商行为，其最主要的特征是营利性和营业性。商事合同存在如下几个方面的特殊性：其一，适用范围的特殊性。商事合同通常适用于生产经营领域内，服务于生产经营目的的交易行为；其二，适用主体的特殊性。商事合同一方或双方当事人是商事主体；其三，目的的特殊性。商事合同性质上属于商行为，其最为根本特征即为营利性和营业性。而民事合同，则是适用于生活消费领域内，提供物或劳务为内容为生活消费服务的民事交易行为。② 不难发现，两者具有明显的区别，应当予以妥善的区分。具体而言，包括以下几个方面。

第一，应当在概念上予以区分。毋庸置疑，商事合同与民事合同在概念上具有明确的差别，前者概念主要是指所谓 B2B（Business to Business）合同，后者则是 B2C（Business to Customer）合同。事实上，两者的差别不仅仅在于前者要考虑当事人是否从事某种商业活动，还要考虑当事人是否具有议约缔约能力，而后者则只需要当事人具有民事行为能力即可。③ 由此可见，商事合同和民事合同并不是以同一概念而论，在民法典合同编之中也应当妥善区分两者区别，以营利性和营业性的特性定义商事合同。坚持内在民商合一体例的我国《合同法》将民事合同与商事合同混同在一起作一体规定，相关法律规范从立法概念、立法理念上都不作区分，15 种有名合同的有关规定并没有突出"商事—民事"合同的区分及其意义。

---

① 王轶：《民法原理与民法学方法》，法律出版社 2009 年版，第 253—254 页。
② 参见翁国民《全球化与国际商事合同规则的国际统一》，《中国法学》2001 年第 3 期。
③ 参见王文宇《梳理商法与民法关系——兼论民法典与商法》，《中国商法年刊 2015 年》，法律出版社 2015 年版，第 81—82 页。

第二，应当在立法技术上予以区分。既有《合同法》立法上最大的问题就是，在合同主体和合同行为以及具体合同类型之中不加区分地立法，由此导致合同立法出现民商混同的现象。一方面，将严格的高标准义务强加于普通的民事主体有失公平；另一方面，致使本应承担谨慎责任的商主体，却人为地适用了比较温和的民事规则，必然导致商主体疏于对商业风险的评估与防范，从而给商事交易的迅捷、安全和稳定带来重大伤害。① 如学者所言指出的，"对于民法与商法之间的差异，《合同法》注意不够"②。换言之，既有《合同法》并没有妥当区分民事合同与商事合同的差异，由此导致立法上并不能真正地实现民商合一。例如，《合同法》之中的买卖合同、借款合同、租赁合同、承揽合同等诸多规定，只是简单地以某些商事合同特征展开的立法。然而，我们必须注意的是，"合同法已经商法化，应注意改进的是，民事合同几乎被忽略，商事合同也未尽如人意。如果以商事合同作为合同法的基本定位，则应完全遵循商事规律和商事习惯，民事合同兼而顾之"③。《合同法》作为调整民商事合同制度一般法律规范的前提，有学者提出的通过"但书"的立法技术，增设、变更民事合同的一般规则，形成商事合同规则这一观点具有重要参考意义，这一观点既能够坚持"民商合一"的立法要求，确立了民法作为基本法的地位，又能够满足民事合同和商事合同进行分别调整的要求，真正做到了"民商合一，混而不同"。同时，也有利于减少司法实践中搜索法律规范的成本，便于司法裁判。④

第三，应当在合同类型上予以区分。在合同领域之中，民法与商

---

① 参见樊涛《中国商法渊源的识别与适用》，法律出版社 2015 年版，第 265 页。
② 崔建远：《编纂民法典必须摆正的几对关系》，《清华法学》2014 年第 6 期。
③ 施天涛：《民法典能够实现民商合一吗》，《中国法律评论》2015 年第 4 期。
④ 参见樊涛《我国商事责任的缺陷及重构》，《法商研究》2009 年第 4 期。

法往往出现交叉。但同时需要注意的是，某些类型的合同应当以商事合同形式存在，某些类型的合同则应当以民事合同形式存在，还有大部分类型的合同尽管是民商共用的合同，但也应当突出商事合同的独特性。也就是说，不同类型的合同应当根据合同特性，区分民商事予以立法。例如，赠与合同作为典型的民事合同，应当以民事合同基本特征予以规定，不应当包括商事交易中具有营利性、营业性等特征赠与合同。实质上是商事买卖合同。例如，保管合同为民商共同类型的合同，但是在该类型合同立法中也应当体现出商事保管合同的独特性，就民商事保管合同规定不同的过错程度和法律责任。① 例如，委托合同，我国《合同法》第410条规定："委托人或者受托人可以随时解除合同。"这与在大陆法系上承认任意解除权规则与委托合同被定性为无偿合同紧密相连，因为事属无偿，当事人之间的信任关系高，受托人出于其与委托人之间的特别关系而从事委托事务，实际上是在给予委托人一种恩惠。一旦信任关系消失，赋予双方任意解除权也就顺理成章。但这过于保护合同解除方的信赖感，对于合同相对方难免苛刻。因此，在委托合同涉及双方当事人利益的情形下，对于委托合同任意解除权的限制十分有必要。② 同时，《合同法》第405条以商事委托为典型承认了委托合同性质上以有偿为原则、无偿为例外。在这种前提下，承认委托人的任意解除权就构成了体系矛盾，实践中也积弊重重。因此，要么限制或者去除委托人任意解除权，要么区分民事委托合同和商事委托合同而作不同的规则设计，才是可行的。③

① 参见曹兴权《民商分立视野下的缔约信息主动披露义务》，《河南社会科学》2017年第7期。

② 参见崔建远《编纂民法典必须摆正几对关系》，《清华法学》2014年第6期。

③ 参见李建伟《我国民法典合同法编分则的重大立法问题研究》，《政治与法律》2017年第7期。

但同时需要的注意的是，民法典合同编从概念、立法技术以及类型上区分商事合同与民事合同并不代表要分立民商事合同规范。民商事合同的分立不仅不利于实现商事规范的独特性，而且还会造成适用上的难题。例如，有关商事主体与非商事主体之间的合同，是全部适用商法典抑或是民法典，还是商事主体部分适用商法典，民事主体部分适用民法典。当事人之间又应当向商事法院还是民事法院起诉，以及是否能够选择适用法律以及审理程序。如此一来，民商事合同规范的分立将带来大量的法律适用问题。① 相反，民事合同与商事合同统一规定在合法编之中就意味着两者的区分是建立在民商合一立法的基础之上。事实上，在经济快速发展的阶段，传统民法规范必然落后于社会生活，会持续地产生制定新的、特别的商法规范的需求，由此商法规范逐渐扩展到民法领域、取代相关的民事规范，发生民法的商法化。② 因此，民商事合同之间并无绝对的区分。例如，传统友谊性的借用合同演变成为商事化的租赁合同。质言之，民法典合同编之中固然需要区分民商事合同，但始终不能脱离民商合一的立法前提。

二　应当系统地配置商事交易的一般规范

"一部好的法典其规定应该适度抽象到足以调整诸多现实问题，又不能因此偏离其所调整的现实生活而成为纯粹的理论宣言。"③ 民商合一的合同编，实际上是要求法律适用方面进行一种体系性的思考，不应当将其法律适用局限于传统民事合同之隅，应当在民商合一的体

---

① See H. Franken and J. de Ruiter Drie treden, *Over politiek*, *beleid en recht*, Zwolle: W. E. J. Tjeenk Willink, 1995, pp. 315 – 316.

② See R. J. Q. Klomp et. al., *Het eigen gezicht van het handelsrecht*, Zwolle: W. E. J. Tjeenk Willink, 2000, pp. 89 – 93.

③ ［法］让·路易·伯格：《法典编纂的主要方法和特征》，郭琛译，《清华法学》（第8辑），清华法学出版社2006年版，第19页。

例下全面思考合同编的安排。尽管现行《合同法》中添加不少商事交易的规范，但是合同法中并没有抽象出商事交易规范的一般性规则，一来无法系统地涵盖商事合同的全部规定，二来如果合同法中缺失增加商事性条款会导致法律条文不足，无法为法官提供裁判依据，影响法的安定性。① 事实上，一般性的商事规范能够减少立法浪费、降低法律适用难度，并且能够大大简化法律适用，有利于实现民法典合同编的民商合一。

就价值调整的角度而论，合同法调整的核心交易关系，实质上是由复杂规范调整的民事主体与民事主体之间的利益和公共利益之间的法律关系。其中，规范交易关系最为关键之处就在于复杂规范的配置问题。所谓复杂规范，是相对于调整非交易关系简单规范而言的，简单规范调整目的在于回应事件或事实行为引起的法律效果，与合同行为的效力判断没有直接关系，而复杂规范则需要回应合同行为引起的法律效果，复杂规范与合同行为的法律效果判断直接关联，因此，可见复杂规范对于调和合同法体系尤其重要。② 而合同法是以交易为中心，以交易的发生、存续、消灭为主线展开相对完整的体系。③ 因此，只有规定商事交易规范的一般性条款，才能够统领和安排合同法中商事交易的基本制度和具体规则。也就是说，在体系化的合同编之中，具体类型合同可以在商事交易一般规则的基础上，区分民商事合同并配置相应的商事规范。

当然，复杂规范还可以进一步区分为任意性规范、倡导性规范、授权第三人规范以及强制性规范。不同类型的规范所调整的交易关系

---

① 参见柳经纬《关于如何看待债法总则对具体债适用的问题》，《河南省政法管理干部学院学报》2007 年第 5 期。

② 参见王轶《民法典规范类型及其配置关系》，《清华法学》2014 年第 6 期。

③ 参见王利明《论债法总则与合同法总则的关系》，《广东社会科学》2014 年第 5 期。

之中的民事主体利益和公共利益配置也不一样。合同法之中的任意性
规范强调尊重当事人的意思自治，在交易关系的规范配置之中居于核
心的地位，倡导性规范则相当于指导性规范，关键在于给当事人之间
的交易活动提供指导并无法律上的强制力，强制性规范核心则在服务
于合同行为效力判断之上，而授权第三人规范则在突破合同相对性之
下，对第三人利益的安排。① 然而令人遗憾的是，合同法未能在法条
使用统一的立法技术标识任意性规范，也未能通过妥当的立法技术区
分强制性规范和倡导性规范。一方面，缺失授权第三人规范以及任意
性和强制性规范再细分化；另一方面，倡导性规范泛滥，设置又极为
不统一。② 是故，介于不同规范性质和内涵上本质上的差异以及复杂
规范调整交易行为的重要性，我们必须合理配置复杂规范，择优确定
商事交易行为调整路径。这就要求我们，在配置合同法的商事规范
时，要注意整合民商事合同规范的路径，进而形成民商合一的合同法
体系。譬如在民事合同尤其是消费者合同中，为强化消费者保护，在
规范性质不明的情况下，宜将规范解释为强制性规范；而在商事合同
中，"解释上应避免任意规定强制化而加诸不当限制于商事合同中，
允宜回归商事合同之目的与商业考量，必要时亦可参酌商事习惯与法
理"③。再如，我国《合同法》第150—155 条规定了关于出卖人违反
瑕疵担保责任的违约责任，对商事合同而言，由于违约责任涉及交易
中的风险分配，故当事人可以通过特别约定排除瑕疵担保责任，相应
地，法律规定应解释为任意性规范。但在消费者合同中，违约责任就

---

① 参见王轶《民法典规范类型及其配置关系》，《清华法学》2014 年第 6 期。

② 参见王轶《民法典的规范配置——以对我国合同法规范配置的反思为中心》，《烟
台大学学报》（哲学社会科学版）2005 年第 3 期。

③ 王文宇：《从商法特色论民法典编纂——兼论台湾地区民商合一体制》，《清华法
学》2015 年第 6 期。

不仅涉及风险分配，更关乎消费者保护，就不能允许当事人做出不同于法律规定的约定，有关规定就应当解释为强制性规范。①

三　应当有针对性地增加商事交易的特别规范

20世纪初，法律社会化在欧洲国家兴起，此时期的民事立法开始认识到抽象意义上的个人仅仅是概念性的存在，法律必须考虑到具体社会中个人的利益。例如，1907年的雇佣合同法要求雇主必须考虑到劳动者的基本权利义务。所谓社会化"关系到保护诸如员工、承租人以及儿童等处于弱势一方的利益"②。这就意味着民法与商法具有共同的规范目的，即打破既有法律中企业与个人之间利益平衡，使得消费者的利益高于商事主体的利益，以此实现市场经济的正常运转。其实，无论是立法抑或是司法，法律确信的形成都取决于不同主体利益是否实现均衡。而民商合一的立法能够充分地整合不同主体之间的利益关系，更注重具体层面上的公平立法，保护社会的弱势群体。例如，诸多国家将消费者保护法作为民法典重要组成部分，明确合同自由不再是消费者合同的首要准则。③ 因此，民商合一的立法不仅是实现民商事规范的社会化的必然途径，也是实现财产优化分配，促进经济的繁荣发展的重要保障。

第一，增加商事合同适用的特殊规定。例如，《德国民法典》第474条以下的规定并不适用于企业主与企业主之间订立的买卖合同以及消费者与消费者之间订立的买卖合同。也就是说，对于消费品买卖

---

① 参见王轶《民法原理与民法学方法》，法律出版社2009年版，第260页。

② R. J. Q. Klomp e. a., *Het eigen gezicht van het handelsrecht*, Zwolle: W. E. J. Tjeenk Willink, 2000, pp. 54 – 55.

③ See B. M. Vranken, "De verhandelsrechtelijking van hetprivaatrecht. Over differentiatie en schaalvergroting", *Handelsrecht tussen "koophandel" en Nieuw BW*, Deventer, 1988, pp. 245 – 258.

合同，首先使用《民法典》第 433 条至第 473 条关于买卖的规定，而补充适用新法第 474 条以下的规定。《德国民法典》第 474 条以下条款则仅仅适用于消费品买卖合同。① 另外，《消费品买卖及担保指令》第 2（1）条规定，销售者必须向消费者交付符合买卖合同约定的商品。并且《消费品买卖及担保指令》还明确商事主体对瑕疵担保责任具有明显的顺序性，首先通过修复和更换，一般情况下，修复比更换更具有优先性。只有修复和更换无法实现时，消费者才可以启动减价和解除合同的救济方式。② 可见，《德国民法典》在转换欧盟指令过程中，在商事合同适用上，规定了关于权利义务，风险分配、举证责任倒置以及瑕疵担保责任等特殊规定，从而为平衡商事主体与消费者之间的权利义务关系起到巨大的作用。由此可见，民商合一体系的民法典合同编的关键在于，必须考虑商事合同的特殊性，即经营者与消费者之间权利义务的不对等性，为了保护消费者权益，实现双方实质平等，应当在合同编中重新合理的配置双方当事人之间的权利义务以及责任的承担。

第二，增加特殊类型的商事合同。一方面，我国《合同法》需要增加适用商事合同的特殊性规定；另一方面，现有《合同法》需要增加某些特殊合同，如合伙合同和投资合同，以适用商事发展和调整的需要，此也是在合同编中实现民商合一的重要方面。其实，在采用民商合一立法体例的国家中，已有相关商事合同的规定。例如，《荷兰民法典》第七部分合同法第十三章即规定商事合伙合同、第十七章保险合同、第十九章票据合同、第二章支票合同。《俄罗斯联邦民法典》

---

① 参见杜景林、卢谌《德国债法改革——〈德国民法典〉最新进展》，法律出版社 2002 年版，第 122—125 页。

② 参见范明志《欧盟合同法一体化研究》，法律出版社 2008 年版，第 150—153 页。

第二部分合同的种类中，第五十五章就为普通合伙的规定，并在该章节详细地规定了普通合伙合同，合伙人出资，合伙人的共同财产，合伙人共同事务的管理，合伙人的信息权，合伙人的共同开支和亏损，合伙人负担共同债务的责任，利润的分配，普通合伙合同的终止以及普通合伙合同的解除等。如第 1014 条规定：依照普通合伙合同，两人或数人（合伙人）为获得利益或达到其他不与法律相抵触的目的，承担义务不组成法人而联合自己出资并共同从事活动。为从事经营活动而订立普通合同的当事人，只能是个体经营者和商业组织。① 该条款明确普通合伙合同，并将之至于合同法合同类型中的一类，无怪乎《俄罗斯联邦民法典》是民商合一法典的典范。

无独有偶，在《阿根廷共和国民法典》中第三篇合同相关规定中，也有相关合伙合同的规定。例如第 1648 条规定：两人或两人以上相互约定按份额出资，且旨在对各出资额的使用所取得的可作金钱评价的利益进行分配时，即为合伙合同。② 尽管有些采用民商合一立法体例的国家，并未规定合伙合同或投资等商事合同，但其在民法典中有专门章节规定合伙与投资，例如《意大利民法典》，第五编劳动中即规定公司、企业、合伙等各种商事合同相应规范。③ 需要强调的是，采民商合一体例的《意大利民法典》规定的合同类型最多，多达 22 种，且包括若干类型的商事合同。而我国合同法中只有 15 种有名合同。在现代私法领域中，商法是法律规范创新发展的主要驱动力。追求利润和提高交易门槛的动机使商事主体成为所有市场主体中最富创造力的主体。商事领域的创新规范也越来越快地扩展到民法领域，

---

① 参见黄道秀译《俄罗斯联邦民法典》，北京大学出版社 2007 年版，第 357—362 页。
② 参见徐涤宇译注《最新阿根廷共和国民法典》，法律出版社 2007 年版，第 371 页。
③ 参见《意大利民法典》，费安玲等译，中国政法大学出版社 2004 年版，第 13—15 页。

继而被民法所吸收而成为整个民法的规则。因此，积极规范重要的典型商事合同成为民商合一体例民法典合同编编纂的必选项。①

第四节　民法典合同编中商事交易规范的立法设计

民法典编纂已在议程，《民法总则》指出民法典将由总则和各分编（目前考虑合同编、物权编、侵权责任编、婚姻家庭编和继承编）。②并且明确编纂工作按"两步走"的思路，第一步编纂民法典总则编；第二步则是编纂民法典各分编，各分编应当与总则编形成一个有机整体，从而形成统一民法典。③其中，《合同法》作为民法典的有机组成部分，对编纂统一的民法典体系而言必不可少。因此，民商合一视角下所构建的民法典合同编体系，需要大幅度地修改现有的《合同法》，尤其应当系统地、全面地、有针对地纳入商事交易规范。

一　确定商事交易中商事合同的基本类型

毫无疑问，民法典合同编需要增加特殊类型商事合同，以适应商事发展和调整的需要，这也是在合同法编中实现民商合一的重要方面。就我国立法结构而言，既有的法律制度和采用的潘德克吞的法律

---

① 参见李建伟《我国民法典合同法编分则的重大立法问题研究》，《政治与法律》2017年第7期。
② 参见《关于〈中华人民共和国民法总则（草案）〉的说明》（2016年6月27日第十二届全国人民代表大会常务委员会第二十一次会议），第5页。
③ 同上。

体系决定了我国民法典并不适合单设一编劳动或企业以涵盖商事主体以及调整商事合同的权利义务关系。因此，我国合同编立法首先需要考虑增加传统民法视角下缺失的劳动或企业编章中的合同类型，例如，合伙合同和投资合同。事实上，合同法本应当是调整交易行为的规范，自然也应当调整合伙合同以及投资合同，将相应的商事合同回归合同法的调整，这也是实现民商合一的合同编的可取途径。因此，我国合同编可以借鉴俄罗斯民法典的规定，在其中增加劳动合同、合伙合同、投资合同等劳动或企业类型的商事合同。这类型商事合同是在缺失的体系上予以增加的，是新增类型的商事合同。合同法分则积极扩容规范重要典型的商事合同，对于民事合同与商事合同区分立法模式的实现具有重要意义。

其次，随着法典化发展，消费者保护法纳入民法典，合同编之中应当相应地确定消费者合同。这类型商事合同随着法典化发展逐渐纳入合同法之中，属于发展类型的商事合同。其实，"民法典具有相对永恒的生命力、完整的结构、逻辑一致的体系，在民法法系的国家具有类似于宪法或普通法系国家大宪章的地位"[1]。一方面，法典之外产生了大量的特别法，民法典稳定性不能适应社会发展的需要，许多内容已经被大量单行的法规所肢解（或替代）。另一方面，民法典不能涵盖所有的民事生活，也不能将所有的民事法律统归在法典之中，单行特别法的地位越来越独立，使得法典越来越多地被排除适用之外。故消费者保护法需要整合入法典之中，进行法典化重构，以加强民法典作为核心法典的地位，同时也有利于债法的统一。[2] 也就是说，为

---

① Vernon V. Palmer, "The Death of a Code —The Birth of a Digest", *Tul. L. Rev.* 221, Vol. 63, December 1988, p. 235.

② 参见杜景林、卢谌《德国债法改革——〈德国民法典〉最新进展》，法律出版社2002年版，第15—16页。

了法典重构，实现消费者保护法的整合，应当将消费者合同整合入民法典合同编之中。然而，很长时间以来我国学者将消费者权益保护法纳入经济法学的界域，不仅不当地夺走了民事合同的主要领地，而且伤害了民事合同与商事合同的区分模型——因为缺少了民事基本合同的对比，商事合同在民法典中的凸显也就缺乏支撑，这使得民法典编纂中民事合同与商事合同区分模型的嵌入更加艰难。[①]

最后，明确现行《合同法》中已经存在的商事合同。这类型的商事合同属于既存类型的商事合同。也就是说，该类型的合同事实上已经规定在合同法之中，但是由于民商混同立法导致商事合同的基本特性被淹没。典型的如，根据我国《合同法》第235条规定，"租赁期间届满，承租人应当返还租赁物"。但是就商事主体而言，"经营地点所建立起的商誉、客户群等是商主体重要的无形资产，房屋租赁合同续约是否存在障碍，对于商业性房屋承租人而言尤为重要"[②]。因此，租赁物在商事租赁中并不能简单地随着租赁届满而返还。为此，合同法之中还需要根据商事租赁的特性确定商事租赁合同。韩国商事合同立法中就明确商事租赁的合同类型。再例如，我国《合同法》第410条规定，委托人或者受托人可以随时解除委托合同。其中，因解除合同给对方造成的损失，除不可归责于该当事人的事由以外，应当赔偿损失。就民事委托合同而言，受托人任意解除合同并无不可。然而商事委托中，受托人通常为委托事项有额外的付出，伴有巨大的经济利益。因此，各国商事法律中，均严格限制委托人的解除权以保护受托

---

① 参见李建伟《我国民法典合同法编分则的重大立法问题研究》，《政治与法律》2017年第7期。

② 樊涛：《中国商法渊源的识别与适用》，法律出版社2015年版，第49页。

人的营业利益。① "各国商事立法通常还会保护代理人的求偿权,以实现其商事营业之目的,促使委托人理性委托,维护商事代理人之交易预期,这在代理商之情形,更是如此。"② 因此,我国合同法之中也有必要根据商事委托的特性确定商事委托合同。

值得强调的是,企业在法院审理前后都有评估自身地位的能力,因此企业之间一旦签订协议,往往是利益主体之间博弈的结果,预期按照协议分配风险和利益,并不希望法院根据加以限制。因此,合同编中确定商事合同的基本类型的立法安排具有重大意义。如此,既有利于民法典体系的完整性,避免法典解构,又契合了合同法乃调整交易规范的本质,兼顾商事交易的基本特征,不失为实现民商合一的一大途径。因而,我国民法典合同编应当考虑增加诸如合伙合同、投资合同、消费者合同、商事租赁合同、商事委托合同等基本类型的商事合同。另外,对于保险合同、票据合同、支票合同以及运输合同等非基本类型的商事合同,民法典合同编还需要考虑增加商事合同的一般性条款,以实现合同法对商事合同法特别规范的统辖。

二 明确商事合同中双方当事人权利义务的特殊规范配置

第一,区分民商事基本立场。毫无疑问,民法典合同编是以民商合一为基础的,但同时还需要考量民事商事存在不同价值导向,不能简单一体化。基于不同民商事价值理念,有必要在合同法总则中规定区分民商事合同类型,即民事合同和商事合同的基本类型,并以公平的价值理念指导民事合同的立法,以交易效率的价值理念指导商事合

---

① 参见张良《民法典编纂背景下我国〈合同法〉分则之完善——以民事合同与商事合同的区分为视角》,《法学杂志》2016 年第 9 期。

② 蒋大兴:《论民法典〈民法总则〉对商行为之调整》,《比较法学》2015 年第 4 期。

同的立法。例如，民事租赁以公平为原则，而商事租赁以效率为原则，二者在强制性和意思自治方面的表现并不相同，商事租赁在承租物使用方式、承租人的资格、租赁期限、转租限制等方面具有特殊性，应当对二者加以区分。再例如，合同法中的借款合同应当区分民商借款合同和借款合同并确定不同的立场。其中，民事借款合同基于公平价值理念，应当确定较低的借款利率和较长的借款期限，而商事借款合同以效率为基本价值理念，应当确定适当较高的借款利率和较短的借款期限。现行《合同法》规定自然人之间的借贷如若没有规定利息则视为没有规定利息，非自然人之间则不可。该规定正是遵循民商事区分的基本立场予以规定的。

第二，适当倾斜地配置商事合同的基本条文以实现权利义务的一致性。商事立场和民事基本立场应当贯彻到具体合同条文之中，分别调整规范合同关系中民商事法律行为，以此实现权利义务的均衡配置。就此而论，商事合同中应当贯彻追求效率的基本价值，以此配置合同双方的权利义务。例如，民事租赁合同未经出租人同意不得任意转租，但为实现交易效率，商事租赁合同不应当过分限制承租人的转租权。再例如，民事租赁中承租人无须享有优先承租权，但是商事租赁中基于营业的持续性，应当赋予其优先承租权。同时，在具体条文配置上商事合同较民事合同还需要附加更为严苛的义务。典型的如，当事人未约定的保证合同中，民事保证人应当负一般保证责任，商事保证人则应当承担连带保证责任。典型的还包括，民事委托可以任意解除，但是商事委托基于重大经济利益，并不能任意解除。再例如，在消费者合同之中，为了妥当地保护消费者的合法利益，避免基于主导地位的商事主体给消费者施加不正当的条件，应当侧重于消费者的权利，加重经营者的义务，以体现整个民法注重保护弱者的精神。①

第三，具体配置上，首先应当区分不同性质合同，然后再区分一般规定和特别规定。就民商事规范而言，存在一般性民事规范、经营者规范以及消费者规范三重规范体系。其一，一般性民事规范，为民法典的一般性规定。例如，法律行为、代理、侵权行为等一般性规则。此规范体系适用于所有的民事主体；其二，经营者规范，主要包括特别条款或特别法。例如，不公平商业行为、商事合伙合同以及公司法、商事登记法等规定。该规范体系适用从事商事交易的经营者或经营者之间的法律关系；其三，消费者规范，即有关消费者的特别条款。例如，欧盟消费者保护指令转化的消费者买卖合同、消费者不合理负担认定等相关规定。此规范体系适用于消费者与经营者之间的法律关系。就纯粹的民事合同和商事合同而言，只需要明确民事合同和商事合同的基本性质，而后确定适用规范。例如，确定赠与合同为民事合同，确定合伙合同、消费者合同等为商事合同，适用相关规定即可。就民商混同的合同而言，并不能简单确定该类合同为民事合同抑或商事合同。尽管如此，但还是可以区分合同民商事性质的不同，以此确定规范的配置。基于此，对于侧重民事性质合同类型，可以民事属性确定合同的一般性规定，商事特殊性规定作为补充，例如，委托合同、客运合同；对于侧重商事性质的合同类型，则可以商事属性确定合同的一般性规定，民事特别规范来予以补充，如居间合同、行纪合同、仓储合同、运输合同、承揽合同；对于民商事性质并重的合同类型，例如，买卖合同、租赁合同、借款合同、保管合同、委托合同、技术合同，基于民商合一视角，民事规范是商事规范的一般性规

① 参见崔建远《合同法学》，法律出版社 2015 年版，第 329 页。

范，此类合同中仍然需要确定民事一般规定，并且明确特别商事规范。以借款合同为例，我国《合同法》是以商业借款合同为中心设计规范的，其中关于民事借款合同的规范较为单薄，一种较为有影响的意见认为，合同法分则"借款合同"章的规定应该分节，分别规定借款合同的一般规则、商事借款合同与民事借款合同的特殊规则。这一意见是否妥当以及如何实现，尚待讨论。[①]

三　强化商事合同中商事主体的违约责任

现行《合同法》中违约责任功能设计出发点是补偿损害，且责任设计为严格责任，即一方承担合同责任无需过错只需要有违约的事实即可。例如《合同法》第113条第1款明确赔偿为"因违约所造成的损失"，"不得超过违反合同一方订立合同时预见到或者应当预见到的因违反合同可能造成的损失"。同样地，最高法院《合同法司法解释二》明确当事人之间的违约金不得超过实际损失，并进而确定违约金不得超过造成损失的30%。由此可以看出，《合同法》违约金设立价值基础在于补偿性，即填补损害，《合同法》并不允许存在惩罚性赔偿的存在。但问题是，合同的本质是约定，对违约金的内容确定也是如此。违约金作为法律或当事人在订立合同时预先约定的违约责任形式，便利于当事人合理调整未来的预期，法院对违约金的调整应该基于公共秩序的需要。[②] 的确，违约金的设置会影响公共秩序的要求，法律需要阻止合同的优势方恃强凌弱从而谋取不正当利益。但在商事合同中，对违约金的调整其实在一定程度上是变相地鼓励背信弃义。

---

① 参见李建伟《我国民法典合同法编分则的重大立法问题研究》，《政治与法律》2017年第7期。

② 参见［美］Claude D. Rohwer，Gordon D. Schaber《合同法》，汤树梅注校，中国人民大学出版社2003年版，第251页。

在司法实践中，不少当事人以约定高额违约金的方式促使合同订立，待其违约甚至恶意违约时，则利用《合同法》违约金条款，要求将违约金降低到不超过造成损失的30%的范围内。在此情况下，若司法机关或仲裁机构简单地适用《合同法》违约金条款，根据该合同当事人的请求，将违约金降低到不超过造成损失的30%的范围内，则无疑会面临以追求实质正义为目标却导致纵容恶意违约行为的尴尬。①

显然，合同作为成熟的市场主体意思自治的工具，确定违约责任当属于意思自治的必然内容。在合同中约定高额违约金正是成熟老练的商事主体就相对方的履约能力不信任的情况下，为促使合同的订立与履行所采用的一种特殊形态的担保方式。合同的最为本质的目的是交易，当一个合同能够得到违约金所能实现的目的时，承担违约金责任恰是一方当事人自愿承担的后果。承担高额违约金的一方之所以愿意接受违约金条款，往往都是在全面权衡了各种利害关系后所做的经营决策。因而，法律应当允许适用法定或当事人约定违约金，这样的"惩罚性"是作为特殊的违约责任，其并不否定违约责任填补损害的价值基础，而是为了克服不足以赔偿损害（undercompensation）的特殊规定。因此，商事合同中规定的违约金不得调整。

事实上，我国《合同法》违约金的功能定位，不应只是补偿性，应当呈现出多样化的功能，实现补偿为主、惩罚为辅多功能、多层次定位，② 惩罚性功能实际上也是为了更好地实现补偿。值得注意的是，商事合同中应添加"惩罚性"赔偿的规定。因此，虽然最高法院《合同法司法解释二》中关于约定违约金限制的规定符合合同法补偿性功

---

① 参见王建文《我国商法加重责任理念的司法应用及立法构想》，《南京师范大学学报》（社会科学版）2013年第3期。

② 参见王洪亮《违约金功能定位的反思》，《法律科学》（西北政法大学学报）2014年第2期。

能的一般法理，但"合同法是一个以意思自治为主要理念的领域，当事人以外第三方过多干涉将造成不良的后果"①。例如，尽管《荷兰民法典》第六部分第 94 条规定法院有权调整当事人之间的惩罚金，但通常法院会尊重商事主体之间约定的惩罚金，而调整一般民事主体之间约定的过高或过低的惩罚金。申言之，商事交易要求法律具有确定性、强制性以及快捷性，同时也要求法院或仲裁机构有限地、客观地涉入商事交易，从而既能实现商事交易自由，又能够保障交易安全。因此，尊重商事自治对于商事司法实践具有重要的意义。例如，在 2007 年 Intrahof/Bart Smit 一案中，最高法院指出在双方都是专业主体的情况下，合同自由原则应当优先，合理公平原则发挥有限的作用。因此，尽管该案中当事人约定的惩罚金"过高而不可接受"，却不能根据合理公平予以调减。②

故我国未来民法典有必要将更多的行为空间留给商事主体，允许约定违约金。同时需要明确的是，法定商事违约金实质上只是补充民事约定违约金而设计的，本质上是为了弥补约定不足的任意性规范，如果作为强制性规范，将必然失去规范的功能，从而会损害私法自治。法律制度的设计永远离不开对立法价值的追求。③ 故商事合同的本质也决定了法定违约金，只能列举不能作为兜底性条款，否则合同法中泛化的"惩罚性"将失去合同可预见性，从而摧毁基本的补偿性功能。

不难发现，法典形式的《合同法》自成体系，无所谓民商合一和分立，由此民商事合同规范存在"民商不分"和"民商混同"的现

---

① 王利明主编：《民法典·侵权责任法研究》，人民法院出版社 2003 年版，第 280 页。
② See HR 27 april 2007，NJ 2007，262（Intrahof/Bart Smit）.
③ 参见刘正浩、胡克培主编《法律伦理学》，北京大学出版社 2010 年版，第 91 页。

象。就此而论，合同法不仅无法延续《民法总则》的体系形式，更加无法展开民商合一的立法模式。这就意味着《合同法》首先要去法典化，成为民法典合同编。因而，可以明确我国合同法修正必定是围绕民法典的合同法编的体系为前提展开的，遵民商合一体例之需融入商事独特性安排，以此形成民商合一的合同编体系。基于此，我们才能够合理地区分民事合同和商事合同，并确定商事合同的基本类型、配置商事交易的一般性规范以及强化商事合同中商事主体的违约责任，使得民商事规范相互契合，融洽处于民法典体系之中。

第五章　民商合一视角下物权编
商事立法配置研究

随着现代商法制度的发展，尤其是高度团体化的商事主体制度初具雏形，民商合一的基本理念，不仅应当体现在民法典总则编，而且应当体现在民法总则统率之下的民法典各分编之中，以此贯彻总则的立法精神，形成体系统一的民法典。其实，民法典各分编，在整个法典之中应当起到具体规范性的作用。民法典的分编不同于总则编，还应当是当事人之间具体的行为规范。就此而论，民法典不应当只是宣示性意义上的法典，还应当是具有教育意义与指引意义的法典。[①] 因此，民法典物权编中商事规范的立法设计，不仅仅是一般性民事规范，还要能够为商事规范提供基本性的行为准则，统辖特殊的商事规范。如此一来，民法典的物权编中也能体现民法对商法一般性的统率，从而贯彻民法总则中民商合一的立法理念。本章拟以此为视角展开探讨。

---

① 参见夏沁《寻求共识：知识产权法与民法典模式、内容的"交涉"——以知识产权法入典为视角》，《西安电子科技大学学报》（社会科学版）2017 年第 1 期。

第一节 现行《物权法》缺乏民商
合一的基本理念

物权法是保护民商事主体财产权利的基本法。民商合一的视角下，商事主体是特殊的民事主体，因此物权的变动、权利的取得、权利的保护等一般性规则以及所有权、担保物权、用益物权等基本类型物权也当然地适用于商事主体。就此可以说，民法典物权编体系和内容上都应当纳入独特性的商事规范，以便贯彻民商合一的立法模式。然就现行民法体系中的《物权法》立法而言，尽管规定某些商事规范，为商事企业融资提供了相应的途径，但零星、分散的规定并不足成就民商合一的物权编。

一 《物权法》的立法设计不能体现商事规范的独特性

第一，物权法的基本原则缺乏商事化的价值理念。不可否认的是，平等原则是民法典的基本原则。就现行《物权法》规定的基本原则而言，《物权法》第 4 条确定权利主体平等保护的基本原则，第 7 条确定不得损害社会公共利益和他人合法权益的基本原则，贯彻《民法总则》中平等原则和公共利益原则的基本规定，彰显平等地对一切权利主体的民法精神，具有重大的意义。但问题是，现代商业社会要求效率化使用、融资以及便捷的产权认定，此时，民商合一模式下《民法总则》的基本原则体现在物权法之中就不仅仅是同等条件地保护权利主体，还要求在商事交易中保证交易的效率以及商事主体自由经营的权利。同时值得注意的是，商事主体与消费者之间的信息掌握程度以及市场地位的差距逐渐拉大，特别是大型的商事企业掌握大部分信息和市场资源处于绝对强势的地位。这就意味着立法上还应当侧重保护处于弱势地位的一方，加重商事主体的义务，从而实现真正的平等保护。①

第二，以所有权为中心的立法设计不利于市场机制的有效运行。现行《物权法》是以所有权制度为中心而构建的基本法律。其中，用益物权以及担保物权制度的类型和实现方式都受到所有权立法模式的限制，呈现出类型单调性、适用缺乏灵活性等特征。例如，《物权法》中用益物权的类型，包括土地承包经营权、建设用地使用权以及宅基地使用权、地役权，都是国家或集体土地所有权为基础而衍生的。担保物权的类型则限于传统大陆法系所确定的基本类型，不承认本土化典权，也不承认现代商业化的让与担保制度。然物权法作为市场经济的基本法，旨在合理化配置市场资源，促进市场有序地发展，其物权制度则是明确物的归属、发挥物的效用、保护主体的物权，从而实现主体对物的利用的基本制度。尤其是在资源有限的市场中，所有权制度确定物归属也是为更好地实现物的使用。由此可见，市场机制中物权法应当以实现物的使用为中心而构建基本制度。那么，物权法就不应当是所有权法而是以物权使用为中心的"物权"法。② 这也就要求物权法纳入具有商事化因素的他物权制度，以推动市场机制的有效运行。

第三，物权请求权的物权保护方法无法有力地实现商事化物权的

---

① 参见王利明《我国〈物权法〉制定对民法典编纂的启示》，《清华法学》2008 年第3 期。

② 参见张建文《从所有权法向物权法的转型》，《现代法学》2012 年第 5 期。

救济。《物权法》总则部分第三章规定物权的保护，明确物权受到侵害时，权利主体具有请求确认、返还原物、排除妨害或消除危险、恢复原状或请求损害赔偿的权利。不难发现，《物权法》企图通过确定一系列的物权请求权以期保护物权主体的物权。其实，《民法通则》以及《民法总则》之中都规定民事责任的章节，这就意味着当权力主体的物权受到侵害后，可以主张民事责任获得救济。而《物权法》规定物权请求权不仅与通则或总则中的民事责任功能重合，很大程度上还造成请求权与民事责任的混淆，破坏民法体系。特别是，物权请求权代替民事责任提供救济后，导致民商合一的《民法总则》具有惩罚性赔偿等商事责任的特殊性规定，无法为物权主体所主张。据此，民商合一的民法典要求将物权保护中的物权请求权转化为侵权责任的内容。①

第四，成员权的法律缺漏有碍商事（团体）财产的利用。就目前研究而言，我国对成员权的关注远远不足，造成了成员权在法律的难以自洽，亦客观地对团体财产的利用产生负面影响。具体而言，其一，成员权的立法忽视。《民法通则》第五章为"民事权利"章，项下四节分别规定财产所有权与财产、债权、知识产权、人身权，不见成员权的立法规制。新通过的《民法总则》第五章亦是"民事权利"章，在承袭《民法通则》列举的传统权利——人身权、物权、债权、知识产权、继承权等基础上，仅增加诸如个人信息权利（第111条）、数据和网络虚拟财产权（第127条）作为新型民事权利，亦显对成员权的立法忽视。作为规制团体财产有效运转的重要法律制度，成员权在立法上的忽视无疑问地会造成团体财产在实践中的效益低下，无法

---

① 参见魏振瀛《〈民法通则〉规定的民事责任——从物权法到民法典的规定》，《现代法学》2006年第3期。

满足现代市场经济对团体财产的利用期待。其二，成员权的权利不清。成员权的权利内容包括共益权与自益权，"前者系以达到社团所定制目的而赋予社员得参与社团事务之权利……后者系社员为社员本身利益得享有及行使财产上利益之权利"①，二者项下又具体地包括若干权利，共同周延地保障成员权在法律上的运行。然而，我国对成员权的权利规制不清。《物权法》中仅有对成员权零散的不完整的立法规范，团体成员对自身应享有的权利内容处于不确定的状态，故造成了对团体财产的利用权利的不清，成员权的责任不明。例如，《物权法》对成员权的权利救济仅在第 63 条第 2 款处规定了集体成员的撤销权，救济途径单一且缺乏明确具体的程序，进一步加剧成员权的责任不明。如此，对团体财产的利用事项的决定，看似"集体决定，集体负责"，最后实则"无人负责"。显然，法律责任的承担不明，对团体财产的利用而言实属为一种不负责任的态度，亦客观地阻碍了团体财产的利用效率。成员权的上述弊症最终源于对成员权的法律属性的认知不清。因此，倘若充分发挥成员权在构建商事（团体）财产法时的基础作用，首当厘清成员权的法律属性。

二　《物权法》的内容规定无法满足商事融资的需求

其实，《物权法》在某些条文，包括担保物权中规定的商事留置权、动产浮动抵押等制度，以及相关的司法解释中规定的非典型担保，都在一定程度上体现了民商合一的立法模式。但是，这些规定具有很大的局限性难以为商事主体提供可靠的融资途径。

第一，绝对禁止流押限制商事担保的发展以及运用。现行《物权

---

① 黄阳寿：《民法总则》，新学林出版股份有限公司 2013 年版，第 150 页。

法》规定的担保制度中，并不区分民商事担保制度存在的差异，禁止任何形式的流押（流质），第 186 条就明确规定禁止流押，第 211 条明确禁止流质。其实，禁止流押（流质）的规定本身并无可厚非，担保制度中的该规定本是为能够有效地保障民事主体的所有权受到不当侵害。但问题是，民商事主体之间存在较大的差异性。就民事担保而言，抵押权或质权主要是为担保债权的履行。而商事担保中，尤其是在市场交易中，担保制度是为实现融资。因此，商事主体实施抵押后，需要通过流押（流质）的方式，快捷地、便利地实现抵押物或质物的流转，从而实现交易的效率化，达成融资的目的。因此，商事担保中再禁止担保人流押或留置，对所有权人而言实则是过分的、多余的保护，这不仅不利于商事担保进展，也会造成不必要的干预，妨碍所有权人处分的自由。

第二，浮动抵押制度的不健全妨碍特别规定的适用。尽管现行《物权法》第 189 条第 1 款明确规定了企业、个体工商户、农业生产经营户等商事主体的浮动抵押方式，同时第 189 条第 2 款也考虑交易第三人的合法权益，有效地均衡商事主体的抵押人与第三人的。就此而论，似乎浮动抵押制度是商事主体融资的可取途径。其实不然。第 189 条所规定的浮动抵押仅仅指出浮动抵押的基本主体以及买受人在正常经营活动中取得的所有权，却没有明确有关主体资格、是否适用该条款以及浮动抵押的最短期限以及法律效力，也没有建立浮动抵押的登记制度。此种情形下，即使商事主体适用浮动抵押这一担保制度并取得一定资金，却难以持续稳定使用资金、维系生产的融资目的。

第三，财团抵押基本制度的缺乏阻挡商业化模式的运行。所谓财团抵押是商事主体将其享有的动产、不动产以及权利作为特定的财产集合物抵押担保以便取得融资的抵押制度。财团抵押主要包括三个基本要素：其一，财产的特定性和集合性；其二，主体的商事化。其三，旨在担保融资。就我国《物权法》规定而言，第180条确定抵押的基本范围，其中第2款明确抵押人可以将财产"一并抵押"。但是此处的"一并抵押"只是物权主体合并其所有的财产一起抵押，并不具备财团抵押的基本要素，是共同抵押而非财团抵押。可以说，我国《物权法》中尚缺乏财产抵押制度，包括财团抵押概念、条件、程序、效力等在内的基本规定都处于空白状态。然而，融资中债权人往往要求商事主评估自身资产作为借贷款的基本条件，尤其是中小型企业，特定化、集合性的财产抵押是最为主要的增信融资方式。[①]

三 《物权法》的司法实践难以区分性适用民商事规范

尽管现代社会的商品经济高度发达，但是也需要灵活、多样的担保形式，以便商事交易得以顺利展开。然而，传统担保物权的类型以及设定都是以债权的实现为基础，现行《物权法》中抵押权、质押以及留置权的基本概念、成立条件以及生效都旨在保障债权的实现。但我们必须注意的是，时代和社会已经发生改变。今天，人类社会已经从农业社会转入工业社会并迈入商业社会。商业社会是市场经济，在成熟的市场机制中担保并不仅仅是为了实现债权，更有甚者传统的担保物权已经无法满足经济发展的需要，由此担保物权的基本功能也应当演变为是创造信用，以便融资。[②] 特别是21世纪以来，"在新旧动力转换的关键时期，落实大众创业、万众创新，着力解决中小微企业

---

① 参见薛波、郭富青《民法典编纂背景下财团抵押权制度之体系构建》，《河南财经政法大学学报》2015年第4期。

② 参见张晓娟《动产担保法律制度现代化研究》，中国政法大学出版社2013年版，第38—44页。

融资难，民间借贷已成为广大市场主体获得资金的重要渠道"[①]。

毋庸置疑，商品经济的发展需要便捷、高效的融资方式，即权利主体通过提供信用可获得相当的融资，生活中也出现大量的非典型担保。[②] 相应地，大陆法系各国的司法裁判甚至立法中，也逐渐承认非典型担保，诸如德国司法判决中承认让与担保，日本担保法中明确规定让与担保作为担保的基本类型。然问题是，尽管我国经济生活中非典型担保大量存在，但立法以及司法解释中都没有明确地规定或承认适用于现代商业发展的担保方式。如此，法院在司法实践中也没有区分民商事担保的判断依据，从而普遍地不承认非典型担保的商事担保类型，并简单地将其认定为债权，由此阻碍商事担保在实践中的萌生、发展，不利于商事主体有效地融资。

其实，现行《物权法》确定的所谓民商合一立法模式是基于民事定纷止争基本功能以自然人对财产所有为中心而确定的，相应的其担保类型也是以所有权为中心展开，以保障债权人为基本目的，根本无法体现商业社会财产流转利用的基本价值，更无法满足商业发展融资的基本需求。也就是说，现行的《物权法》的基本制度和主要内容并没有考虑到独特性的商事规范，包括独特性基本原则、保护方式、所有权、用益物权、担保物权等商事规范。这也是《物权法》难以真正贯彻民商合一的根本原因。由于法典的体系化，《物权法》中基本原

---

① 最高人民法院召开新闻发布会，2015 年 8 月 6 日最高人民法院审判委员会专职委员杜万华发布了《最高人民法院关于审理民间借贷案件适用法律若干问题的规定》并回答记者提问，http://www.court.gov.cn/zixun—xiangqing—15147.html，2016 年 11 月 16 日。

② 根据法律所确立的标准不同，担保可以分为非典型担保和典型担保，其中非典型担保又称为权利保留型担保（根据法律构成分类，典型担保又被称为权利限制型担保）、变态担保、变相担保、不规则担保，通常指一国法律中未确定为担保物权但在交易实践中大量存在并运用的担保方式，如让与担保、所有权保留、买卖式担保。参见陈祥健主编《担保物权研究》，中国检察出版社 2004 年版，第 13 页。

则和保护方式的规定应当纳入总则编以及侵权责任编。为此，民法典物权编的立法设计应当重点考虑在《物权法》规定的所有权、用益物权、担保物权的内容的基础上，纳入独特性商事规范。①

第二节　民法典物权编所有权实现民商合一的立法路径

尽管现行《物权法》的立法设计过分强调所有权的中心地位，但不可否认的是，物的归属是物的流转、使用的前提，所有权制度仍然是民法典物权编最为重要以及最为核心的规定。因此，民商合一的物权编首先要求实现所有权制度的民商合一。由此，民法典物权编中应当重点考虑以商事主体结构的团体化的主体的所有权制度的基本规则。

一　传统的所有权制度进行商事化塑造的必要性

第一，法律稳定性与变革性本质决定所有权制度的演变。可以说，我国所有权制度的规定，基本是近代大陆法系的所有权制度的延续。事实上，所有权制度是由以个人为中心的近代民法提出的概念，直到清末我国变法图强引入法律制度，后《物权法》也以此为基础甚至是主要内容确定所有权的基本规则。然而，一方面，法律具有相当的稳定性，尤其是在民法典中有关物权法基本法律的规定。法律必然

---

① 参见杨立新《〈民法总则〉规定对修订物权编三个重大问题的影响》，《西北大学学报》（哲学社会科学版）2017 年第 5 期。

会滞后于时代,更会滞后于生活实践。在我国编纂民法典之际,物权法作为民法典重要组成部分,更应该以维系法典稳定性为重任。另一方面,很大程度上所有权制度会随着时代和社会的发展以及立法模式的改变而变化。传统民法典中选择的是民商分离的立法模式,所有权制度无须考虑商业社会的发展以及商事化因素。然而,民商合一的立法模式,尤其是在高度发展的商业社会要求所有权制度契合经济发展的需要。因此,所有权制度必须添加商事化因素以平衡法律稳定性与变革性。

第二,所有权的内在逻辑要求突破既有路径展开立法。根据诺斯提出的制度路径依赖理论,某一制度一旦形成,不管制度是否有效都会在一定时期内持续存在并影响之后的制度选择,在路径变迁的自我锁定与自我强化效应中,变迁只能按照这种路径下去。① 不难发现,在所有权制度设计之上,事实上我们已经陷入了既有制度的路径依赖中。尤其是,所有权—他物权"两权分置"体系逻辑,其实就是在遵循民商分离的基础之上,将土地承包经营权、宅基地使用权等用益物权从所有权中分离。其实,所有权制度是围绕物权主体占有、使用、收益、处分等权能而设计制度,这就意味着既要考虑民事主体所有权权能,又要考虑商事主体的权能。然而,所有权制度的设计过分强调遵循既有路径,容易习惯性忽视制度之中内在组成部分,即所有权制度内在的逻辑部分被当作理所当然的组成部分而被忽视。"权利分置的法律逻辑是混乱的。"② 而我们却很少或几乎没有质疑民商分离的"两权分置"的立法路径是否与既有的所有权内在的立法逻辑相兼容。

---

① 参见刘和旺《诺斯制度变迁的路径依赖理论新发展》,《经济评论》2006 年第 2 期。
② 吴义龙:《"三权分置"论的法律逻辑、政策阐释及制度替代》,《法学家》2016 年第 4 期。

第三，"从归属到利用"① 的转变要求建立团体法思维。为配合市场经济的迅捷发展，物权制度应当事先从物的归属为中心到物的利用为中心的价值定位转变。② 民法典的物权编不仅要关注所有权，更要重视在产权流动中实现物的价值，发挥财产权利的效用，特别是团体性财产越来重要的当下，更需要立法者在物权编立法过程中积极地接受并贯彻团体法思维，从而高效率地利用团体性财产，推动社会财富的持续性创造。团体法思维可追溯至日耳曼法。不同于罗马法的"个人主义"，日耳曼法强调"团体主义"。在日耳曼法上，物权以"利用为中心"，所有权亦是相对的并非是排他性的支配权，其本质在于物的具体的利用而非抽象的分配。③ 故有学者在论及日耳曼法时表示："所有权和用益物权均是物的利用形态，而且各自独立，不存在派生与分离的问题。"④ 此外，日耳曼人的团体观念较为深厚，在承认团体独立人格的同时亦未忽视构成团体的成员之地位，"个人在其作为个人的地位外，还各有作为其团体构成成员的地位。团体与团体中成员的关系并不对立，而是相互依存的关系"⑤。从严格意义上讲，正是日耳曼法中的团体与成员间的互利协作，从内部层次形成并推动了以"利用为中心"的日耳曼法的持续发展。简而言之，团体法思维包含两项关键词："利用"与"成员"。虽然日耳曼法上的团体法思维存有瑕疵，但不可否认，对处在追求团体财产利用效率的当下，其对民法典物权编的编纂可资提供诸多建设性的启迪与思考。

第四，"从归属到利用"的物权法思维转变实质上是由所有权人

---

① 朱岩、高圣平、陈鑫：《中国物权法评注》，北京大学出版社 2007 年版，第 36 页。

② 李国强：《物权法讲义》，高等教育出版社 2016 年版，第 1 页。

③ 侯银萍：《中国土地用益物权制度的经济学研究》，湖南大学博士学位论文，2013 年，第 14 页。

④ 史尚宽、张双根：《物权法论》，中国政法大学出版社 2000 年版，第 89 页。

⑤ 李秀清：《日耳曼法研究》，商务印书馆 2005 年版，第 452 页。

对物的主观权利到客观权利的思维转变，而客观权利的展现必须落实到一种客观存在的权利形态，而非简单的以所有权的归属为表征表达出的权能表现。由权能表达转变为权利表达，需要成员权负载的连接作用实现。所有权人将财产交付团体后仅存在团体作为主体形式对财产享有的即为抽象的所有权，其抽象性的根本原因在于团体本身的抽象性。因而，解决团体所有权抽象性的关键在于建立成员与团体之间的直接联系，落实成员权以保障成员对财产"意思支配力"的表达，并将成员权落实为法律上受保护的法益。[①]

第五，所有权与使用权的分离需要成员权保障功能的发挥。所有权人交出财产占有后，必须保障其享有对自身财产运行的管理权和监管权，以使其安心交出对财产的占有权。基于市场经济的快速发展以及对投资人财产权利的保障，有限责任在现代交易体系中凸显优势，成员交出财产的同时失去了与财产的直接联系；在承认团体具有组织独立性和法律行为的独立性时，必须保障团体财产由团体共同处分，以实现成员的"财产安全"。就集体土地制度而言，其就集体土地制度而言，层次性和复合性赋予所有权团体性的基础。尽管所有权制度延续着大陆法系法律制度的历史变迁规律，但是我国的集体土地所有权本身具有多层级性和复杂性的构造。因此，所有权制度还需要考虑到我国的现实情况，尤其是集体土地所有权制度的特殊性，而集体土地制度本身又具有复合性、层级性。这就意味着所有权不仅是单个主体性权利，而且是团体性权利。而团体性主体的所有权意味着所有权内部还具有权利层次的划分。另外，民法体系本身就是一个高度体系化的系统。我国民法典是围绕民事权利体系而构建的潘德克吞式体

---

① 参见［德］迪卡尔·施瓦布《民法导论》，郑冲译，法律出版社 2006 年版，第 133 页。

系。其中，人格权置于民法总则之中，财产权和身份权置于民法典各分编之中，而财产权又具体为债权和物权分别置于合同编和物权编之中。在物权编之中物权则按照所有权、他物权体系编排具体规则，他物权根据使用价值和交换价值进一步分为用益物权和担保物权。① 因此，在民法典体系之下，我们还应当寻求团体性的所有权融入严密民法体系之中的恰当路径。

二　商事主体结构的团体性所有权中应当包括成员权

事实上，由于现行的所有权法律制度已经受到传统民商分离立法模式的重大影响，因此，所有权商事化塑造的路径并不能简单地遵循既有的立法结构，还要考虑民商合一立法体例的立法事实。民商合一则意味着纳入商事主体结构的团体性所有权制度。其实，商事主体作为团体性组织，内部成员在团体性组织中应享有一定的权利，即为成员权。因此，商事主体结构的团体性所有权则意味着规定成员权的基本规则。②

第一，成员权是团体主义民法方法论的应然要求。"道德科学、社会科学或政治科学之本质是它的方法"③，民法亦然。可以说，民法典未来发展趋势是克服 19 世纪民法极端个人主义的偏颇，建立个人人格与团体人格之间的和谐共荣，即在民法典之中坚持个人主义与团体主义并重的方法论。④ 基于商事主体的团体性，所有权在物权编中

---

① 参见许中缘、屈茂辉《民法总则原理》，中国人民大学出版社 2012 年版，第 37—38 页。

② 参见马俊驹、童列春《私法中身份的再发现》，《法学研究》2008 年第 5 期。

③ ［德］拉德布鲁赫：《法律智慧警句集》，舒国滢译，中国法制出版社 2001 年版，第 193 页；王安乾：《动物福利立法理念研究——以整体主义法律观为视角》，《清华法治论衡》2012 年第 2 期。

④ 参见许中缘《商法的独特品格与我国民法典编纂》（上册），人民出版社 2017 年版，第 127—128 页。

的表达即应当遵循团体主义的思维方式。然而，传统物权法乃至民法典的立法制度以及司法实践都侧重于个人主义的方法论，忽视团体主义的基本思维。尽管既有《物权法》第 59 条、第 62 条以及第 63 条确定成员决定、监督以及请求撤销决定的规则，但是有关农村集体土地所有权的指导原则、结构构造、内容安排等规则都没有很好地贯彻团体主义的思维，而是习惯性地用个人法思维去审视团体法规则构造，忽视在团体内部中的个人财产权利带有身份性色彩的特殊性。因此，坚持所谓团体主义的方法论，也意味着所有权在商事团体法构造之中，必然会在团体内部衍生出身份性的权利，即成员权。①

第二，成员权契合市场经济发展的内在需求。市场经济是自由的经济，通过自由竞争和自由交换市场机制而实现资源优化配置。社会主义市场经济是中国经济制度的核心要素，公有制与市场经济的结合，对于深化经济体制改革，发挥社会主义制度的优越性，促进市场经济繁荣，具有重要的意义。② 然而，民事单一化的所有权中无法负载团体性内部主体的表决、监督、收益等诸多职能，严重制约内部决议机制的形成，并不能实现自由流转的目的，阻碍市场经济的发展。③由此可见，只有在坚持所有权基础之上确定内部成员权制度才能真正地契合市场经济发展的内在要求，从而推动商品经济的发展。

第三，成员权能够满足商事实践的需要。随着工业化的发展，单一化的所有权制度已经背离现代化商事实践的需要。无论是商事主体所有权，还是集体土地所有权，如果法律不规定团体性所有权内部成员的基本权利义务不仅会严重限制市场经济发展，还会妨碍农村城市

① 参见申惠文《农地三权分离改革的法学反思与批判》，《河北法学》2015 年第 4 期。
② 参见张宇《论公有制与市场经济的有机结合》，《经济研究》2016 年第 6 期。
③ 参见童列春《中国农村集体经济有效实现的法理研究》，中国政法大学出版社 2013 年版，第 79—81 页。

化进程。事实上，制度设计应当推动社会生产力的发展，而不是阻碍。其实，所有权不仅仅意味着商事主体的基本的财产权利，更是意味着商事主体内部成员的身份权。因此，成员可以也应当自主地发展商品经济，利用表决机制或收益机制利用土地资源或房产。而所有权权利的内部成员权的构建，正好有助于从制度构造上形成有效决定机制，审视既有所有权制度的缺陷，归纳完善财产权利的制度设计，为商品经济快速发展提供条件，从而发展市场经济。① 是故，所有权内部层面的成员权的立法设计切合现行交易的运行机制，也满足商事实践的基本需要。

第四，成员权是实现集体财产商业化的核心。集体财产是团体财产法重要的规制对象。我国《宪法》第 6 条确定了"劳动群众集体所有制"，即集体所有权。《物权法》第五章对《宪法》第 6 条中的集体所有权又予以具体确认。集体所有权项下的集体财产的利用状况在一定程度上影响其或决定着宪法框架下的社会主义公有制的实现。然而，受制当时生产关系的拘束，我国《物权法》偏重物的归属，在立法过程中缺乏团体法思维的指导，亦未认识到成员权的重要性，故导致集体财产的利用效率不佳。典型地表现为，《物权法》中涉及集体财产的法条大都直接或间接地指向集体财产的归属，关于集体财产的利用的条文不尽如人意。而正常的逻辑是，"当生活和生产资料的归属确定即所有权确定之后，紧接着的必然就是这些资料如何以最大效率实现其价值的问题，不然所有权的确定就毫无意义"②。所有权表明

---

① 参见杨蕾《城镇化视域下农村宅基地使用权收回之类型化研究——基于案例和规范分析》，《法学论坛》2014 年第 2 期。

② 房绍坤：《论用益物权制度的发展趋势》，《河南省政法管理干部学院学报》2003 年第 3 期。

着财产的静态归属，仅是社会物质财富的法律抽象而已，① 而实现物之价值的根本方式是对物的使用和收益，② 而这便是用益物权制度。而基于前述的团体法思维的欠缺以及成员权的不彰，《物权法》对集体财产的用益物权的制度设计亦存在一定的问题。其一，对集体财产的用益物权的制度构建存在立法混乱。用益物权是现代物权法律制度的核心，③ 因其最为契合"以利用为中心"的现代物权理念。故有学者指出："用益物权具有调剂土地'所有'与'利用'的机能。"④ 因此，用益物权的相关立法应贯彻效益原则，鼓励权利人充分有效地利用和获取物的使用价值，既满足权利人的经济追求，亦推动社会财富的增长。⑤ 但我国《物权法》中用益物权的立法规范并未实现对效益原则的遵循。《物权法》第三编对集体财产的利用规定了"土地承包经营权""建设用地使用权""宅基地使用权""地役权"四种具体的用益物权法律路径。但该用益物权体系缺乏开放性，随着物权客体的不断扩张，传统用益物权体系面临着重置的必要，如学界有提出增加"环境物权""区分地上权"等新型用益物权的主张。⑥ 另外，由于过多地强调个人主义而忽视团体法思维，国家对土地承包经营权、建设用地使用权以及宅基地使用权作了诸多利用上的立法障碍，如限制其

---

① 参见马俊驹、尹梅《论物权法的发展与我国物权法体系的完善》，《武汉大学学报》1996 年第 5 期。

② 参见米健《用益权的实质及其现实思考》，《政法论坛》1999 年第 4 期。

③ 参见房绍坤、丁海湖、张洪伟《用益物权三论》，《中国法学》1996 年第 2 期。须注意，强调用益物权在物权法中的核心地位，并不是忽略所有权的重要性。实际上，所有权是基础，是用益物权得以发挥效用的逻辑前提。

④ 王泽鉴：《民法物权》（第二册），中国政法大学出版社 2001 年版，第 7 页。

⑤ 参见王利明《物权法研究》，中国人民大学出版社 2002 年版，第 412 页。

⑥ 参见许中缘《商法的独特品格与我国民法典编纂》（下册），人民出版社 2017 年版，第 602—603 页。

流转、入市等，① 极大地阻碍了集体财产的经济效益，不利于集体内成员的经济利益的实现。其二，在用益物权之外对集体财产的利用出现立法漏洞。生产力的发展推动着生产关系的多元化、复杂化，集体财产的利用方式亦呈多样化趋态。而由于法律的滞后性，我国物权法律制度在用益物权之外鲜见对集体财产利用的立法规范。传统《物权法》更多地关注集体财产的归属、客体等，对集体财产的利用重视不够，集体土地的商品价值属性被严重限制。在现代经济社会中，对集体财产的利用除了用益物权中的既有规定，立法者也应当思索在用益物权之外如何实现集体财产的有效利用。

盘活集体财产，根本在于让集体成员切实分享集体财产权益，使得集体财产能实现商业利益和价值。集体成员公平地、有尊严地享受到符合预期的利益，有益形成良好的集体财产的运行机制，便自然地能实现集体财产利用效率的提高。此时，集体财产的成员权保护便显得尤为重要。规定集体财产的成员权，便清除了集体财产权益流向集体成员的法律障碍，通过实现集体与集体成员的联动得以实现"搞活集体财产"的改革目标。是以，成员权保护是实现集体财产有效利用，尤其是商业化利用的关键一环。可以说，对于集体财产成员权的保护，乃是实现宪法下的"集体财产属于集体所有"到物权法中"集体所有到集体有效利用"这一伟大命题转变之需要。

三　民商合一的成员权制度的基本规则配置

（一）在所有权制度中规定成员权制度的应然性

基于身份法中家庭团体的特殊性，团体主义方法论的规则配置主

---

①　参见高圣平《中国土地法制的现代化——以土地管理法的修改为中心》，法律出版社 2014 年版。

要表现为财产法之中的成员权。可以说，成员权的基本规则设计，对于实现民法典物权编所有权制度的民商合一具有重大意义。然而，团体性所有权中成员权的法律规则的配置，面临着适用主体脱离所有权的困难。申言之，所有权与成员权的权利主体并不相同，所有权的主体是团体（商事主体）本身，而成员权的主体则是通过法定模式或集体决议模式确定的具体成员资格的个体，这样一来，成员会脱离团体而独立存在，例如，户籍登记的个人为农村集体的成员。①

首先，必须明确团体中成员独立并不会导致成员与团体的脱离，即成员独立并不能脱离于团体本身。第一，被赋予民事主体资格的主体依然属于团体内成员及集合。例如，《民法总则》在自然人章节中确定了承包经营户的民事主体地位，明确农村集体组织成员依法取得土地承包经营权后，即成为法律意义上的农户。也就是说，承包经营户是被附加特定条件的农村集体成员。② 尽管法律未明确享有宅基地使用权的"农户"的法律地位，但是主体的认定逻辑并无差异。其实，政策上也明确农户家庭为主体享有农村土地承包经营权，同时明确土地承包经营权是农户利用集体土地的权利，即以家庭为基础的承包经营户仍然是利用农村土地的基本单位。③ 因此可见，无论是法律上或政策上农村集体中的成员与农户并不存在实质性差异。第二，成员权具有的一般权能与特殊权能，均框定于团体视域内。一般意义上的成员权，是指农村成员依据法律或组织章程对团体经济享有管理权和收益权等权利。④ 商事团体组织之中存在成员权特殊性的权能。包括农村

① 参见戴威《农村集体经济组织成员资格制度研究》，《法商研究》2016 年第 6 期。
② 参见李永安《中国农户土地权利研究》，中国政法大学出版社 2013 年版，第 2—4 页。
③ 参见韩俊《农村土地制度改革须守住三条底线》，《人民日报》2015 年 1 月 29 日第 7 版。
④ 参见史尚款《民法总论》，中国政法大学出版社 2003 年版，第 25 页。

集体中的土地承包权、宅基地权、公司中股权、社区自治的成员权、建筑物区分所有权中的成员权。[①] 成员权权利属性为身份权，具有以下特性：其一，权利主体的专属性，即为仅由团体内部成员享有的权利；其二，权利范围的限定性，即限于特定权利，如表决权撤销权。

其次，成员权必须在所有权中有所规定，原因在于成员权具有与所有权的共生性。成员权是从区分所有权人所形成的共同体关系中衍生而来。就建筑物区分所有权中的业主成员权而言，业主成员权乃基于专有所有权、共有所有权而生的对共有部分共同管理的权利，其成员权与其自身的专有所有权共生存在。业主基于对专有财产之所有权产生了对共有部分的共同利益而形成事实上的利益共同体，要求各区分所有权人在保障自身专有和共有部分权利的同时，也必须承担不损害其他成员权利以及区分建筑物所有人整体利益的义务。[②] 成员权产生于所有权基础上决定成员权具有物权的追及力，物权的追及力允许物权人对于自己拥有所有权的标的物具有排他性支配力，而成员权作为依附区分建筑物存在的权利，只要建筑物持续存在成员权便不会消失，即便"物"消失，但物权的权利会持续存在。[③]

由此，成员权并不会对团体与成员造成主体间的分离，反而承载起连接作用，使得不仅有助于团体以独立名义从事社会交往，"更有利于自然人实现其基本权利"[④]；基于此，就农村集体所有权中构建成员权便具有重大意义。实践中，农村集体经济组织成员与农村集体之

[①]　此处的宅基地使用权是指按照农村集体土地"三权分置"的规则对宅基地使用权再分离出成员权（宅基地权），具体名称有待进一步探讨，特此说明。

[②]　参见刘树桥《建筑物区分所有权的权利体系探究》，《广西社会科学》2007年第12期。

[③]　参见杨立新《共有权理论与适用》，法律出版社2007年版，第202—203页。

[④]　彭诚信：《主体性与私权制度研究——以财产、契约的历史考察为基础》，中国人民大学出版社2005年版，第120页。

间除土地承包关系之外，基本便再无利益关联，导致农村集体经济组织成员缺乏基本的身份认同，缺失集体经济实现对其自身权利保障的安全感，往往在集体经济运行中置身事外。而成员权的设置将改变"各人自扫门前雪，不管他家瓦上霜"的传统观念，农民个人也会更加关注集体所有权的运行情况，将是加强农村集体经济组织成员身份认同的关键举措，也是保障集体所有权"落实"、防止集体所有权利益虚化的重要手段。因此，就农村集体经济组织而言，成员权之构建将：一是强化成员身份认同，推动集体经济组织意志形成；二是创建农村集体经济组织成员分享集体利益的渠道，实现农村集体经济组织成员享有的公平分配权。[①]

（二）所有权制度中的成员权制度构建

所有权本身并不只包含所有权的多种权能，更应重视各种不同的约束以及所有权人负有的义务，因此，所有权呈现出"法律关系的综合性"属性。[②] 所有权与成员权之间的关系与区别在于，所有权在未受到法律侵害时，仅仅是一种抽象层面上的抽象法律关系，而成员权产生乃基于成员与团体之间存在的某种具体联系，甚至成员与成员之间也会因此联系而具有具体性，因而成员权本身就是一种具体的法律关系。[③] 成员权本身基于财产权与人身权的双重属性配置，其具有与一般财产权不同的特殊权能配置，就此，法律上应当重点确定成员权的特殊权能的配置，具体而言，包括以下几个方面的立法设计。

---

① 许中缘、崔雪炜：《"三权分置"视域下的农村集体经济组织法人》，《当代法学》2018 年第 1 期。

② 参见任中秀《德国团体法中的成员权研究》，山东大学博士学位论文，2014 年，第49—62 页。

③ 同上。

1. 在所有权一般规定之中确定并完善团体成员权的一般规则

成员权是团体法上的权利，包括成员自益权和共益权，体现了经过私法自治组成团体的目的性，团体中成员的权利义务由法律或章程规定。① 成员权的一般性规则主要涉及成员共益权，包括表决权、选举权、知情权监督权、撤销权等。成员权一般规则是团体组织成员权的共同性规定，应当置于物权法所有权的一般规定之中，但现行物权法却在农村集体之中确定成员共益权，存在体系的错位，其中有关成员共益权的基本内容也存在较大缺失。②

首先，成员权本身已然是一种具体化的权利，已然与权利主体之间共同构建了某种直接法律关联，从而，对于成员权的权利构建，必须区分权能可与主体分离与不可与主体分离两种属性——确定成员的受保护权和参与权属于"禁止分离"的权利。成员通过参与管理权的形式形成共同影响进而使得一个共同的意志形成成为可能，其类似于债务关系中的形成权，但又并非通过权利人单独形成某种法律关系，其参与管理的权利是与社团成员权密不可分的，可以说，其"不可分离性"构成了团体独立意志形成的前提基础，③ 因而，其具有与成员主体之间的不可分离性与不可转让性。比如，业主的成员权乃基于在一栋建筑物的构造、权利归属及使用上的不可分离的共同关系而产生的作为建筑物的一个团体组织的成员所享有的权利与承担的义务，在

①　参见王雷《论民法中的决议行为：从农民集体决议、业主管理规约到公司决议》，《中外法学》2015 年第 1 期。

②　社团法人的社员权，社团法人包括营利性社团法人和非营利性社团法人，社团法人的共同性事项可以设计为社员共益权，包括制定和修改章程、选举或更换社团执行机关、监督机关等，另外配合兜底性条款。参见王振嵩《关于社员权的法律概念、性质的研究》，《理论界》2007 年第 6 期。

③　参见［德］卡尔·拉伦茨《德国民法通论》（上册），王晓晔、邵建东等译，法律出版社 2003 年版，第 289 页。

《民法典物权编（征求意见稿）》第六十七条中也被称为业主的共同事务管理权，其成员权本身便是典型的"禁止分离性"权利，业主转让建筑物内的住宅、经营性用房的其对共有部分享有的共有和共同管理的权利一并转让。①

其次，法律行为是意思表示的外部形式，意思表示则是法律行为的核心内容。行为人欲使意思表示发生法律效果，必须采用一定的方式，遵循抽象的法律行为规则。因此，决议行为作为法律行为，不仅是成员共益权行使的基本方式，也是团体实现意思自治的核心工具。事实上，我国颁布的《民法总则》已经确认决议行为是法律行为的重要类型。基于此，民法典物权编之中也应当确定成员权的一般规则，以衔接民法总则的基本规定。

2. 团体性所有权之中还需要确定成员权的特殊权能

成员权的特殊规则主要涉及成员自益权，即与成员密切相关的经济权利，包括股利分配权、土地承包权、宅基地权或成员所享有的其他特定收益权。我们至少需要把握：其一，成员是团体内部自益权的基本单位。团体是成员的组合体，但是收益权等特殊权能主体只能是成员；其二，成员自益权具有经济利益性。无论是股权抑或是土地承包权、宅基地权等自益权都是能够为成员带来一定经济效应的权能，具有经济利益性；② 其三，成员自益权性质上是权能，并不能单独转让或处分。因此，成员不得转让成员权中的权能，但可以放弃成员权的身份，遵循法定程序退出团体，并就成员自益权中的财产性利益依法获得补偿。

---

① 《民法典物权编（征求意见稿）》第六十九条第二项。
② 参见高达《农村集体经济组织成员权研究》，西南政法大学，博士学位论文，2014年，第129—134页。

就农村集体土地的立法设计而言，正是因为民事主体具有农村集体成员的身份，法律上才赋予其无偿性、永久性等福利性使用土地的权利。因此可以说，成员权是不断深化农村土地改革根基，也是农地政策融入物权体系中之关键点。① 诚如学者所言："关于集体成员的法律身份和集体的法律地位，如何在法律制度进一步构造的问题，还需要进一步研究解决。"② 农民成员权既受集体经济组织主体制度制约，反过来又能成为一种积极的因素和力量，增强集体的主体性，完善集体的组织结构，二者相辅相成，有着"不可分割的制度逻辑"。是故，在制度构建上，也应一并重视、完成。③ 相较于一般的成员权制度，因其人法属性，一般在主体制度中予以规定，农民成员权则因集体所有权的特殊性，使之可与其一并在具有人法因素的《物权法》中体现。通过成员权条款的设置，使成员通过某种规则行使参与集体财产的管理、收益及处分等，亦是集体所有权制度规范完善的重点。④ 但是，《民法典物权编（征求意见稿）》关于农村集体所有权规定之中并没有关于成员权的特殊规则，只是粗略地确定成员权的一般规则。该法除规定了成员重大事项表决权、撤销权和监督权外，仅仅通过宣告方式表述集体所有的财产（包括土地）为集体组织成员集体所有、集体事物集体管理、集体利益集体分享。而监督权还是通过规定集体经济组织有公布集体财产状况的义务这种方式间接进行规定。同时，其他有关成员权的规定都散见于立法宗旨各异的法律法规或部门规章

① 参见丁文《论土地承包权与土地承包经营权的分离》，《中国法学》2015 年第 3 期。
② 参见孙宪忠《推动农地三权分置经营模式的立法研究》，《中国社会科学》2016 年第 7 期。
③ 参见梅夏英、高圣平《物权法教程》（第二版），中国人民大学出版社 2010 年版，第 88 页。
④ 参见陈小君《我国农村土地法律制度变革的思路与框架——十八届三中全会〈决定〉相关内容解读》，《法学研究》2014 年第 4 期。

中，且不少规定需要通过文义解释或反面解释才能间接推定出成员权的内容。这一立法模式并不能真正实现成员直接享有对土地的权益，使得集体经济组织虚无以及经济功能被村委会（政治自治性组织）所取代，导致农民对集体经济组织的认可度比较低。[①] 事实上，正是因为物权法中成员权的错位规定导致团体性所有权利群中缺失"成员权"，而限制团体的发展。立法不完善，规范成员权制度的法律缺失，也极易在集体利益分配、成员权保护上产生纠纷。从中国裁判文书网可见的数据来看，仅 2018 年各级法院公开的由成员资格的认定引发的承包经营权及征地补偿款分配纠纷案件就达 1081 件之多。[②] 因此，毫无疑问，即便农民成员权未能在民法总则主体篇中规定，也需在未来物权法编集体所有权中统一规制，[③] 确定成员权的特殊权能。

因此，对于农民集体成员权而言，需要对其进行特别规定。农民集体成员权的特别规定在于：第一，农民集体成员资格的认定。成员资格的认定是农民集体成员权制度设计中的首当解决的问题。具备成员资格，是享有成员权的逻辑前提。司法实践中，法官在审理农民集体成员权纠纷案件时，一般情况下亦是将农民集体成员的资格认定作为裁判的首要工作。但至今，关于农民集体成员资格的认定仍处于法律空白状态。关于农民集体的成员资格的认定，学界存在户籍说、权利义务说等观点。笔者认为，成员资格认定牵系重大，对其认定不宜采取单一标准，即应以户籍标准为主，辅之以其他要素。首先，原则上应以户籍作为认定成员资格的标准。户籍是对公民身份最直观的证

[①] 参见陈小君《后农业税时代农地权利体系与运行机理研究论纲》，《法律科学》2010 年第 1 期。

[②] 参见数据来源于中国裁判文书网，2019 年 2 月 17 日（http://wenshu.court.gov.cn/）。

[③] 参见陈小君《我国农民集体成员权的立法抉择》，《清华法学》2017 年第 2 期。

明，是国家治理的重要制度工具。农民集体的成员身份必然以农业户口为前提，城市户口的公民自然是不能挤占农民的权益。一般而言，农民集体的成员亦是在该集体中取得户籍的农民。因此，采取户籍标准是简单便捷地认定成员资格之方式。其次，其他因素亦是不可或缺的考量标准。确切地说，户籍制度是新中国成立初期国家确立的农业服务工业的政策产物，通过户籍制度与土地制度的捆绑使得集体成员对所属集体有着强烈的依附关系。① 但这种制度安排仅适应传统的城乡二元结构体制，随着城镇一体化建设的推进，农村人口向城市涌入频繁，户籍和居住地分属两地越加普遍。正如学者所言："随着农村人口的多向流动及频繁穿插，成员身份的稳定状态受到冲击，虽然集体的地域边界仍较为清晰，但固有成员和各种社区新成员在利益享有上的差异使得农村社区在成员结构上形成一种差序状态。"② 因此，除了户籍标准外，对成员资格的认定亦需综合其他因素：一是土地的收益是否仍作为基本的物质生活保障。这重点解决"空挂户""寄挂户"等问题，天津市高级人民法院颁布的《关于农村集体经济组织成员资格确认问题的意见》中便采取了这一标准；二是是否对所属集体仍尽有义务。成员资格的享有与对集体履行义务是相伴随存在的，《广东省农村集体经济组织管理规定》便采取此种标准。③ 此外，亦需关注婚姻、收养、政策性移民迁入等因素。再次，尊重历史和习惯。《民法总则》第 10 条赋予习惯以法源效力，民法典各编亦应重视

---

① 参见钱忠好《中国农村土地制度变迁和创新研究（续）》，社会科学文献出版社2005 年版，第 46 页。

② 参见戴威、陈小君《论农村集体经济组织成员权利的实现——基于法律的视角》，《人民论坛》2012 年第 2 期。

③ 参见王玉梅《从农民到股民　农村社区股份合作社基本法律问题研究》，中国政法大学出版社 2015 年版，第 132—134 页；国家法官学院案例开发研究中心《中国法院年度案例土地纠纷 2016 版》，中国法制出版社 2016 年版，第 14 页。

习惯的民事地位。比如，关于外嫁女的成员资格认定在司法裁判与农村实践中做法不一致，① 甚或冲突矛盾，这就要求民法典物权编必须谨慎对待集体长期形成的民间习惯，勿忽视"民间法"的秩序力量。

第二，农民集体成员权的退出机制、农民集体成员权的丧失，是指农民集体成员基于成员身份的变动而失去相关权益，亦包括绝对丧失与相对丧失。前者指死亡的事件发生后所导致的农民集体成员权法律关系的消灭，后者指农民集体成员加入其他集体组织或迁入城市户籍而丧失农民集体成员权。于农村集体成员权的相对丧失而言，当下农村中存在着某些进城农民已经享受城市的保险福利，却仍保留农业户口、继续享受农村集体成员福利，导致"离土农民"与"守土农民"间的利益冲突。② 其实，出现这种利益矛盾的现象源于国家立法未对农民集体成员的资格认定提供明确的操作指南，因此可以说，成员资格的认定是农民集体成员权构建的首要任务。

第三，农民集体成员权的救济路径。农民集体成员权的救济可从实体法与程序法中设计保护机制。就实体法而言，民法典侵权责任编应对农民集体成员权提供法律保护。农民集体成员权虽有别于一般的权利形态，但其本质是一种带有财产利益属性的身份权，仍属于民法典物权编保护的客体范畴。既有的《侵权责任法》第 2 条第 1 款规定："侵害民事权益，应当依照本法承担侵权责任"，虽然接着的第 2 款并未将成员权明确列举出来，但可经体系解释为第 2 款中的兜底性表达的"人身权益"。民法典侵权责任编亦正值编纂，从立法论的角度考虑，最好的保护机制是在侵权责任编中明确成员权受侵害时可以

---

① 参见国家法官学院案例开发研究中心《中国法院年度案例土地纠纷 2016 版》，中国法制出版社 2016 年版，第 15—16 页。

② 参见童列春《论中国农民成员权》，《浙江大学学报》（人文社会科学版）2015 年第 2 期。

适用过错责任的一般条款，并规定其救济方式。① 具体而言，首先是立法上区分侵害农民集体所有权与侵害农民集体成员权的不同侵权类型，二者是虽紧密联系但互为独立的民事案由。对于农民集体所有权的侵权纠纷，为"确保被侵权的集体及时行使侵权责任请求权，应当建立各集体的侵权责任请求权行使的代表制度、代位诉讼制度和诉讼支持制度"；对于侵害农民集体成员权的案件，亦应当作出侵害"集体成员的共益权与集体成员的自益权"的区分。② 一般而言，成员权的实体法保护从物权编转移到侵权责任编，宜通过在物权编中设立转引条款实现。就程序法而言，对农民集体成员权的保护宜当采取一般诉讼制度与特别诉讼制度协同救济的路径。最高人民法院 2011 年发布的《民事案件案由规定》中，在其"不动产纠纷"项下规定了"侵害集体经济组织成员权益纠纷"，可见，农民集体成员权的侵害纠纷可通过一般诉讼程序予以维权。③ 除此，民法典物权编还应当设置并完善特别诉讼制度以保障农民集体成员权的法律救济。具言之，一是农民集体成员权的撤销诉讼制度，二是农民集体成员权的派生诉讼制度。农民集体成员的撤销权是指农村集体成员在农村集体经济组织或村民委员会、村民小组作出侵害集体成员合法权益的决定时，受侵害的农民集体成员得享有请求人民法院予以撤销的权利。农民集体成员的撤销权是一种形成权，但其不同于《合同法》中规定的债的保全中的撤销权，前者属于基于物权的撤销权，而后者属于债权撤销权。④

---

① 参见王利明、周友军《论我国农村土地权利制度的完善》，《中国法学》2012 年第 1 期。

② 参见韩松《农民集体所有权和集体成员权益的侵权责任法适用》，《国家检察官学院学报》2011 年第 2 期。

③ 参见管洪彦《农民集体成员权：中国特色的民事权利制度创新》，《法学论坛》2016 年第 2 期。

④ 参见管洪彦《关于农民集体成员撤销权的几点思考》，《法学论坛》2013 年第 2 期。

其中，农民集体成员的撤销权作为一种形成诉权，法律效力过于强大，宜通过除斥期间加以限制，对此可通过类推适用《合同法》第75条关于债权撤销权的一年的除斥期间的规定；① 农民集体成员的派生诉讼，是指农民集体成员在农村集体经济组织或村委会、村民小组损害或容忍他人损害农民集体财产时，符合法定条件的集体成员有权为农民集体利益，以自己的名义提起诉讼追究有关侵害人责任的诉讼制度。农民集体成员的派生诉讼制度规制的是对农民集体成员权的间接侵害，弥补撤销诉讼强调的须以直接侵害为前提条件之不足。② 农民集体成员的撤销诉讼与派生诉讼可周延地实现对农民集体成员权的直接侵害与间接侵害的立法保护，是一种制度创新与现实回应。

第四，农民集体成员权的转引条款。民法典物权编应当设置农民集体成员权的转引条款。除了民法典物权编，亦有多部法律直接或间接地涉及农民集体成员权的保护条款。我国《土地管理法》《土地登记法》《土地承包法》等法律文本中含有关于农村集体所有权、使用权甚或成员权之规定，均是属于对农民集体成员权有着直接或间接保障的利好条款。因此，民法典物权编应当设置关于农村集体成员权的转引条款，以多方面地保障农民权益的实现。

第三节　民法典物权编用益物权实现
民商合一的立法路径

一项错误的制度选择在路径依赖中就会出现"路径封锁"，从而

---

① 参见王利明、周友军《论我国农村土地权利制度的完善》，《中国法学》2012年第1期。
② 参见管洪彦《农民集体成员派生诉讼的合理性与制度建构》，《法律科学》（西北政法大学学报）2013年第4期。

给整个制度构造带来非常严重的后果。为了避免民商分立的"两权分离"在路径依赖中形成"路径封锁"，避免在选择路径中积重难返，我们应当反思既有路径中有关用益物权的规则，注重以契合民商合一的立法理念展开物权编用益物权制度的立法设计。诚如学者所言："一个国家现有的物权体系，应该首先具有完整性，能够满足实践的要求；其次它还应当是一个和谐统一的整体。"[1]

一　传统用益物权制度亟须展开商事化的改造

第一，"所有权—他物权"的二元物权体系决定用益物权权利性质具有经济属性。从我国现行《物权法》的立法规定之中，不难发现物权法律制度安排具有自身的立法逻辑，形成物权内部的权利体系。《物权法》第2条即明确规定物权包括所有权与用益物权和担保物权。其实，现代物权法强调对物的利用，物权制度的设置也从所有中心转向他物权利用中心。另外，传统大陆法系中的物权制度坚持"一物一权"的基本原则，在此基础上实现物的利用，是通过物的使用价值和交换价值等他物权的制度实现的，具体又可以为用益物权和担保物权。[2] 其中，担保物权可以基于所有权、用益物权以及债权而设置，但是用益物权原则上只能基于所有权而衍生，即形成所有权与他物权的二元物权体系。[3] 而他物权是以物的经济使用价值为中心的权利制度。这就意味着用益物权在二元物权体系中应定位为他物权，具有经济性。

第二，发挥用益物权的经济属性需要进行商事化改造。我国《物

①　孙宪忠：《中国物权法总论》，法律出版社2014年版，第130页。
②　参见王利明《物权法》，中国人民大学出版社2015年版，第13—14页。
③　参见单平基《"三权分置"理论反思与土地承包经营权困境的解决路径》，《法学》2016年第9期。

权法》中仅仅确定土地类的用益物权，包括承包经营权、建设用地使用权、宅基地使用权、地役权制度。其中，承包经营权以及宅基地使用权是建立在农村集体土地之上的用益物权，其权利主体无法脱离农村集体之外，权利客体也无法自由处分，是以用益物权的经济效应十分有限。换言之，农村集体土地之上的用益物权只能在农村集体内部自由流转，无法契合市场经济化运行，也就无法实现财产权利的市场经济价值。因此，要发挥用益物权的经济价值，首先应当完成用益物权权利的商事化改造。这就要求我们从用益物权权利性质、适用主体、客体流转的限制等方面实现财产权利的自由流转，由此实现用益物权的经济性。其实，建设用地使用权以及地役权尽管是建立在国家土地之上的用益物权，但是这类用益物权本身就在市场经济中运行，为了更大程度发挥其经济价值，更加应当进行商事化的改造。

第三，用益物权商事化是破除"两权分离"立法误区的关键。1986 年颁布的《民法通则》初步确认了"两权分离"政策的法律效力，即在第 80 条和第 81 条赋予民事主体依法享有土地承包经营权。2007 年施行的《物权法》中更是明确用益物权制度。至此，可以说法律上已经完全认可并融入"两权分离"的立法路径。例如，大部分学者认为，"依照法律逻辑而言，土地承包权不是一种独立的财产权，而是农村集体经济组织成员权在土地承包过程中的具体化"①。其中，明确承包权成员权的属性有利于农民权的保障，实现公平分配。这就意味着土地承包经营权兼具成员权和用益物权的双层属性。但问题是，基于"两权分离"中用益物权具有身份保障性，主体也存在身份适用上的限制，严重制约土地的流转，无法满足市场经济一体化建设

---

① 参见朱广新《土地承包权和经营权分离的政策意蕴与法制完善》，《法学》2015 年第 11 期。

的需要。① 申言之，我们必须时刻警惕用益物权的立法在"两权分离"的立法路径，陷入财产权利身份化立法的误区。

二　民商合一的用益物权的法律结构体系

在法律体系视角下确定用益物权的基本性质之后，如何达成权利义务配置的"重叠共识"，尚需进一步的探讨。所谓"重叠共识"即基于"不同的前提有可能导致同一结论"的共识，② 是指承认不同的观点并试图寻求稳定性、可预期、可接受、同一性的结论。事实上，"三权分置"政策不仅需要在法律理论上寻求"重叠共识"，还要在法律制度之中寻求"重叠共识"，尤其是在法律实践之中构建"重叠共识"。③ 就用益物权在法律上达成"重叠共识"，即要求妥当的、合理的法律制度设计，得以承接法律理论，指导法律实践。进而言之，用益物权民法典之中的法律结构的表达是民商合一的用益物权得以纳入民法典的基本路径。

民法典之所以能够实现体系化，正是依赖于民事权利体系而将民法典各个部分结构成为内在紧密联系、和谐统一的整体。民法总则之中确定的财产权与身份权区分的基本民事权利体系，在民法典分编中具体表现为财产编与身份编的基本结构，以此实现总则与分则的联系，从而架构逻辑周延的法典系统。其实，物权体系还可以分为内部物权体系和外部物权体系，要维持体系的平衡，不仅需要依靠内部结构的稳定，更需要保证外部体系对内部体系的支撑。也就是说，民法

---

①　参见赖丽华《基于"三权分置"的农村土地经营权二元法律制度构造》，《西南民族大学学报》（人文社会科学版）2016 年第 11 期。

②　参见童世骏《关于"重叠共识"的"重叠共识"》，《中国社会科学》2008 年第 6 期。

③　参见童世骏《"后世俗社会"的批评理论——哈贝马斯与宗教》，《社会科学》2008 年第 1 期。

典中物权编的权利制度的法律结构不仅要契合物权内部的体系，还需满足民法典分编设定的外部物权体系。①

所谓物权内部体系主要是指设定物权需要遵循的基本物权结构，例如基于所有权设定用益物权的法律结构，基于用益物权或所有权设定抵押权的法律结构。就物权内部体系而言，用益物权的结构设定应当契合"所有权—用益物权"的二元物权体系，能够形成维系物权体系平衡的、稳定的内部结构。因此，包括土地承包经营权、宅基地使用权等具有身份属性的用益物权在民法典物权编之中也应当表达为"所有权—用益物权"的法律结构。

所谓物权外部体系是指物权法之中纳入权利应当遵循的基本权利体系。例如，民法典编章结构是根据权利基本属性所构建的，即财产权置于财产编，身份权置于身份编。其中，债权置于合同法之中，物权置于物权法之中。责任制度则作为权利的救济法置于侵权责任法之中。就物权的外部体系而言，可以确定，用益物权性质上属于财产权利，应当在民法典物权编之中予以规范，契合财产权与身份权区分的物权外部体系。然而，承包经营权、宅基地使用权等带有身份属性，遵循基本权利体系似乎难以纳入财产编（物权法）之中。② 其实不然，事实上，团体主义的视角意味着集体所有权中衍生出成员权的必然性，但财产法中包含身份性权利并不意味着否定财产权与身份权区分的权利体系。这是因为财产法与身份法中团体的结合因素存在本质区别，即前者基于财产性因素，后者基于伦理性因素，因此物权法中的成员权并不具有身份法上的伦理性本质。但是，身份属性的成员权

---

① 参见［英］约翰·罗尔斯《正义论》，何怀宏译，中国社会科学出版社 2005 年版，第 459—460 页。

② 参见谢怀栻《论民事权利体系》，《法学研究》1996 年第 2 期。

必须从用益物权中剥离进行商事化改造，由此实现用益物权的纯粹化。[①] 因此，用益物权在民法典之中即表达为财产权（物权）的法律结构。

为此，立法者需要保持高度的注意：其一，立法设计要遵循物权体系的和谐性。民法典物权编并非孤立的权利单元，其存在上位概念和同位概念。这是立法者须克服的立法技术难题。其二，防止用益物权被侵蚀或架空。我国传统的物权法思维是重视物的归属，忽略物的利用。但民法典物权编的编纂工程处于一个偏重物的利用的时代背景，因此需要立法者转换团体法思维，着眼团体内成员的个体利益的保护，以实现高效率地创造并发挥物的效用。但需注意，立法者在进行立法规制时，要避免过度地强调成员权而忽视用益物权。立法者要摒弃一种过度务实的立法自觉，而这可能是立法者的思维盲点。需谨记，团体法视角下的用益物权与成员权是紧密联系、相辅相成的，不可偏重亦不可忽视任意一方，唯有如此，才能实现民法典物权编作为民商合一的财产法的基础诉求。

三　民商合一的用益物权的基本规则配置

就物权体系而言，用益物权都是所有权权能分离的结果，是所有权人在其所有物上依法设立的他物权。[②] 就农村土地产权而言，由于历史原因，尽管我国《物权法》已经确定土地承包经营权、宅基地使

---

① 财产法（债权法和物权法）中的身份权是带有身份性色彩的财产性权利，身份法（亲属法和继承法）中的财产权则是带有财产属性的身份性权利。这正是财产法与身份法之间交融的表现，但这并不意味着财产法与身份法的混同，典型的如财产法中身份权是由于财产性构成团体而产生成员权，身份法中身份权则是伦理性结合构成团体而产生的亲子、配偶权等。参见张作华《认真对待民法中的身份——我国身份法研究之反思》，《法律科学》（西北政法大学学报）2012 年第 4 期。

② 参见王利明《物权法》，中国人民大学出版社 2015 年版，第 213 页。

用权等农村集体土地之上的用益物权的权利性质为用益物权，其中却融入了带有身份性色彩的成员权的部分内容。首先，权利取得的身份性。农民的土地财产权来源于其集体经济组织的成员资格，即来源于法定的成员权，成员权是农民获得土地财产权的资格，但它本身并不是财产权，而是一种身份性权利。因此，农村集体土地之上的用益物权的商事化改造不仅要求将财产属性作为用益物权的核心，还要求将具有身份性的成员权从土地承包经营权中予以剥离，由此才能实现身份性权利的用益物权化。因此，农村集体土地用益物权的商事化改造应当是用益物权商事化改造的重点内容。

因此，必须明确承包经营权之完全物权化设置。"三权分置"中的承包权并非基于承包经营权的权利拆分形成：首先，承包权是一种资格性权利，是保障集体成员有权利依据自身成员身份取得承包土地的能力，其本身是一种身份性权利而非财产权。承包权并非框定某成员与特定土地的关系，而是赋予成员一种取得生存保障所需之土地的资格，保护的是集体成员使用集体土地的权益，而非保护成员在某一特定承包地上行使的土地权益。其次，承包经营权乃是基于承包权实现后形成之权利。承包经营权具有权利人与特定土地相联系的固化关系，当集体成员基于其身份属性的承包权取得与特定土地之联系时，即取得土地承包经营权。因此，基于权利产生的逻辑关系，承包权本就不可能属于"承包经营权"的拆分部分。再次，集体经济组织对于集体成员的生存保障功能之实现是通过成员权来实现，表现在土地利用关系上可以分为两个层面：分配土地承包经营权以实现成员对特定土地的利用并获取收益，或者依靠成员身份获取分取集体收益的份额以保障成员生存发展。生存保障功能的实现是通过承包权的实现达成，承包经营权的分配只是承包权实现的一种表现形式，却绝非唯一形式。因此，承包经营权的分配相当于一种基于保障性的财产权益的分配，是一种财产性权利，其中包含的身份性权利已然在承包权实现过程中实现，而当然性的无须再延续至承包经营权之中。因此，在《物权法》已经确立了承包经营权的物权属性的前提下，便没有必要再在其中分离出一个身份属性的承包权。最后，将"三权分置"中的承包权解释为分享集体利益的集体成员资格，经营权解释为《物权法》中规定的物权属性的承包经营权的形式同样符合中央文件的精神。"稳定农户承包权"的设置目的就是保障农地的生存保障功能，将"承包权"解读为集体经济组织土地利益分享的成员资格同样可以实现农地的生存保障功能；法律上认可"承包经营权抵押融资"的设置目的是为满足市场经济体制下对农地权利流通的需求，提高农地的利用效率，形成承包经营权在集体成员内外的流通机制。

如前所述，成员在保障自身专有和共有部分的权利时，也必须承担其对于整体利益的维护义务，这也是成员与团体之间利益相互促进关系的要求。一般而言，成员权行使受到合理限制，主要是通过所有权行使内容实现，即主要出现在物权编的所有权规定之中。例如业主成员权行使的限制即主要通过对专有部分以及共有部分所有权行使的限制完成：其一，不得妨碍建筑物的正常使用和不当损毁建筑物，主要规定参见《民法典物权编征收意见稿》第六十八条、七十四条等的规定；其二，对于共有部分使用的禁止性规定，主要是以列举方式规定业主应合理使用共有部分，不得违背该部分的目的、性质及构造而为妨害建筑物正常使用功能的行为，不得擅自改变该部分的结构和设施，不得损害业主的共同生活秩序。[①]

① 参见王珉《建筑物区分所有权中成员权行使研究》，复旦大学博士学位论文，2014年，第55—57页。

笔者认为，农民集体成员权区别于业主成员权的关键在于，业主成员权侧重的是对于共同所有部分的管理权益实现，而农民集体成员权侧重于通过落实成员权以保障自身土地权益的目的，即前者是通过成员权促进整体，后者是通过成员权保障个人。因而，两者对于成员权行使的限制路径便分为两种：业主成员权行使之限制的着眼点在于如何保障共同所有之利益实现，决定其必须限制专有部分所有权之行使并保障集体意志之形成；农民集体成员权之限制是站在充分保障农民个体土地权益实现的前提下使其行使不损害农民集体所有权，因而农民集体成员权的限制方式表现为充分放活农民个体土地权利，但同时必须发挥农民集体作用保障集体财产不流失。事实上，《物权法》第60条明确由集体经济组织代表集体行使所有权。因此，农村集体土地上的用益物权制度的商事化改造必须遵循的一个前提就是：经营权是由集体经济组织作为监控主体设立、变更或消灭的用益物权方符合"所有权—用益物权"的权利设定逻辑。而集体经济组织作为经营权设立、变更或消灭的监控主体，正是实现民商合一的用益物权立法的关键，主要包括以下几方面的原因。

第一，推进新型农业现代化经济的应然基础，也是集体所有权巩固的必然要求。农村集体土地用益物权的商事化改造，在稳定农户承包关系的基础上，赋予新型经营主体经营土地的用益物权权能，有利于促进农村土地更为优化地配置，从而实现新型农业现代化的建设。然而农村改革迈向现代化过程中，面临着"工商资本"过于介入而严重破坏农地，新型职业农民供给不足而使得农民沦为"民工"等问题。《民法总则》首次以民事基本法的形式明确了农村集体经济组织"特别法人"的法律地位。弥补了我国规范集体经济发展的顶层法律制度的缺失，有利于改变长期以来集体经济组织呈现主体虚化与缺位、组织形态纷杂与失范等现象，也通过主体的权利确认农村商业发展奠定了坚实的基础。农村集体经济组织可以以法人名义拥有相应的土地所有权、发包权及有关农村财产经营权等。因此，防止外部利益全体进行利益侵夺的排他功能，成为集体经济组织的首要任务。[①] 为此，所谓放活经营权的同时，必须强化集体经济组织对外排除功能，以集体经济组织作为集体土地所有者为土地经营权"严守把关"。农村集体经济组织作为一个组织团体，承担着组织成员的福利保障功能，成员间也有着一定的互济共助，由此能减少成员的损失，增强其风险承受能力，降低农户风险。技术、信息等在成员之间具有溢出效应，提高了技术的应用程度和信息的传播速度，从而可以规避因成员个体的信息不完全而受到的风险，而且在众多成员的参与下，决策治理也更为科学合理，从而降低风险系数。[②]

第二，实现适度规模经营的实然选择。实现适度规模经营是深化农村集体土地用益物权商事化改革的实然路径。[③] 而所谓的由集体、农户、多元主体共享土地权利的复合权利层次，则是实现农村集体土地的规模化经营的路径选择，从而以规模经营引领农业的现代化建设。实践中，部分农村地区存在弃耕大面积荒废土地以及农村融资受到严格限制等现实问题，导致农村土地难以实现现代化规模经营。[④] 究其原因在于规模经营脱离了集体经济组织的监督。因此，强化集体

---

① 参见童列春《中国农村集体经济有效实现的法理研究》，中国政法大学出版社 2013 年版，第 130 页。

② 参见王留鑫、何炼成《农村集体经济组织的制度困境与治理之道——基于制度经济学分析视角》，《西北民族大学学报》（哲学社会科学版）2017 年第 3 期。

③ 参见张克俊《农村土地"三权分置"制度的实施难题与破解路径》，《中州学刊》2016 年第 11 期。

④ 参见孙宪忠《推动农地三权分置经营模式的立法研究》，《中国社会科学》2016 年第 7 期。

经济组织的监控地位正是实现土地规模经营的实然选择。典型的如上海松江区的家庭农场模式。^①其是以同一行政村或同一村级集体经济组织的农民家庭为生产单位，从事粮食、蔬菜种植或生殖养殖等生产活动的农业生产经营模式。松江的家庭农场在土地集中方式上是比较特别的，村社成员从集体获得一个地租后，集体组织将土地从成员手上流转回来，然后再将集中的土地转包给村内成员适度规模经营，谁来当农场主，集体选择的方式起很大作用。土地转包由集体出面流转提高了规模经济的效益，如果流转给外地人，外地人包地后一般很难有长远打算，一般选择短期收入最大化，将流转来的土地用来种植作为价值高的农作物，不会为政府粮食目标考虑，对土地缺少感情，同时也会造成政府补贴的相对浪费，减损经济效益。^②

第三，贯彻双层经营的基本体制的必然要求。作为规定了农村集体经济组织经营体制的《宪法》第 8 条第 1 款"农村集体经济组织实行家庭承包经营为基础、统分结合的双层经营体制"，界定了农村集体经济改革的价值取向、基本路径和制度框架。无论是集体所有、农户承包经营，抑或是集体所有、农户承包、多元经营，农村集体土地用益物权的商事化改造始终都应当坚持双层经营的基本体制。所谓双层经营体制，是指我国农村实行联产承包制以后形成的家庭分散经营和集体统一经营相结合的经营形式。我国农村改革开放之后即确立了以家庭承包经营为基础、统分结合的双层经营体制。而集体经济组织监督、调控经营权的设立、变更或消灭，既有利于保障家庭承包经营的基础地位，又有利于实现集体统一经营的模式，是农村土地改革践

---

① 参见童列春《中国农村集体经济有效实现的法理研究》，中国政法大学出版社 2013年版，第 130 页。

② 刘守英：《六问家庭农场——上海松江的观察价值》（http：//www.aisixiang.com/data/104224.html）。

行双层经营体制的必然要求。

强化农村集体经济组织的监控地位，体现在用益物权法律制度的基本规则的设计上，即表现为农村集体土地之上的用益物权的设立、变更和消灭需要取得由集体经济组织的同意，方能依法登记，从而产生相应的物权效力。具体而言，需要把握以下几个方面。

第一，农村集体土地用益物权的初始取得主体，只能是直接与集体经济组织订立合同的民商事主体。就农村集体土地用益物权的设立而言，应当由所有人在所有权的基础上设立。鉴于集体经济组织代表农村集体行使所有权的立法事实，用益物权则应当是集体经济组织在集体所有权基础之上设立的。因此，无论是农村集体的农户还是其他经营者都必须直接与集体组织签约，方能成为经营权的初始取得主体。作为具有明显社区性，以村、镇地缘为基础的商事形态，未来立法必须坚持农民集体所有不动摇，防止农民的集体资产被内部少数人控制和外部资本侵占。

第二，农村集体土地用益物权的主体变更，应当取得集体经济组织的书面同意。用益物权主体的变更，主要涉及用益物权的转让、入股、出资、互换、继承等物权性流转。一般而言，用益物权是长期稳定的财产权利，可以依法自由转让和抵押，只有在自由流转中方能充分实现财产的价值。《中华人民共和国土地承包法》第 36 条仅规定，承包方流转土地经营权的，应当向发包方备案，实际上难以有效发挥集体经济组织对土地使用的监督，无法实现集体经济组织对经营主体的筛选和考察。但是鉴于现实中农村集体土地用益物权自由流转可能造成不经济性使用以及过度化开发土地的问题，集体经济组织必须予以监督和调控。因此，再流转土地经营权或依法依规设定抵押，须取得集体经济组织的同意。作为特别法人，农村集体经济组织应当被赋予充分的自治权，有权通过理事会等机构自主运作，但相对于饱经市场淬炼的成熟商主体，农民的文化水平较低，经营能力相对较弱，未来立法同时也要确立政府对农村集体经济组织运行的监督和指导，保证集体资产不会流失，政府的农业主管部门发现方案存在恶意逃废债或者恶意分配资产等情形的，有权不予批准。①

第三，农村集体土地用益物权的内容变更，应当依法向集体经济组织备案。用益物权的内容变更，主要是指用益物权主体双方权利义务的变更，包括自主经营权、生产权、补偿权、优先经营权等权利以及合理使用土地、依法缴纳费用等义务。② 可见，农村集体土地用益物权权利义务的变更直接关系到集体土地的使用，应当依法向集体经济组织备案。以此方便农村集体经济组织对集体资产的监管。

就整个法律体系而言，实现土地承包经营权等农村集体土地用益物权的商事化改造仍然面临着较大的障碍，具体而言，包括以下几个方面。

其一，农村集体土地用益物权与配套法律制度之间的冲突。关于农村集体土地用益物权主要规定于《农村土地承包法》《物权法》以及农业部《农村土地承包经营权流转管理办法》、最高人民法院《关于审理涉及农村土地承包纠纷案件适用法律问题的解释》等。就以其他承包方式取得的入地承包经营权而言，其权利主体没有身份限制，民事（市场）主体依招标、拍卖、公开协商等其他市场交易方式均可取得此类土地承包经营权，其权利主体完全可以依市场规则处分权利，当然包括以此类土地承包经营权设定抵押权。就以家庭承包方式

---

① 参见罗培新《农村集体资产监管要处理好三组关系》，《农村经营管理》2017年第5期。

② 参见王金堂《土地承包经营权制度的困局与破解——兼论土地承包经营权的二元物权化》，法律出版社2013年版，第46—70页。

取得的土地承包经营权而言，虽然《农村土地承包法》和《物权法》均未明确允许权利主体以之设定抵押，但从《物权法》第180条、第184条规定看，《物权法》命令禁止抵押仅是耕地上设定的此类土地承包经营权，在《物权法》尽量放松抵押物范围管制的立法指导思想之下，① 其他用途农地上设定的此类土地承包经营权均可抵押。就此，《农村土地承包法》与《物权法》的解释论并不一致，但《物权法》是后法，是基本法，自应优先适用。但学者们对用益物权早已形成了较为一致的基本观点：用益物权人不能处分所有权和标的物，但其物权性质决定其有权处分属于自己的权利。② 用益物权的法律处分包括设定租赁、抵押等权利。土地承包经营权作为用益物权原本意味着权利人依法可以占有、使用、收益农村集体土地。也就是说，土地承包经营权权能应当包括抵押权、转让权等，但是现有的抵押担保制度却禁止土地经营权的抵押，因此家庭土地承包经营权不得入股和抵押的法律规定就明显与物权理论不符。例如《担保法》第37条就明确集体所有的土地使用权不得抵押。因而可以说，抵押制度等配套法律制度实质上剥夺了土地经营权作为用益物权最为重要的使用和收益的权能。③ 长期以来，我国农村就处于严格的金融抑制之下，④ 以担保贷款为特征的商业性金融在农村举步维艰，诸多研究表明，缺少担保物是农村融资贷款难的重要因素之一。而融资是商业发展的原动力之

---

① 参见邹海林、常敏《论我国物权法上的担保物权制度》，《清华法学》2007年第4期。

② 参见房绍坤《论用益物权的内容》，《山东警察学院学报》2006年第3期。

③ 参见黄河《农业法视野中的土地承包经营流转法制保障研究》，中国政法大学出版社2008年版，第46—48页。

④ 参见洪正、王万峰、周轶海《道德风险、监督结构与农村融资机制设计——兼论我国农村金融体系改革》，《金融研究》2010年第6期；王曙光、王丹莉《边际改革、制度创新与现代农村金融制度构建（1978—2008）》，《财贸经济》2008年第12期。

一，土地承包经营权是我国农村农户拥有的最重要财产之一，而促进农村金融商业的发展就必须以土地承包经营权的抵押作为核心和基础。而不少学者认为，农地承载社会保障功能，一旦金融化，农民将面临丧失承包地的风险，失去基本生活保障，进而危及社会稳定。

因此，遵循民商合一体例的未来民法典物权编应合理进行法律配置，首先，需在未来的物权编和配套的农村土地承包法等相关法律规范中明确农户土地承包经营权的核心是财产权，在社会保障水平较低的情况下，其充当最基本的生活保障功能，承包土地的经营权之流转不能影响农户承包地的财产权益；承包土地的经营权之核心是使用、收益权，即将土地经营权塑造成一种具有物权属性和具有抵押担保功能的财产权，其不再或者不再主要是承载生活保障功能，而是完全按照现代市场法则在土地承包经营权这一用益物权之上设定的用益物权，从而稳定其他农业经营主体与承包农户之间的土地利用关系。①其次，为了兼顾期社会保障这一次要功能，可以规定设定抵押的农地限额，不允许以家庭承包方式取得的土地承包经营权全部。在地方试点模式中，为确保农户的生存利益，农户仅能将其土地承包经营权的2/3用于担保，即使农户不能按时归还贷款，土地承包经营权被转包，仍有1/3的土地作为口粮田，这样就不会失去土地，也不会失去及基本生活保障。②另外，有关土地经营权配套的登记法律制度还存在缺失，例如，现行《物权法》之中并没有规定土地承包经营权的物权登记制度。依《物权法》第127条，登记不是土地承包经营权的生效要

---

① 参见焦富民《"三权分置"视域下承包土地的经营权抵押制度之构建》，《政法论坛》2016 年第 5 期。

② 参见魏华、李勇、朱禁弢《吉林省首推"土地收益保证贷款"》，《中国经济周刊》2012 年第 44 期；杨晓平《对吉林省梨树县推行土地收益保证贷款试点情况的调查》，《吉林金融研究》2013 年第 4 期。

件或对抗要件，土地承包经营权自土地承包经营合同生效时即设定，明显采取意思主义的物权变动模式。其理由在于，集体成员之间彼此相熟，承包土地为人所共知，能够起到相应的公示作用。[①] 同时，就土地承包经营权的互换、转让等物权性流转，《物权法》采取登记对抗主义，未经登记，不得对抗善意第三人。而现行《农村土地承包法》第41条规定，"土地经营权流转期限为五年以上的，当事人可以向登记机构申请土地经营权登记。未经登记，不得对抗善意第三人"，也并未设定土地经营权登记生效主义的立法模式；却要求设立土地经营权流转的需要"取得承包方同意并向发包方备案"，而并未实行强制登记生效的土地经营权之设定规则实则为经营权之抵押设定了现实障碍，可以说，农地金融化的背景赋予了土地经营权抵押流转的极大现实需求和空间，但其权利设定模式却并未为此需求之实现奠定基础。

这些规则均与农地市场化流转的要求不符。在构建新型农业经营体系、适度鼓励规模经济的产业政策目标之下，农地流转当属更普遍的现象，此时，应强化农地的公示手段，依不动产权的一般规则重构农地的公示规则，因此未来土地经营权抵押权的设定自应依据《物权法》对因法律行为引起的物权变动，采取"合同加公示"的模式，将土地承包经营权的设定公示和土地承包经营权的物权性流转公示统一起来，一体采取登记生效主义。[②]

其二，农村集体土地用益物权与流转实践之间的冲突。实践中，基于农业发展对资金的需求，全国各地区陆续开展了流转农村集体土

---

① 参见全国人大常委会法制工作委员会民法室编《中华人民共和国物权法条文说明、立法理由及相关规定》，北京大学出版社2007年版，第236页。

② 参见高圣平《农地金融化的法律困境及出路》，《中国社会科学》2014年第8期。

地用益物权以融资的试点研究。① 例如，有学者指出，土地经营权的流转方式可以再分为债权性流转，包括出租、转包、分包以及物权性流转，即土地经营权资本化，包括转让、互换、入股、出资、继承等。② 事实上，出租等债权方式并不涉及用益物权的流转，双方当事人只是依据签订合同享有权利、履行义务。因此，债权性流转具有短期性和较大的变动性，难以产生稳定的权利预期。而物权性流转涉及土地经营权主体的变更，为维护耕地和保护农民的长期利益，法律上对农村集体土地用益物权的流转施加了较大的限制。可见，现实中农村集体土地用益物权的自由流转的实践并不能找到合法依据的支撑。③

笔者认为政策与法律列举的流转方式是对流转实践的归纳与规范，并非禁止其他流转方式。家庭土地承包经营权流转方式是其用益物权处分权的体现，法律、行政法规不禁止的流转方式都是合法的；其他方式土地承包经营权流转，只要经过发包方同意，可以采取各种流转方式。虽然《物权法》将土地承包经营权列在用益物权编之首，从法律性质上解决了之前的物权与债权之争，但土地承包经营权一章基本准用了《农村土地承包法》的内容，对于诸如转让条款等反映物权性质的关键性问题没有作出更为明确的规定，而且没有沿袭《农村土地承包经营法》将家庭土地承包经营权和其他方式土地承包经营权分开立法的做法。而《物权法》关于耕地土地承包经营权不得抵押与允许耕地土地承包经营权流转的规定自相矛盾。因为，通过拍卖、变

---

① 参见王金堂《土地承包经营权制度的困局与破解——兼论土地承包经营权的二元物权化》，法律出版社 2013 年版，第 79 页。
② 参见吴越等《土地承包经营权流转制度瓶颈与制度创新——以农地资本化和农业现代化为研究重心》，法律出版社 2014 年版，第 26—27 页。
③ 参见陈广华《土地承包经营权流转法律问题研究》，中国政法大学出版社 2014 年版，第 66—68 页。

卖土地承包经营权实现担保价值的抵押与转让的本质相同。①

为此，有关农村集体土地类型的用益物权不仅自身法律结构和内容规则需要进一步完善，还需要调整和确定相关配套的法律制度，由此才能真正地为用益物权的商事化改造提供法律制度的保障。

第四节　民法典物权编担保物权实现
民商合一的立法路径

一　传统的民事担保物权与现代化商事担保物权

民法典传统担保物权是以民商分立视角确定的，其中抵押权、质押权以及留置权等基本类型的担保物权，属于民事性质的担保物权。现行 1995 年颁布的《担保法》，就是一部按照民法思维起草制定的传统民事担保法。然而，随着现代化的发展，传统类型的担保物权越来越不能满足商事交易中融资的灵活性和多样性的需求，由此商事经济中涌现出大量新型的商事担保方式。典型的如作为现代民商合一立法代表的荷兰民法典中就明确规定适合商事交易的非典型担保。事实上，《物权法》第 181 条规定的动产浮动抵押、《民间借贷规定》第 24 条所涉买卖合同担保也正是一种正在向法定担保物权过渡的商事担保物权以及财团抵押。因而，一方面，我们不能忽视商事担保的经济功能；另一方面，还要清楚地认识到商事担保与民事担保之间的差

---

① 参见张红霄《农村土地承包经营权及其流转性质的法律辨析》，《河北法学》2011年第 6 期。

异。具体而言，民事担保与商事担保的区别主要包括以下几个方面。

第一，适用主体不同。一般而言，传统的民事担保物权的适用主体为民事主体，例如《物权法》第179条规定的抵押权，第208条规定的质权，第230条确定的留置权的适用主体均为民事主体，包括自然人、法人、非法人组织等具体民事主体的主体都可以依法设立担保或享有担保物权。而商事担保物权适用主体则为商事主体，例如《物权法》第181条规定的动产浮动抵押的适用主体为企业、个体工商户、农业生产经营者等典型的商事主体。申言之，商事担保物权的适用主体具有特殊性，只有具备商事主体资格的商个人、商企业才能设立商事担保物权。同时值得注意的是，商事担保物权的权利主体并不限定为商事主体，可以是民事主体，也可以是商事主体。

第二，担保客体不同。民事担保物权的担保客体应当是用于生活消费的动产、不动产或者权利，商事担保物权的客体则应当是用于生产经营的动产、不动产以及权利。《物权法》规定的抵押权、质权、留置权的权利客体并没有区分担保客体用途的差异，而是笼统地规定在一个条文之中，例如，《物权法》第180条规定抵押权的客体，包括建筑物、正在建造的建筑物等不动产，建设用地使用权、土地承包经营权等用益物权以及交通工具以及正在建造的船舶等动产，除生产设备、原材料等浮动抵押的客体之外，并没有突出商事担保物权客体用于从事生产经营的特殊性。

第三，目的宗旨不同。民事担保物权设定的基本目的就是为担保债权的实现，例如《物权法》第179条就明确规定抵押权的目的，旨在"债务人不履行到期债务或者发生当事人约定的实现抵押权的情形，债权人有权就该财产优先受偿"，质权以及留置权也是如此。而商事担保物权设定的宗旨主要是实现融资的需求，以保障生产经营的继续，其次才是担保债权的实现。尽管《物权法》第181条确定商事抵押，但该规定还是以传统民事担保的模式确定动产浮动抵押的概念和宗旨，即与第179条规定的抵押权的目的完全一致，并没有体现出商事担保物权的设定的宗旨。

简言之，民事担保物权是民事主体以其生活消费的物资以担保债权的实现，商事担保物权则是商事主体以其生产经营的物资以实现融资的需求。申言之，商事担保物权与民事担保物权在主体、客体以及设定的目的方面并不相同，并不能简单将商事担保等同于民事担保，并忽视商事担保物权的独特性。

二　现代化商事担保物权纳入民法典的必要性与可行性

尽管有学者认为"从传统的物权与债权二元体系角度确实无法将这些新型保障债权实现的方式归入恰当的位置"[①]。但是，"现代让与担保已经成为重要担保方式，如果物权法不作规定，将造成法律与实践环节脱节，在实践中得不到法律规范引导，也于维护经济秩序和法律秩序不利"[②]。因此可以说，商事担保物权存在纳入民法典物权编的必要性。具体而言，包括以下几个方面。

第一，商事担保物权法定化是增强司法公信力的关键。恰逢我国司法改革关键时期，司法公信对于司法制度又至为重要，"如果司法公信力不高，司法裁判就很难得到普遍尊重与服从，倘若一国司法制度无法获得公信力并构建自身的合法性，它将难以有效运行，无法实

[①]　王利明：《中国民法典学者建议稿及立法理由·物权编》，法律出版社2005年版，第339页。

[②]　梁慧星：《中国民法典草案建议稿附理由·物权编》，法律出版社2004年版，第416页。

现司法公正"①。而现代市场经济中，尽管由于商事交易需要存在并发生大规模的商事担保，却不存在也无法适用相关的法律依据，法院也难以依法裁决。进而言之，商事担保物权如何纳入民法典，以及如何在民法典体系之中寻求恰当位置，这是破除司法公信力缺乏的关键点，也正是我国编纂一部体系化民法典所亟须解决的问题。

第二，商事担保物权法定化是实现当事人意思自治的重要方面。民法作为私法，最为重要的价值理念乃是意思自治，即民事主体可以自主决定和处理自己的事务，法律或其他主体不得过分干涉。然而，《物权法》却明确要求物权类型和物权内容应当由法律予以规定，否则不发生物权效力。如此一来，尽管商事主体根据自身意志自主地设定了商事担保，但是由于法律限制却不能实现。这就意味着商事担保物权的法律规定的缺乏导致当事人商事担保的意思自治受到限制。由此，商事担保物权的法定化能够契合当事人设定商事担保，实现意思自治。

第三，商事担保物权法定化是缓和物权法定原则的核心。《物权法》第5条确定物权法定化，即"物权的种类和内容，由法律规定"，不允许当事人自由创设物权，② 司法实践中就有部分法院以此为依据商事担保的效力，然而这样的认定实质上导致物权法定原则的僵化。其实，随着现代化新型担保类型的涌现以及担保类型的多样化，尤其是商事担保物权的出现，物权法定原则越发显示出其僵化的弊端，由此导致《物权法》的规定无法再指导和约束当事人的行为。不可否认的是，尽管物权法定原则为物权法的基本原则，但是现代化社会中应当予以缓和适用。而民法典物权编中纳入新型的商事担保物权，正是

---

① 胡铭：《司法公信力的理性解释和构建》，《中国社会科学》2015年第4期，第105页。
② 参见杨立新《物权法》（第四版），中国人民大学出版社2013年版，第11页。

有效地缓和物权法定的必要途径和方式。

毫无疑问，如何能够在不违反物权法定等强制性规定的前提下，将商事担保物权融合入民法典担保物权体系之中，这是适应现代社会融资需求的必然途径，也是民商合一的民法典体现商事规范独特性的必须内容。事实上，在我国在民法典编纂过程中将商事担保物权整合入法典体系之中具有可行性。

第一，存在可借鉴的立法经验。尽管采用民商分立立法模式的法国民法典在 2007 年以前完全不承认让与担保，但 2007 年引入信托制度后改革传统担保法趋于认可，2009 年甚至在民法典之中引入"以担保名义让与所有权"，将商事担保纳入民法典之中。德国、日本司法实践中也倾向于认可新型的商事担保物权，法典未来修订之中也存在商事担保物权法典化的路径。由此可见，新型的商事担保物权并非为法典所不容的，而是处在不断发展并逐步融入民法典的过程之中。反观英美法系，美国已经创设出了一套功能主义的担保体系，其先进性备受瞩目，对当代商事担保制度产生了深远影响。在《美国统一商法典》出台前，美国的担保方式数量众多，包括按揭、附条件买卖、信托收据等。但各州的担保方式差别很大，严重阻碍了州际之间的商事交易。《美国统一商法典》第九编"动产担保交易"以功能主义取代了传统上的形式主义，通过"担保权益"统一了各种担保方式。法典编纂者从形式上和名称上废除担保方式，而仅规定了一种担保方式即"担保约定"。所谓担保约定，即根据该编第 102 条的规定，是指创设或提供担保利益的约定。① 因此，不论当事人是以什么名义或形式从事商事交易，只要法官能够认定当事人具有创设或提供担保利益

---

① See Under Section，A "security agreement" is "an agreement that creates or provides for a security interest".

的合意，则该交易就属于担保。因此，第九编适用于依双方合意在动产或不动产附着物上创设担保利益的交易，其形式若何，在所不问。这在另一方面也反映出契约自由原则在担保创设中的重要性，这与民法一直所强调的"当事人意思自治"等理念相一致。①

第二，法律本身具有模糊性。其实，"构成法律条文的语言，或多或少总有不明确之处。语言的核心部分，其意义固甚明确，但越趋边缘则越模糊"②。正是因为语言的模糊性，我们可以在遵循物权法定并认可民商合一的立法体系的视角下寻求一种恰当的路径将商事担保纳入民法典担保物权体系之中。可以说，法律表达的模糊性赋予法律规定具有弹性，也赋予商事担保物权法定化的可能性。如此一来，民法典体系能够呈现出开放性，也保障担保物权在实践运用中具备必要的生命力，同时还能够契合民商合一的立法体例。

第三，存在商事担保物权法典化的具体路径。商事担保首先应当具备法律合法性要素。一切商事担保法律规范和法律制度都必须有其上位法的依据，进而都必须合乎物权法，否则不具有合法性而无效。其次，应当具有法律正当性。有关商事担保的法律规范和法律制度之正当性依据的终极上位法，有其自身的合理性与正当性。物权法基本价值乃定纷止争、物尽其用，商事担保物权也应当契合。最后，还应当考量法律妥当性。进一步拷问商事担保规范在民法体系之中是否符合意思自治以及时代精神。③ 其实，商事担保物权也只有在契合民法典体系下适用，才能够保证同类案件得到相同裁判，保证司法公正、

---

① 参见杨祥《论我国商事担保制度的困境及建构思路》，《金陵法律评论》2015 年秋季卷。

② 参见［美］威利姆斯《语言与法律》，转引自梁慧星《民法解释学》，中国政法大学出版社 2003 年版，第 215 页。

③ 参见杨育正《民法的解释与适用》，法律出版社 2011 年版，第 184—196 页。

维护司法公信，从而最终保持民法典的稳定性。

三 现代化商事担保物权纳入民法典的内容和体系规定

第一，内容方面，增加特殊的商事规定以及特定类型的商事担保物权。商事担保物权纳入民法典之中，首先应当在民事担保物权的基础上增加商事担保物权的规定，这既要求完善既有商事担保物权的规定，又要求增加特定类型的商事担保物权。

就完善性规定而言，主要是指在既有商事类型担保物权的基础上，增加能够体现商事担保物权特定的规定。例如，《物权法》第181条的动产浮动抵押，其适用主体、抵押物的范围以及抵押实现的方式和抵押目的都需要予以商事化改造，完善该类型的商事担保。这就意味着动产浮动抵押相关规定应当体现商事主体、用于生产经营的客体以及满足融资需要的担保目的等商事担保的特征，以此对该条款改造。首先，《物权法》将浮动抵押的设定人规定为"企业、个体工商户、农业生产经营者"，囊括了商组织和商个人在内的所有商事主体，设定主体过于宽泛，增大了浮动抵押制度本身所具有的交易风险。个体工商户、农业生产经营户的财产规模十分有限，以其作为浮动抵押的设定人，隐含的诚信风险很大。另外，由于企业主、合伙人对企业债务承担无限连带责任，个体工商户、农业生产经营者对经营债务承担无限清偿责任，对上述主体而言，浮动抵押制度的价值也不明显。而股份公司特别是上市公司可以通过发行股份的方式进行融资，对浮动抵押的需求并不急迫。因此，浮动抵押制度的价值更多在于满足中小企业的融资需求。将浮动抵押的设定人先定位为公司较为妥当。其次，《物权法》将浮动抵押的标的物限定为"生产设备、原材料、半成品、产品抵押"，抵押物范围过于狭窄，增加了抵押权人不受清偿的风险。抵押人在财产总量不变的情况下，只需通过物态变化，将抵押物转变为其他形态的财产，如账户资金、应收账款或债权等，即可将浮动抵押权屏蔽在外，使浮动抵押权人的优先权被虚置。① 浮动抵押的标的物本应是抵押人现在所有和将来所有的全部财产，其范围很宽，包括企业的动产、不动产、知识产权、债权等，因此可以担保较大的借款，可以发挥较大的担保作用。② 将企业的不动产、知识产权和债权等财产排除在外，构筑了浮动抵押权的"软肋"，并不能真正发挥浮动抵押制度的作用。③ 因此，未来民法典物权法编应取消对浮动抵押物的限制，规定抵押人现有和将有的全部或部分财产均可设定浮动抵押。再例如，现行《物权法》明确禁止抵押权、质权、留置权流押（流质），然而，商事流押恰恰是实现商事效率最为关键的一环。流质条款并不必然损害担保人、担保人的其他债权人以及国家的利益，也并不违背担保物权的制度本旨。相反，其在弘扬私法自治、维系相关法律制度之协调以及降低担保物权的实行成本等方面能发挥积极的作用。我国立法不应简单地禁止流质条款，而应将其置于契约自由原则之下，并通过法律行为的效力规则对其进行个别化调整。④ 事实上，采用民商分立立法体例的商法典的质权规定凸显出商事流质契约特性，即归属质和清偿质仍然存在，当事人到期不能清偿债务的，可以直下接抵债。例如，《日本商法典》第515

---

① 参见周泽新《浮动抵押的历史渊源与制度构造——兼评我国物权法上的浮动抵押制度》，《河北法学》2010 年第 11 期。

② 在 Robson v Smith 一案中，尽管 Romer 法官主张公司在清算或歇业前可以处理浮动抵押物，但是后来在 Re Woodroffes（Musical Instruments）Ltd 一案中，Nourese 法官依先例推论道，歇业可以致使浮动抵押结晶，但不是决定性事由。See ReWoodroffes（Musical Instruments）Ltd［1986］Ch 366。

③ Re Manurewa Transport［1971］NZLE 909.

④ 参见孙鹏、王勤芳《流质条款效力论》，《法学》2008 年第 1 期。

条明确规定："民法第 349 条的规定不适用于为担保商行为债权而设定的质权。"《韩国商法》第 59 条也规定禁止流质条款不适用于商行为。法国自《第 2006—346 号关于担保的法令》出台，新修订的《法国民法典》第 2348 条第 1 款、第 2459 条也明确承认了流质、流抵押约定的效力。① 即使采用民商合一立法体例的民法典中，也存在商事留押。例如，瑞士民法典，放弃一律禁止流质契约的立法传统，将营业质合法化。近年来随着市场经济的恢复发展且渐趋兴旺，表明其内在机理与市场经济交易规律有契合之处，商事流质契约制度也有利于市场经济的繁荣发展。退一步而言，即使民法上禁止流质尚有一定的道理，但对于商主体而言，流质契约则应被解禁，以充分尊重商人的自治精神，有利于商事交易的多样化和便捷。概言之，对于商事担保合同中的流质条款和流抵押条款，可以通过相关的法律控制其内容，但不能先验、绝对地否定流质条款和流抵押条款的效力。② 另外，《物权法》中有关商事留置权适用范围的过于扩大，《物权法》第 231 条中对留置动产与债权可不属于"同一法律关系"的底线没有作出说明，我国仅以"企业之间的留置权除外"来规定商事留置权较为概括的。这样的规定虽然不要求留置动产与债权应具备"同一法律关系"，但是这种留置也必须是基于营业关系而产生的，并不代表两者不需要任何牵连关系。然而这种牵连关系究竟要达到什么程度，还有待法律的进一步明确。③ 反观我国台湾地区"民法"第 929 条规定商人间因营业关系而占有之动产与产生之债权即可视为具有牵连关系；《德国

---

① 参见杨祥《论我国商事担保制度的困境及建构思路》，《金陵法律评论》2015 年秋季卷。

② 参见曾大鹏《商事担保立法理念的重塑》，《法学》2013 年第 3 期。

③ 参见刘凯湘《比较法视角下的商事留置权制度》，《暨南学报》（哲学社会科学版）2015 年第 8 期。

商法典》第 369 条也指出，商人基于双方商行为而对相对人享有债权且占有动产或者有价证券，可以行使留置权。可见，在各国和地方的立法上，尽管没有要求商事留置权具有与民事留置权同样的牵连性，但仍强调留置物与债权间必须基于商业活动。由此，商事留置权中还需要增加留置物与债权基于商事活动的成立要件。此外，从《物权法》第 231 条可以看出，我国民事留置权和商事留置权的标的仅限于动产。对于商业活动来说，有价证券的使用已是十分常见的。在商事留置权中仅规定动产，显然不能满足商业实践的需要。①

就新增性规定而言，主要是指增加新型的商事担保物权，从而能够体现独特性的商事担保物权。我国现行《物权法》立法规定，有关商事担保物权规定较少，特别缺少契合现代化市场经济的商事担保规定。典型的如财团抵押的规定。财团抵押是商品经济高度发展的产物，也是商事主体融资最重要的途径。然而，《物权法》抵押权的规定之中财团抵押的规定处于空白状态。因此，民法典物权编抵押权的章节之中，可以设定财团抵押的担保类型，体现抵押权制度的商事特殊性。从域外立法经验看，财团抵押的立法模式主要有两种：一种是在《民法典·物权编》中规定财团抵押制度；另一种是以单行法的模式，将财团抵押限定在一些特定行业之中（如工厂、矿业、铁道），然后根据实践的需要再扩大到其他行业。比如日本是通过特别法的模式对其规定。笔者认为如何促进民营及中小企业融资是我国目前经济发展中的重要课题之一。② 未来《民法典》担保物权部分制度设计，应当关照民营及中小企业融资对工具的现实选择和多元化需求，制定

---

① 参见刘凯湘《比较法视角下的商事留置权制度》，《暨南学报》（哲学社会科学版）2015 年第 8 期。

② 参见薛波、郭富青《民法典编纂背景下财团抵押制度之体系构建》，《河南财经政法大学学报》2015 年第 4 期。

一部具有时代特色和人文关怀的民法典，这是新时期我国民法担负的历史使命。① 其实，早在 2002 年，由梁慧星教授主编的《中国物权法草案建议稿—条文、说明理由和参考立法例》（以下简称"梁稿"）和王利明教授主编的《中国物权法草案建议稿及说明》（以下简称"王稿"）均规定了财团抵押权制度②。分别在其第七章第三节，第四章第一节均详细规定了财团抵押的含义、客体、财团目录的制作和登记程序等内容。③ 因此，笔者认为，我国未来《民法典·物权编》中对财团抵押作出一般的制度性规定，然后根据未来民商事实践的发展需要，针对各行各业的现实要求制定财团抵押的特别法，以实现一般性规定和特别法之间的协调、统一。④ 再例如，公司担保、营业质押、让与担保、买卖合同担保等新型商事担保的规定。《物权法》中不但无法找到相关的制度，更是为物权法定原则所禁止。然而这类型的担保物权灵活多变已经成为商事交易中最主要的担保方面。因此，民法典物权编担保物权之中应当增设新型的商事担保物权，打破固化的抵押权、质权、留置权等担保类型。或者承认非典型担保的效力，所谓非典型担保，是指法律虽未规定，但在实践中为人们的意思自治所创设的担保。在商事活动领域，商事主体尤其是商人是理性、自利、自治的主体，具有维护自身合法权益的能力和实力，为便利商事融资活动，促进商业繁荣发展，应当承认非典型商事担保的合法效力，切不能拘泥于传统民事观念，以"父爱主义"之名，行阻碍商业发展之

---

① 参见王利明《民法的人文关怀》，中国社会科学出版社 2011 年版，第 4 页。

② 参见梁慧星《中国民法典草案建议稿附理由·物权编》，法律出版社 2013 年版，第 580 页。

③ 梁稿采"企业财产集合抵押"，"王稿"以"集合抵押"代之，但是在具体制度的架构上均和传统民法的财团抵押基本相同。

④ 参见薛波、郭富青《民法典编纂背景下财团抵押权制度之体系构建》，《河南财经政法大学学报》2015 年第 4 期。

实。以非典型担保中争议极大的让与担保为例。让与担保起源于习惯法，是通过学说与判例的方式得到承认，且我国至今未以成文化的专门立法规定。现代的让与担保制度是大陆法系国家沿袭罗马法上的信托行为理论并吸纳日耳曼法上的信托行为成分，经由判例、学说所形成的一种非典型的物的担保制度，其特征是以转移所有权的方式作为担保。① 然而，大陆法系的传统民法理论在相当长时期内拒绝承认让与担保的合法有效性。理由是让与担保已移转所有权为手段来实现担保的目的，使作为他物权的担保物权"反客为主"，而原本是核心的所有权反倒成了次要，这就违背了大陆法系以所有权为前提展开概念演绎的顺序；此外，让与担保的对外公示在当时也没有得到解决。应当说，这些障碍在商事领域显然是不存在的——商法更为关注的不是概念的逻辑演绎，而是效率便捷与安全等价值。尤其是在让与担保中，交易双方移转担保物所有权的真实意思，并不是要切切实实地发生所有权交易，其目的只有一个，那就是为债务人的债务提供担保，并且债权人由此对让与担保标的物享有了担保利益（而非所有权利益）。让与担保具有担保债权实现的更强效力、极大地扩大融资担保标的物范围及满足债务人融资与用益双重需求等制度价值。这显然非常适应商事交易的需要。②

第二，体系方面，纳入契合担保物权体系的商事担保物权。经济发展需要资金融通，融资需要担保。因此，近年来，商事担保方式普遍运用于商事交易之中。然而，新型的商事担保物权似乎与传统的物权法定原则相抵牾，而具有商事独特性的担保物权规定似乎又与传统

---

① 参见费安玲《比较担保法——以德国、法国、瑞士、意大利、英国和中国担保法为研究对象》，中国政法大学出版社 2004 年版，第 241 页。

② 参见杨祥《论我国商事担保制度的困境及建构思路》，《金陵法律评论》2015 年秋季卷。

民事担保物权不相容。其实不然，商事担保物权在寻求与民法典传统担保物权融合时，实质上是逐步趋向法定担保物权之过程。尽管物权法定主义在产生之初有其历史背景、经济效益及政策上的考量，但在经济社会快速发展、新事物层出不穷的今天，物权法定主义日渐僵化，已经成为市场发展的严重桎梏。尤其是商事领域，新型的商事担保物权可以缓和物权法定的僵化，而独特性商事规范也有利于完善民法典体系，实现民商合一的立法体例。诚如学者所言，"在当代国际上物权法领域的一个新发展，就是在动产担保领域非典型担保取代典型担保，取得动产担保物权支配地位。"① 可以说，商事担保方式对促进商业融资意义重大。我们无法否认商事担保的现实功能也无法忽视商事担保的独特性。因而，必须以契合民法典体系化的形式安排商事担保物权的基本规定。事实上，商事担保物权正是一种特殊担保正在向法定担保物权过渡的担保方式，同时也需要在民法典体系之中安排恰当的位置。因此，体系上应商事担保物权当以既有担保物权体系为基础，遵循抵押权、质权、留置权的基本逻辑结构，在其中设定商事特殊规定。至于新型商事担保，也不应当破坏担保物权的体系，可以在抵押权、质权、留置权之后增设其他担保物权一章。其实，新型商事担保物权纳入担保体系之中也是担保体系发展的路径。"司法裁判往往会基于显然交易的需要对法律没有规定的担保形态予以认可，由司法裁判来发展新的担保物权形态，这是一条担保物权发展的新路径，也是续造法在担保物权法上的体现。"②

---

① 孙宪忠：《中国当前物权立法中的十五大疑难问题》，《中国人民大学复印资料民商法学》2006 年第 5 期。
② 徐同远：《担保物权论——体系构成与范畴变迁》，中国法制出版社 2012 年版，第111 页。

第六章　民商合一视角下继承编
商事立法概括研究

  我国1985年颁布并实施《继承法》，包括总则、法定继承、遗嘱继承、遗赠与遗产的处理等主要的内容，并初步具备继承法的体系。其实，从古代社会迈入近代社会，《继承法》基本完成身份向契约的转型，其调整规范的对象主要是财产继承。但问题是，此时期我国尚处于商品计划经济时期，《继承法》制定的内容和体系并不能脱离于特定的时代背景与经济基础，由此表征为立法内容以及结构上受到过多的特定时代的局限。① 随着市场经济建立、发展并逐步趋于成熟，《继承法》越发无法为市场经济中商事化继承提供应有的规范支撑，也无法契合民商合一的立法体例。另外，迈入现代福利社会后，又兴起契约向身份的立法转型，传统《继承法》难以满足现代化立法需要。然而，21世纪的民法典继承编，不仅需要回应市场经济的商事化立法需求，还应当体现出现代社会民法的保障功能。本章拟此为研究视角。

---

① 参见史尚宽《继承法论》，中国政法大学出版社2000年版，第12—15页。

第一节　继承权的基本属性与定位

《民法总则》第五章民事权利，第124条明确规定继承权，即"自然人依法享有继承权。自然人合法的私有财产，可以依法继承"。由此可以明确，继承权是民事权利体系的重要组成部分。同时不可否认的是，民法典是权利法，权利在法典构建中处于核心地位。民法典体系就是以民事权利体系为中心而构建的。因此，民法典继承编的研究首先应当明确继承权的基本属性和定位。本节拟以此展开探讨。

一　继承权的本质属性是身份权

一般而论，继承是自然人死亡时，继承人依据法律的规定或遗嘱指定而取得被继承人合法财产的法律制度，继承权则是"继承人依照法律规定或遗嘱指定所享有的继承遗产的权利"[①]。就继承法的规定而言，继承权分为主观意义上的继承权与客观意义上的继承权，前者是继承既得权，即继承开始后，继承人享有的继承遗产的权利，而后者是继承期待权，即继承人享有的可以继承遗产的期待权。事实上，主观继承权与客观继承权两者密不可分，是继承权的两个不同方面，其中客观继承权是继承权实现的可能性，要求权利主体具备一定继承资格方能享有继承权，一是具备民事权利能力的主体资格，二是具有法

[①]　参见房绍坤《婚姻家庭与继承法》，中国人民大学出版社2007年版，第136—137页。

律规定的亲属关系的身份资格；主观继承权则是继承人在被继承人死亡时而实际的享有财产性利益。① 因此，被继承人死亡的法律事实引发继承后，此时继承人的继承权实际上已经转化为对被继承人财产性利益的权利，但不能因此认为继承权"以财产所有权和利益为内容，它是财产权而不是人身权"②。就本质属性而言，继承权应当是身份权，具体理由包括以下几个方面。

其一，身份性是继承权权能的基本属性。其实，"自继承制度产生以来，就没有离开过亲属与家庭关系，尤其是婚姻和血缘关系"③。尽管主观继承权以被继承人的财产性利益为内容，但是继承人享有被继承人的财产性权利的前提还是基于一定的身份关系，而客观继承权更是要求具备一定身份关系为资格要件。因此，无论是主观继承权还是客观继承权始终无法脱离一定的身份关系。

其二，身份关系是继承权实现的前提。法定继承与遗嘱继承是继承实现的主要方式。其中，法定继承是根据法律规定的顺位、份额分配以及分配原则确定婚姻、血缘或家庭等一定亲属范围内的主体取得遗产的制度，而遗嘱继承则是根据被继承人拟定的遗嘱确定法定继承人取得继承的制度。所谓法定继承人，是指具备一定身份关系的亲属范围之内的继承人。由此可见，无论是法定继承还是遗嘱继承都要求继承人在一定亲属范围内，具备一定身份关系。尽管亲属范围之外的其他主体可以通过遗赠与遗赠抚养协议等方式继承遗产，但此时继承人享有的是受遗赠的权，而非继承权。

其三，继承权本身具有不转让性。财产权利表现为具有财产利益

---

① 参见曹诗权主编《婚姻家庭继承法学》，中国法制出版社 1999 年版，第 392—393 页。

② 夏吟兰主编：《婚姻家庭继承法》，中国政法大学出版社 2004 年版，第 222 页。

③ 巫昌祯主编：《婚姻与继承法学》，中国政法大学出版社 2001 年版，第 240 页。

的权利，一个主要特征和基本属性即是财产利益的可转让性。"财产权利不具有专属性，可以由主体自由转让、抛弃，也可以继承。"无论是对物支配而产生的排他性物权，还是请求他人为一定行为或不为一定行为的债权，都可以单独或与其他权利一并转让。相反，"人身权不能向财产权利那样，可以在自然人、法人、非法人组织之间互相转让，也不能作为遗产继承"①。而继承权，一来并不是对遗产的排他性权利也不是请求权，二来继承人可以放弃继承的权利却不能转让继承权。继承人只能在取得遗产后，方能转让。然而，此时继承人享有的是财产所有权而非继承权。由此可以明确，继承权与物权、债权等财产权利存在根本的差异，并不具有可转让性，无法契合财产权利的基本属性。②

申言之，尽管主观继承权是继承人实际享有的财产性利益，但该财产性利益本身并不能转让，本质上是依附于继承人特定亲属身份而享有的财产利益，并不属于财产权利，而是身份权利。诚如学者所言，"继承这种财产流转大多数情形与特定的亲属身份关系相联系，或者说亲属身份关系是其前置基础，身份权是继承权的前提，继承权是身份权的派生"③。因此，继承权首先应当定性为身份权。

二　继承权的基本内容是财产性利益

尽管继承权的权利属性是身份权，但同时需要明确的是，继承权以主体财产所有权和利益为内容，其权利客体是财产。正是由于继承权的权利客体是被继承人的合法财产，包括动产、不动产、债权、有

①　屈茂辉:《民法引论》，商务印书馆 2014 年版，第 310—311 页。
②　参见杨大文主编《亲属法与继承法》，法律出版社 2013 年版，第 324—326 页。
③　曹诗权主编:《婚姻家庭继承法学》，中国法制出版社 1999 年版，第 382 页。

价证券以及商标、专利、著作权等财产权利，所以继承权的权利表征出浓烈的财产权属性。然继承权的财产利益始终无法脱离继承人与被继承人之间特定的身份属性，随着继承人死亡而消灭，身份权本身并不能作为继承权的客体转移给其他权利主体。例如，转继承中，转继承人取得的是财产，被继承人（A）死亡，继承人（B）享有继承权，可以取得被继承人（A）的财产，如若继承人（B）也死亡，其继承权并不会因此转移给继承人的继承人（C），继承人（C）继承的是继承人（B）的财产所有权或权益而非继承权本身。在代位继承中也是如此，代位继承人并不是取得继承人的继承权，而是基于特定身份依法取得代位继承权。就此而论，继承权的财产性利益的基本权利内容应当附随于特定身份权，是基于身份属性之上的财产性利益。①

其实，继承权的实际内容是财产的继承。所谓财产继承，"是指从财产所有权人宣告死亡或被宣告死亡之时起，依法将死者遗留下来的财产转移给他人所有的法律制度"②。典型的如农村承包经营权、宅基地使用权等权利的继承，身份内容的承包权以及宅基地权并不能被继承，只有财产性利益的权利才可以继承。继承权只是基于身份性，但其权利内容并未涵盖继承人与被继承人之间的身份性或亲属关系，继承的只是被继承人的财产，继承人从而取得财产，发生财产的流转。换言之，继承权是权利主体流转财产所有权的途径，继承实际上就是所有权主体的更换，如若被继承人并不存在一定的财产权益，没有可被继承的（财产）客体，也无所谓继承权。关于财产继承的依

---

① 参见王秀凤《完善继承权制度的立法思考》，《北京广播电视大学学报》2006 年第1 期。

② 夏吟兰主编：《婚姻家庭继承法》，中国政法大学出版社 2004 年版，第 209 页。

据，主要存在四种学说，其一，意思说，即认为财产继承源于被继承人意思；其二，死后抚养说，即认为继承财产是为实现一定范围内抚养义务；其三，家族协同说，即认为财产继承是为维系家庭亲属关系；其四，无主财产说，即认为财产随人格而消灭，成为无主财产。目前无主财产说以及死后抚养说基本上被否认，意思说和家族协同说占主流。事实上，继承财产是继承权的目的或结果，财产继承既需要考虑到当事人自由处分财产的意思表示，还需要考虑到财产继承所承载的维系家庭稳定的功能。[①] 继承权的财产性利益的权利内容是实现维系家庭亲属功能的必然载体。

继承权的具体内容包括：其一，接受或放弃继承遗产的权利，即继承人有权接受或放弃继承遗产，一旦接受便取得财产所有权；其二，取得遗产的权利，即继承开始后，继承人并未放弃遗产就可以获得遗产中的应得份额；其三，继承权受到侵害时的恢复请求权，即继承人继承权受到侵害的情形下，可依法追究侵权责任。就继承权的具体内容而言，继承权也主要表现为一系列与被继承人财产有关的财产性利益。其中，继承权表现为财产性权益的具体权利内容，可委托他人代理取得财产性权益，但是继承权本身要求一定的身份关系，例如接受或放弃遗产的权利，并不能委托他人代理。

因此，在继承权定性为身份权的基础之上，还可以明确继承权的基本权利内容和权利客体是财产性利益。这就意味着，继承权作为身份权不同于一般意义上的身份权和人格权，例如，亲子权是以亲子身份性利益为权利客体，名誉权是以名誉人格利益为客体，而继承权则是以财产性利益为客体，继承制度也是围绕财产性利益为中心而构建

---

① 参见陈英《继承权本质的分析与展开》，《法学杂志》2017 年第 6 期。

的。如此一来，尽管继承权本质属性为身份权，但还是需要考虑到商事化的财产性权益。① 也就是说，尽管商事化属性与身份权属性相悖，但是基于继承权财产性权益的客体属性，继承法应当在相当程度上纳入商事化的立法规范，特别是与财产性权益相关的内容上，如此才能契合民商合一的立法体例要求。②

三 继承权与继承法

"权利是私法的核心概念，同时也是对法律生活的最后抽象。"③无疑，继承权是民事权利的一种基本类型，是民事权利的组成部分，继承法也是民法的组成部分。而继承权与物权、债权、亲属权以及其他权利共同构成民事权利体系，由此构成法典内在逻辑体系。就立法体系而言，民事权利在民事权利体系中所处的地位，决定民事权利法在民法典中所处地位。例如，物权、债权、亲属权、继承权等基本民事权利确定了物权编、债权编、婚姻家庭编以及继承编等作为民法典的分编，而股权、知识产权等特别民事权利，决定了知识产权、公司法作为民事单行法（民事特别法）。就此而论，继承权在民事权利体系中基本权利地位能够确定继承法为普遍法的地位。申言之，研究继承权与其他民事权利的关系，有助于认识继承法在法典体系中所处的结构位置以及地位。

其实，就概念而言，继承法是调整"因自然人死亡而发生的财产

---

① 参见冯乐坤《继承权本质的法理透视》，《法律科学》（西北政法学院学报）2004年第4期。

② 参见章正璋《继承法法律保护的六个疑难问题探析》，《现代法学》2012年第4期。

③ ［德］迪特尔·梅迪库斯：《德国民法总论》，邵建东译，法律出版社2001年版，第62页。

继承关系，确定遗产的权利主体归属的法律规范总和"①。也就是说，整部继承法实际上是围绕继承法律关系而展开的。诚然，民事法律关系包括权利主体、民事权利义务的内容以及权利义务所指向的客体三大要素，而内容要素在很大程度上影响民事法律关系的性质、法律关系主体的行为以及法律客体的范围。因此，内容要素是民事法律关系中最为重要的要素。②而继承权又构成继承法律关系的内容要素，也因此构成继承法的核心要素。这就意味着继承权权利的本质性质能够决定继承法的基本定位。既然如此，继承权为身份权的基本属性表明，继承法应当定位为身份法。如学者所述，"继承人与被继承人之间具有特定的身份关系，是前者参与继承关系的必要前提"③。

另外，继承法调整的继承关系的客体是以遗产为中心的财产性权益。不可否认，法律关系客体也是法律关系不可或缺的组成部分，任何法律主体都不能没有特定客体而享有民事权利。而继承法调整的对象是确定遗产归属的社会关系，通过这种关系能够将被继承人的合法财产转移给继承人。因此，继承法还具有一定的财产性。事实上，继承权的发生以及财产性利益都是以一定的身份关系为前提。由此可以明确的是，继承法在本质上属于身份法，是亲属法的补充，但同时继承法所调整的继承关系包括财产性利益，由此继承法是一种与财产法具有紧密联系的身份法。④

---

① 曹诗权主编：《婚姻家庭继承法学》，中国法制出版社1999年版，第382页。
② 参见房绍坤《民法》（第三版），中国人民大学出版社2014年版，第12—13页。
③ 杨大文主编：《亲属法与继承法》，法律出版社2013年版，第297页。
④ 参见马新彦、卢冠男《民法典编纂中继承法编几个问题的探讨》，《当代法学》2017年第3期。

第二节 现行《继承法》的基本
特点与规范不足

我国现行的《继承法》已施行 30 余年，而《继承法》制定之时，国内经济尚处于商品经济时代。后改革开放，实现计划经济向市场经济的转型并趋于成熟，然《继承法》的内容和结构基本没有变化，由此既有规定日益显现出不适应性，越来越不能适应社会发展的变化。本节拟以此为研究视角。

一 我国继承制度产生、发展与演变

继承制度并非自始有之，而是生产力发展到一定阶段后的产物。真正意义上的继承制度是在产生国家、阶级、私有制的奴隶社会以后才形成的。① 我国古代先秦时代，商品经济十分不发达，财产所有权是以家族为本位的，宗法关系是维护统治的支柱，由此确定的宗法继承制度，即"父死子继、嫡庶有别"的继承制度。该时期的继承制度以法定继承为主，身份继承是财产继承的基础和前提，由嫡长子继承被继承人的身份地位以及主要财产，属于身份继承结合财产继承的继承制度。② 春秋战国之后，中国迈入封建时代，商品经济稍有发展，但仍以农业经济为主。此时期继承制度很大程度上延续奴隶时代的继承制度，诸如，身份继承与财产继承制，概括继承制，嫡长子继承制

---

① 参见夏吟兰主编《婚姻家庭继承法》，中国政法大学出版社 2004 年版，第 213 页。
② 参见郭明瑞《继承法研究》，中国人民大学出版社 2003 年版，第 11—14 页。

以及家庭本位的宗祧继承制。"宗祧制度始于中国奴隶时代，其制度详于周礼。"①

但随着社会经济的发展，封建时期的继承制度较奴隶时期也出现一些变化与发展。其一，身份权继承的范围扩大，包括爵位以及官位的继承；其二，逐步确定了诸子共同继承的制度；其三，初步确立代位继承制，但尚不成熟，只有男性直系亲属方能成为代位继承人；其四，承认遗嘱处理财产事物的效力，一定程度上尊重遗嘱人的意思表示，但家产还是以家长管理支配为基本原则。由此可见，封建时代的继承制度有所发展和进步甚至创新部分继承制度，但是此时期的继承制度没有脱离古代身份法的限制，继承还是主要表现为身份的继承，并没有本质意义上的改变。

到中国清末，清政府变法以图强，按照资本主义社会的法律原则改革法律，完成《大清民律草案》，第五编正式确定继承法，废除宗祧继承制、身份继承制、概括继承制以及嫡长子继承制等封建时代的继承制度，但法律变革并没有改变基本社会和经济制度，清政府的变法最终以失败告终。后北洋军阀以及中华民国基本延续资本主义国家的继承制度，确定法定继承以及遗嘱继承的基本制度，限定继承制度，规定特留份以及配偶相互继承遗产的权利。不难发现，此时期伴随着从身份到契约的立法运动，古代封建社会的身份继承制度逐渐被废止，继承制度发生本质意义上的改变。事实上，迈入近代社会后，近代各国的民法典都不在承认身份继承制度，民法典继承制度主要是调整财产继承，继承法体系就是围绕财产继承而展开的。尽管此时期的继承制度具有积极进步意义，但仍有部分旧时代继承思想并且脱离

---

① 杨大文主编：《亲属法与继承法》，法律出版社 2013 年版，第 277 页。

我国现实生活。中华人民共和国成立后，我国在社会主义社会背景开展继承法的立法，1985 年颁布《继承法》。该法律从我国实际出发，较为系统、完整地确定继承制度，由此使得继承制度更为契合我国社会生活实践。但从根本上来说，我国继承制度基本延续资本主义国家的继承制度，表现出两个基本特征：其一，缺乏现代意义上的身份性规范；其二，缺乏民商合一视角下的商事继承制度。①

二 近代意义上的《继承法》身份规范不足

从我国继承法的历史发展中不难发现，现行的《继承法》继承制度基本延续近代国家的继承制度，尤其是近代大陆法系国家民法典的继承制度。典型的如《法国民法典》《德国民法典》《日本民法典》。因此，我国《继承法》首先应当是近代意义上的继承法。这就意味着《继承法》也是以近代法自由、平等为立法的基本价值理念。其实，近代国家的继承法中都明确自由订立遗嘱的基本立场。例如，1804 年的《法国民法典》，第三编第一章确定继承，同时在第二章确定生前赠与与遗嘱，赋予被继承人订立遗嘱的充分自由，确定遗嘱自由，男女平等继承的基本继承制度，1900 年的《德国民法典》，第五编继承编，第一章确定继承顺序，第一章继承人的法律地位，第三章遗嘱，明确遗嘱继承为优先继承的方式。《日本民法典》第五编继承编，第七章专章重点规定遗嘱继承，明确被继承人订立遗嘱的方式、效力以及执行。我国《继承法》也是如此，第一章总则，第二章法定继承，第三章遗嘱和遗赠，第四章遗产的处理，第五章附则，由此明确遗嘱

---

① 参见马晓莉《论近代女子财产继承权的确立》，《湖南社会科学》2005 年第 2 期。

作为被继承人处理财产主要方式。①

事实上，从古代社会迈入近代社会后，继承法主要实现以下几个方面的改变：其一，废除身份继承，确立财产继承制度。古代的继承制度以身份继承为主，身份继承结合财产继承，而近代继承制度确立了财产继承的基本继承制度，去除身份继承的依附性。其二，废除嫡长子继承，确定男女平等继承制度。古代法的身份继承制度，身份不仅是继承的客体，还强调继承人的身份，近代社会则彻底去除身份对权利的限制，强调主体平等继承权。其三，废除宗祧继承，承认遗嘱自由为基本继承方式。古代继承法上，宗祧法定继承几乎是唯一的继承方式，基本上不承认被继承人的意思表示，而近代法宣扬自由、平等的基本价值理念，继承法充分尊重当事人的意思自由，遗嘱继承成为主要甚至是优先继承的方式，遗嘱自由则继承制度的基本原则。②由此可以说，资本主义继承制度实现古代继承制度向近代继承制度的转型。

但问题是，近代社会的资本主义继承制度已经无法满足现代化社会立法需要。其一，现代社会立法着眼于社会保障功能的实现。近代社会的民事立法崇尚自由、平等的基本价值理念，契约自由的精神贯彻于民法体系之中，而迈入现代社会后，科技的高速发展加大社会的风险，自由与平等的立法原则越发受到限制，现代立法更加强调公平立法、保障立法。其二，现代社会立法注重个人本位与团体本位的平衡。近代社会立法以个人主义为立法本位，而在商品化经济的高度发展的现代社会，团体组织作为社会必要的组成部分，其法律主体地位

---

① 参见封丽霞《法典编纂论———一个比较法的视角》，清华大学出版社2002年版，第27—32页。

② 参见［日］大木雅夫《比较法》，范愉译，法律出版社1998年版，第152—202页。

已经不容忽视。保障功能以及团体立法本位则意味着现代民事立法中应当强调身份性制度，体现身份性立法，即身份权的再次复苏。就此而论，近代意义上的继承法注重于自由、平等的财产性规定，并不能满足现代化民法身份性立法的要求。典型的如我国《继承法》贯穿契约自由的立法精神，确定遗嘱自由的基本原则，但对于特留份，配偶继承以及子女继承制度等特定身份保护制度却基本没有规定。①

三　民法意义上的《继承法》商事规范不足

同时值得强调的是，我国《继承法》延续近代国家的民法典的继承制度，诸如《法国民法典》《德国民法典》《日本民法典》，这些国家民法典的继承法制度不仅是以近代社会平等、自由的理念制定的，还是以纯粹民法思维的视角制定的。事实上，无论是法国、德国，抑或是日本，这些国家采用的是民商分立的立法体例，民法典只是从民法思维和民事立场出发而展开的，有关商事化制度和立法规定集中规定在商法典之中。而我国《继承法》所采之蓝本基本是日本、德国民法典的继承制度。这也就意味着我国《继承法》不仅是近代意义上的继承法，而且是民法意义上的继承法。② 例如，现行的《继承法》是以民事思维立场出发的，立法中并没有考虑到有关商事化继承类型，第3条确定遗产的范围也没有涉及股权、合伙权益等商事性财产权利。

然而，我国《民法总则》草案说明中已经明确指出，采用民商合一的立法体例。也就是说，无论是民法总则还是民法典分编都需要遵

---

① 参见王秀凤《完善继承权制度的立法思考》，《北京广播电视大学学报》2006 年第 1 期。

② 参见巫昌祯主编《婚姻与继承法学》，中国政法大学出版社 2001 年版，第 248—252 页。

循民商合一的立法体例的要求。事实上，2017 年 3 月颁布的《民法总则》基本上实现民商合一的立法模式，由此作为民法典分编的继承法也应当延续民商合一的立法体例，以满足体系强制性要求。尽管有学者指出，继承权以特定的身份为前提，本身是一种身份权，乃专属于继承人的权利，并不需要使用商事化立法规范就能契合民商合一的立法体例。① 其实不然。尽管继承权为身份权，但权利内容和客体并不是身份权本身，而是财产性利益，可以继承的也只是财产性权益，身份性权益并不能继承。典型的如土地承包经营权以及宅基地使用权的继承，继承的只是财产权而非身份权。另外，《继承法》之中还包括遗赠与遗赠抚养协议等继承制度，这些制定并不涉及主体的身份性，都是财产性制度。同样采用民商合一立法体例的《俄罗斯民法典》在其继承编中第六十五章已专章形式规定了个别种类财产的继承，以确保继承权主体的财产权益，具体表现在商合伙、商业公司、生产合作社的股份有关的权利的继承，消费合作社中与股份有关权利的继承，企业的继承，农场（畜牧场）成员财产的继承，土地地段的继承。②因此，继承法可以也应当进行商事化立法塑造，以贯彻民商合一的立法体例要求。③

实践中，大部分法院依据《继承法》《土地承包法》的相关规定，不允许继承人继承农村宅基地使用权以及承包经营权等用益物权。典型的如最高人民法院 2009 年发布指导案例提出，"讼争土地的承包经营权属于李某家庭，系家庭承包方式的承包，且讼争土地并非林地，因此，李某夫妇死亡后，讼争土地应收归当地农村集体经济组

---

① 参见胡长清《中国民法总论》，中国政法大学出版社 1997 年版，第 40 页。

② 参见王歌雅《审视与借鉴：俄罗斯联邦的继承制度》，《俄罗斯中亚东欧研究》2010 年第 1 期。

③ 参见王歌雅《论继承法的修正》，《中国法学》2013 年第 6 期。

织另行分配，不能由李某夫妇的继承人继续承包，更不能将讼争农地的承包权作为李某夫妇的遗产处理。李维某、李格某虽系李某夫妇的子女，但各自的家庭均已取得了相应的土地承包经营权，故均不具备其父母去世后遗留土地承包经营权继续承包的法定条件。故对李维某要求李格某还讼争土地的诉讼请求予以驳回"①。显然，该判决否定农村土地承包经营权的财产价值会阻碍商品化进程，也不利于农村经济发展。究其根源，还是在于《继承法》基于民事立法的基本立场，忽视商事化的立法规范，并没有明确区分身份性权益与财产性权益。② 其实，农村土地承包经营权的权利性质属于用益物权应当可以被继承，特别是在集体组织商事规模化经营农村土地的情形下，该用益物权具有较大的经济利益和商品价值，继承法应当认可其商事化的财产利益。③ 用益物权作为一项重要的财产权，这是没有争议的。《继承法》第 3 条中规定"遗产是公民死亡时遗留的合法财产"。作为用益物权的土地承包经营权当然为公民的合法财产，也就理应可作为遗产。④ 正如张新宝教授所言，"土地承包经营权属于一种用益物权，属于财产权，有其使用价值和价值，应考虑允许其同继承人的其他财产一样被继承，保护被继承人的继承权实质上是保护原承包经营权人基于承包经营权享有的财产权"⑤。

---

① 《中华人民共和国最高人民法院公报》2009 年第 12 期，第 37—39 页。

② 参见潘淑岩《农村继承习惯与继承法的冲突与协调》，《人民论坛》2017 年第 3 期。

③ 参见孙鸿波《继承权保护制度比较与研究》，复旦大学硕士学位论文，2012 年，第 13—22 页。

④ 参见郭明瑞《也谈农村土地承包经营权的继承问题——兼与刘宝玉教授商榷》，《北方法学》2014 年第 2 期。

⑤ 张新宝：《土地承包经营权》，王利明主编：《物权法名家讲坛》，中国人民大学出版社 2008 年版，第 306 页。

第三节　民法典继承编的商事继承制度

诚然，民商合一的立法体例要求民法典继承编规定独特性商事继承制度，以实现对商事规范的调整。而现行《继承法》是民法意义上的继承法，并没有商事性的继承制度。是故，民法典继承编不仅应当明确商事继承，还应当重点确定商事继承制度的基本类型和主要内容。本节拟以此展开研究。

一　商事继承与民事继承

不可否认，商事继承应当构成民商合一的继承编的基本内容。但问题是，无论是我国继承法，抑或是其他国家的继承法都明确要求继承权的权利主体以及被继承人应当为自然人。例如，《民法总则》第124条就规定："自然人依法享有继承权。自然人合法的私有财产，可以依法继承"。而商事规范中的商事主体，无论商个人或是商企业，都是团体性组织体。如此一来，继承法中似乎不存在商事继承的问题。其实不然，尽管商事主体是团体性组织并不适用于继承法，但是商事主体成员是由自然人构成的，此时即存在可适用的空间。[①] 另外，企业中的股东、合伙人通常要考虑企业继受的问题，而"由于继承法和公司法在法律原则方面的诸多冲突，经常会发生争议"[②]。就此而

---

① 参见朱庆育《民法总则》，北京大学出版社2013年版，第483—507页。

② ［德］雷纳·弗兰克、托比亚斯·海尔姆斯：《德国继承法》（第六版），王葆莳、林佳业译，中国政法大学出版社2015年版，第230页。

论，继承法不仅应当调整商事继承，而且应当区分性、特别地予以调整。显然，商事继承并不能等同于民事继承，两者存在以下几个方面的区别。

其一，继承主体并不一样。尽管商事继承和民事继承的被继承人的基本定位都是自然人，但具体而言，被继承人在商事继承与民事继承中身份并不一样。商事继承中的被继承人应当是商事主体的成员，而民事继承中的被继承人则是一般的民事主体。同时，这还意味着继承人的资格或条件要求存在差异，民事继承中继承人只需要具有民事权利能力即可，而商事继承中，继承人继承的是商事主体成员的财产权利，还需要满足特定的资格或条件，否则只能是民事继承，即要求分割财产而不能成为商事主体的成员。

其二，继承客体存在差异。商事继承中，被继承人是商事主体的成员，被继承的遗产是商事主体成员应得的用于营业经营或基于营业经营而产生的财产性权益的份额。也就是说，商事继承的客体与商事主体经营相关。而民事继承，被继承人是自然人，被继承的遗产是自然人合法享有的所有权、用益物权、担保物权、知识产权等财产性权益，与民事主体消费相关。

其三，继承内容也不相同。尽管近代继承法是财产继承并不包括身份的继承，但现代化继承法还要求体现立法的身份性。该身份性典型地表现在商事继承制度中。商事继承中，继承人继承内容是商事继承权，不仅包括纯粹的财产性利益，在一定程度上还包括商事主体中成员的身份性利益。股东资格就是一种身份权与财产权混合的民事法律地位与资格，股东资格的继承在某种意义上是一种"身份继承的回归"，但是这种"身份继承"与我国古代的宗祧继承有着本质的区别，宗祧继承是建立在身份等级制度上的，而股东资格继承是在财产继承的基础上进行的"身份继承"，它是对股东权利义务的全面概括的承受。[①] 例如，某有限责任公司中某某股东死亡，继承人继承股东在公司中的股权，不仅涉及财产性收益，还包括身份性的表决权。而民事继承，继承的基本内容时民事继承权，仅仅与财产性利益相关，被继承人的身份并不能为继承人所继承。[②]

由此可见，商事继承与传统民事继承具有显著的区别，是继承人承受被继承人营业经营的身份性利益和财产性利益的继承制度。[③] 商事继承的主体、客体和权利义务都必须满足一定的条件，否则只能是民事继承，适用继承法的一般规定。

二　商事继承的基本类型

2002 年民法典草案继承编也将继承法分为总则、法定继承、遗嘱继承、遗赠、遗产处理、附则等部分，基本遵循《继承法》的逻辑体系，该结构体系并没有体现民法典分编与民法典总则之间的一般性与具体性，内容规定也没有体现出商事继承制度的独特性，并不符合民商合一的民法典体系要求。[④] 后 2005 年学者提出的民法典草案继承编的建议稿中，已经意识到要在继承法中纳入商事继承的相关内容，具有一定的进步性。例如，建议稿第 538 条遗产的范围，就考虑到"被继承人享有的股权和合伙权益中的财产权益"[⑤]，第 541 条对股权和合

---

① 参见陈娟《股权继承：从财产继承到身份继承的回归》，《法制与经济》2007 年第 6 期。

② 参见肖海军《商法学》，法律出版社 2009 年版，第 46—85 页。

③ 参见［德］雷纳·弗兰克、托比亚斯·海尔姆斯《德国继承法》（第六版），王葆莳、林佳业译，中国政法大学出版社 2015 年版，第 230—231 页。

④ 参见王利明《民法典体系研究》（第二版），中国人民大学出版社 2012 年版，第 519—520 页。

⑤ 王利明：《中国民法典学者建议稿及立法理由·人格权编·婚姻家庭编·继承编》，法律出版社 2005 年版，第 469 页。

伙权益的继承，明确继承人可以继承被继承人在企业中的权益，但是建议稿继承编并没有全面、体统地考虑商事继承制度，只是零碎化、琐碎地规定商事化继承。是故，民法典继承编还需要进一步地完善商事继承制度。事实上，商事继承制度以被继承人身份为依据而划分，至少应当包括以下几种基本类型。

其一，个人独资营业的继承。当个人独资企业（商事主体）的企业主死亡时，此时有关个人独资企业的商事化利益，例如，独资企业的商号权、商誉权以及营业权等，便会发生继承的问题。《德国商法典》第 22 条第 1 款就明确规定："以生前行为或死因行为取得一项既存营业的人，在原营业主或其继承人允许继承适用商号时，即使原商号包含原营业主的姓名，仍然可以在附加或不附加表示继任关系的字样的情况下，为该项营业继续使用原商号。"①

其二，合伙营业的继承。在合伙企业（商事主体）中承担有限责任的合伙人或承担无限责任的合伙人死亡时，此时被继承人在合伙企业中的商事化利益，便会发生继承的问题。② 合伙企业中的合伙人的商事化利益，并不会直接涉及合伙企业的商号权、商誉权等权益，但合伙企业中财产性利益以及无限合伙人享有营业权利，有限合伙人享有监督权、知情权等权利，都是可以为继承人继承的。《德国商法典》第 139 条第 1 款即明确规定："在合伙合同中，在一个合伙人死亡的情形，应当与该合伙人的继承人继续合伙的，任何一个继承人均可要求在保留原来利益份额的情况下，给予自己有限合伙人的地位，同时承认被继承人出资中应当归属于自己的部分为有限合伙人的出资，并

---

① 《德国商法典》，杜景林、卢谌译，法律出版社 2010 年版，第 18 页。
② 参见［德］雷纳·弗兰克、托比亚斯·海尔姆斯《德国继承法》（第六版），王葆莳、林佳业译，中国政法大学出版社 2015 年版，第 230—231 页。

且以此作为自己在合伙中存留的条件。"①

其三，公司营业的继承。在公司（商事主体）股东死亡时，此时被继承人在公司的商事化利益，便会发生继承的问题。② 我国《公司法》第 4 条明确股东商事化利益的基本内容："公司股东依法享有资产收益、参与重大决策和选择管理者等权利。"公司类型还可以再分为一人有限责任公司、有限责任公司与股份有限责任公司。其中有限责任公司的股东。但就我国《民法总则》和《公司法》的相关规定而言，公司法人为有限责任主体，无论何种类型的公司的成员承担的都是有限责任。而"有限责任股东的股权完全可继承"③。《德国商法典》第 177 条就明确规定，有限责任股东死亡时，继承人可以继承其股权。由此，股东在公司中的商事化利益可当然继承人继承。

三　商事继承的主要内容

不难发现，个人独资营业、合伙营业以及公司营业中的商事化权益都可以为继承人继承。而无论何种类型的商事继承的基本内容既涉及财产性权益的继承，例如，合伙中财产利益、公司中的资产收益，也涉及身份性权益，例如，个人独资企业中的商号权、商誉权、合伙企业中无限合伙人的经营权以及公司中的表决权等。因此，商事继承中继承人承受的实际上是身份性继承以及财产性继承的概括继承。也就是说，继承人不仅能够继承被继承人的财产利益，还需要继承被继承人在商事主体中的身份地位，诸如有限或无限合伙人的身份、股东的身份等。这就意味着商事继承中继承人承受被继承人身份性和财产

---

① 《德国商法典》，杜景林、卢谌译，法律出版社 2010 年版，第 61 页。

② 参见肖海军《商法学》，法律出版社 2009 年版，第 131—143 页。

③ ［德］雷纳·弗兰克、托比亚斯·海尔姆斯：《德国继承法》（第六版），王葆莳、林佳业译，中国政法大学出版社 2015 年版，第 240 页。

性权益后可能需要承担无限责任。《德国商法典》第 25 条第 1 款就明确规定："以原商号、附加或不附加表示继任关系的字样，继续一项以生前行为所取得的营业的人，对原所有人在经营中所成立的全部债务负责任。"第 27 条第 1 款："继承人继续一项营业，而该项营业属于遗产的，在继承人对原营业的债务方面，相应地适用第 25 条的规定。"①

但问题是，近代意义上民法典中的继承法的继承制度是财产限定继承，一来，继承的内容只是财产性权益并不包括身份性权益或身份地位的继承；二来，继承财产义务或债务不能超过财产权利。所谓限定继承，"是指继承人对被继承人生前所欠的税款和债务，限定在继承人所继承的遗产价值总则范围内负责清偿，对超过所继承的遗产价值总额的债务，继承人依法不负责清偿"②。例如，我国《继承法》第 1 条以及第 32 条就明确财产继承与限定继承的基本规则。而商事继承包括被继承人的身份性权益，需要承担无限责任的义务。这就表明商事继承的内容违背《继承法》一般性继承规则，尤其表现为《继承法》的规定与《个人独资企业法》《合伙企业法》以及《公司法》等商事法律中无限责任的一般性规则相冲突。其实，问题的根源还是在于《继承法》缺乏现代性商事立法的价值理念，继承法的主要内容也只涉及一般民事主体的继承。是故，商事法律中的商事继承规定应当为特殊继承规则。由此"商法与继承法发生冲突，为保护第三人信赖，也为保护商业往来，商法规定应优先适用"，"所以继承人无法再按继承法规定限定责任"。③

---

① 《德国商法典》，杜景林、卢谌译，法律出版社 2010 年版，第 19—20 页。
② 曹诗权主编：《婚姻家庭继承法学》，中国法制出版社 1999 年版，第 388 页。
③ ［德］雷纳·弗兰克、托比亚斯·海尔姆斯：《德国继承法》（第六版），王葆莳、林佳业译，中国政法大学出版社 2015 年版，第 231 页。

事实上，德国立法采用的是民商分立的立法模式，商法典中有关商事继承的规定相对于民法典中的继承编的一般性规则是特别法，所以应当优先适用商法典的规定。而我国采用民商合一的立法模式，商法中有关商事继承的规定应当作为特别规定纳入民法典继承编之中。由此可见，民法典继承编可以规定商事主体中成员身份和财产性权益概括性权益作为商事继承的基本内容。学者在民法典专家建议稿中就规定商事继承的特别条款："（一）继承人因继承取得无记名股票或合伙权利凭证所标准的股权或合伙人权利，（二）合伙协议或公司章程有约定的，按照约定继承，（三）经全体企业成员统一，继承人溯及继承开始取得有限责任公司股权或合伙人的权利；继承人也可以不成为股东或合伙人而取得财产权益。"① 如此一来，商事继承的内容还应当考虑《公司法》《合伙企业法》等商事主体中有关成员主体资格的特定规定，尤其是承担无限责任的合伙人以及有限责任公司股东的任职资格的规定。例如，《德国商法典》第 131 条第 1 款规定继受条款，明确继承人同时也必须是有资格继受股权的人。至于有限合伙人以及股份有限责任公司股东的商事继承中，继承人当然可以继承合伙人以及股东的地位。② 例如，《德国商法典》第 177 条就明确规定："在一个有限合伙人死亡时，以没有背离性合同规定为限，合伙与继承人继续。"③ 另外，商事继承也要规定补偿条款以及进入条款内容，即如若继承人放弃继承身份性权益，可以请求给予一定的补偿，通过补偿条款商事主体可以实现继续经营，而如若继承人想要继续身份性权益需

---

① 王利明：《中国民法典学者建议稿及立法理由·人格权编·婚姻家庭编·继承编》，法律出版社 2005 年版，第 475 页。

② 参见陈棋炎、黄宗乐、郭振恭《民法继承新论》，三民书局 1989 年版，第 128 页。

③ 《德国商法典》，杜景林、卢谌译，法律出版社 2010 年版，第 72 页。

要符合进入条款的规定，否则只能请求予以一定的补偿。①

第四节　民商合一的民法典继承编的基本立法路径

可以说，商事继承制度包括商事主体成员的身份性权益继承，例如，个人独资企业的商誉权继承，这就意味着商事继承制度本身不仅能够体现现代化商事立法的内容要求，还能契合民商合一的立法体例的要求。另外，现代化民法典还要求实现身份性保障功能，继承法作为民法典的身份权法，应当注重实现民事继承制度的保障性功能。②是故，民商合一的继承编的立法路径应当区分民事继承与商事继承立法实现的功能和规定的内容的不同而展开，特别需要考虑到商事继承的独特性对继承法立法规定的影响。本节拟以此为研究视角。

一　民商合一的民法典继承编应当区分性立法

首先，应当区分继承权与受遗赠权不同展开继承法的立法。需要明确的是，尽管法定继承、遗嘱继承、遗赠、遗赠抚养协议都是继承的方式，但是继承权并不同于受遗赠权。法定继承人才享有继承权，在法定继承中继承权的顺序是由法律决定的，遗嘱继承中也是根据被继承人的意志自由在法定继承人中决定继承人，由此可见继承权是基

---

① 参见［德］雷纳·弗兰克、托比亚斯·海尔姆斯《德国继承法》（第六版），王葆莳、林佳业译，中国政法大学出版社 2015 年版，第 235—238 页。
② 参见朱庆育《民法总则》，北京大学出版社 2013 年版，第 485—490 页。

于特定身份而产生的身份权，应当考虑身份性立法予以调整规范，除
法律另有规定，当事人并不能自由地放弃伦理性的身份，但是可以放
弃继承的顺位或放弃财产，以禁反言规则维持稳定法律的秩序。① 遗
赠以及遗赠抚养协议中继承人并不享有继承权，而是享有受遗赠权，
该权利性质上是财产权利并非身份权，被继承人行使的也是财产性质
的赠给权，因此受遗赠权的权利内容应当考虑财产性立法予以调整，
可以适用财产法的相关规定。②

　　其次，应当区分民事继承与商事继承的不同展开继承权的立法。
继承权不仅是继承法最为核心的内容，也是继承法律关系的主要内
容。③ 然而根据被继承人的地位的不同，继承的权益不同以及权利
义务的具体内容的不同，继承权还可以再分为民事继承与商事继
承。民事继承权强调权利的保障性功能，而商事继承强调权利的效
率化功能，两者价值理念并不一样，由此适用具体规则也应当不
同。其中，民事继承为实现养老育幼的家庭功能，确定财产继承和
限定继承的基本规定，而商事继承为实现商事交易的效率与第三人
的信赖利益，继承人既可以继承被继承人的身份地位，同时还不受
限定继承的约束。④

　　最后，应当区分商事继承的有限责任继承与无限责任继承的不
同展开商事继承制度的立法。根据被继承人在商事主体中所处的地
位，商事继承中应当区分有限责任继承与无限责任的继承。一般而

---

①　参见杨大文主编《亲属法与继承法》，法律出版社 2013 年版，第 294—299 页。
②　参见杨立新、杨震《〈中华人民共和国继承法〉修正草案建议稿》，《河南财经政法
大学学报》2012 年第 5 期。
③　参见夏吟兰主编《婚姻家庭继承法》，中国政法大学出版社 2004 年版，第 219—
220 页。
④　参见王利明《中国民法典学者建议稿及立法理由·人格权编·婚姻家庭编·继承
编》，法律出版社 2005 年版，第 475 页。

论，被继承人在商事主体中承担有限责任，则为有限责任继承，即继承人可以当然地取得被继承人的财产性收益以及其在商事主体中的身份地位。但对于人合性较强的商事主体。例如，有限责任公司中的股东，则还需要考虑商事主体运行的合作基础，继承人并不能当然取得成员资格。而被继承人在商事主体中承担无限责任，为无限责任继承，此时商事主体主要是人合性组织，例如合伙企业，因此还需要受到资格条件、准入条款等规则的限制。"人合公司的运转依靠人员紧密合作，股东或合伙人必须相互信任，一旦有股东或合伙人去世，公司运作将受威胁。"① 另外，无限责任继承不仅会给继承人带来权益，继承人还必须承担无限责任，违背私法自治原则，出于保护继承人的利益，继承人并不能当然继承成员资格。②

二 民法典继承编民事继承制度应当强化身份性立法

第一，限制遗嘱继承、遗赠等继承方式的自由。近代以来，民事立法追求自由、平等的价值理念，体现在继承法之中则是遗嘱自由原则。遗嘱继承是"继承人按照被继承人合法有效地遗嘱继承遗嘱人遗产的法律制度"③，遗赠则是以遗嘱的方式将被继承人的个人财产赠与法定继承人之外的主体。不难发现，无论是遗嘱继承或是遗赠都以被继承人的意思表示为中心，是被继承人自由意愿的直接表达。然而，同时需要注意的是，继承法是民法典身份法，继承制

---

① ［德］雷纳·弗兰克、托比亚斯·海尔姆斯：《德国继承法》（第六版），王葆莳、林佳业译，中国政法大学出版社 2015 年版，第 234 页。

② 参见巫昌祯主编《婚姻与继承法学》，中国政法大学出版社 2001 年版，第 248—252 页。

③ 夏吟兰主编：《婚姻家庭继承法》，中国政法大学出版社 2004 年版，第 264 页。

度承担着维护家庭伦理关系，保障家庭和谐与家庭职能正常发挥的基本功能。因此，订立遗嘱的自由应当建立在实现身份保障功能的基础上，由此必须受到普遍性、一般性的限制。在我国，"遗嘱自由原则"引起的最大争议源自 2001 年四川省泸州市纳溪区人民法院审理的黄某遗赠"第三者"纠纷案，① 此后，我国其他地区也发生了类似案件，② 但各地法院的判决却多有不同。争议焦点就在于被继承人遗嘱自由的界限，法官能否援引《民法通则》第 7 条来否定被继承人遗嘱的效力。基于维护家庭伦理和谐以及尊重公共道德目的立法目的，未来民法典继承编要对遗嘱自由加以明确限制。德国联邦法法院通过 2004 年一起案例的裁定，就明确遗嘱自由应当受到善良风俗的限制。③

第二，完善特留份的规定。其实，大陆法系国家通常以特留份的规定来限制被继承人订立遗嘱的自由。"特留份是立法者在法定家庭继承和遗嘱自由之间做的一项妥协"④，被继承人一般不得剥夺法定继承人的特留份权。特留份能对被继承人遗嘱自由进行限制，从而使遗产保留于家庭或者家庭之中，因此特留份是必须规定的。⑤ 典型的如《日本民法典》继承编第 8 章特留份，第 1018 条规定特留份权利人及其特留份的一般条款，即"（一）兄弟姐妹以外的继承人，按下列规定取得特留份；（二）只有直系尊亲属为继承人时，为被继承人财产

---

① 详细案情参见《南方周末》2001 年 11 月 1 日第 10 版。

② 如 2003 年杭州发生的叶某遗赠保姆案。

③ 参见巫昌祯主编《婚姻与继承法学》，中国政法大学出版社 2001 年版，第 272—273 页。

④ ［德］雷纳·弗兰克、托比亚斯·海尔姆斯：《德国继承法》（第六版），王葆莳、林佳业译，中国政法大学出版社 2015 年版，第 199 页。

⑤ 对此理由的论述，参见杨立新、和丽军《对我国继承法特留制度的再思考》，《国家检察官学院学报》2013 年第 4 期。

的三分之一；（三）于其他情形，为被继承人财产的二分之一"。《德国民法典》继承编和《俄罗斯民法典》继承编均对份额加以了明确规定，规定特留份为应继份的 1/2，中国法学会民法典编纂领导小组民法分则继承编课题组向中国法学会提出的"民法典分则继承编建议稿"也强调要明确规定特留份，其规定被继承人的配偶、晚辈直系血亲、父母享有特留份继承权。特留份额是其法定应继份的 1/2。① 我国《继承法》也有关于特留份的规定。例如，第 14 条规定，"对继承人以外的依靠被继承人扶养的缺乏劳动能力又没有生活来源的人，或者继承人以外的对被继承人扶养较多的人，可以分给他们适当的遗产"；第 28 条还明确胎儿的预留份，"遗产分割时，应当保留胎儿的继承份额"。但是这些规定适用的主体范围较为狭窄，而且只是可以分给适当的遗产，并没有确定特留份的一般性规定以及法律效力，难以实现对家庭成员的保障功能。就此而论，民法典继承编还应当确定特留份的一般性规定并扩大特留份的主体范围。依据德国现代化的《生活伴侣关系法》，登记的伴侣也能够取得特留份。任何自由都是有限度的，遗嘱自由也不例外，《俄罗斯民法典》继承编虽然专门提出了遗嘱自由的原则，但也同时规定"遗嘱自由受限于遗产特留份的规定"。继承制度的作用之一还在于维持家庭关系的稳定和维护基本的家庭伦理，因此我国未来民法典继承编应从继承法的中心职能出发，明确规定特留份制度。

第三，加强配偶在继承中的权利。一般而论，各国继承法都将配偶作为法定继承人。我国《继承法》第 10 条确定配偶作为法定继承人，第 26 条确定配偶共同财产，"夫妻在婚姻关系存续期间所

---

① 参见杨立新《民法分则继承编立法研究》，《中国法学》2017 年第 2 期。

得的共同所有的财产，除有约定的以外，如果分割遗产，应当先将共同所有的财产的一半分出为配偶所有，其余的为被继承人的遗产"。但问题是，现行《继承法》将配偶与父母、子女列为同一顺序的继承人，可分配给配偶的法定份额较少，遗嘱继承甚至会剥夺配偶的继承权，不利于保护配偶应得的合法权益，也不利于维系家庭稳定和谐。[1] 然而，现代家庭关系中，父母子女关系不再占主导地位，夫妻关系逐渐成为最重要的家庭关系。陈聪富与郭明瑞教授也认为，现代的伦理观念决定了继承人与兄弟姐妹之间分配遗产并不符合现代的小家庭结构模式，[2] 是故，民法典继承编应当提高配偶继承的顺位以及份额，并且适当地限制遗嘱继承对配偶继承权的侵害。或者承认配偶为法定继承人的前提下但不将其法定继承的顺序固定，而让其与任何一顺序的法定继承人共同继承，扩大配偶的继承权范围。

三　民法典继承编商事继承制度应当注重商事性立法

第一，确定身份性权益与财产性权益概括继承的一般性商事归责。商事继承不同于民事继承，民事继承只涉及财产继承与限定继承，而商事继承则包括对被继承人在商事主体中身份地位的继承，也包括继承被继承人对商事主体承担的无限责任。[3] 由于我国现行继承法规定的时间较早，条文较少，对于商事继承没有规定，只能根据其他商事性法律来解决继承的相关问题。鉴于《公司法》《合伙企业

---

① 参见白子轩《论我国配偶继承权制度的完善》，《河北工程大学学报》（社会科学版）2014 年第 2 期。

② 参见刘欢《民法典视野下的民法总则与继承法立法问题探讨——第十一届海峡两岸民法典论坛综述》，《河南财经政法大学学报》2013 年第 6 期。

③ 参见杨大文主编《亲属法与继承法》，法律出版社 2013 年版，第 324—328 页。

法》等法律都出现了身份继承的相关规定,《继承法》作为规范财产流转的重要的民事基本法律,应当在未来修订时对遗产继承的内涵进行扩充,将股东资格、合伙人资格等明确纳入继承的范围之内,以实现对公民继承权的充分保护。譬如股东资格和合伙人资格等身份权在内的权益继承是目前公证实务中频繁出现的特殊的"遗产"继承案件,将股东或合伙人财产权益的继承与获得股东或合伙人的身份合理区分,即一方面承认其中财产权益的可继承性,另一方面又满足有限责任公司或合伙企业人合性质的要求。① 才能实现股东资格或合伙人资格的继承。就此而论,民法典继承编商事继承制度应当确定特殊性的商事继承规则,即应当在商事继承制度之中确定身份性权益与财产性权益概括继承的一般性规则。其实,《德国商法典》之中就明确商事化继承中,继承人可以继承被继承人在商事主体中的地位,承担无限责任。就民商合一的民法典继承编而言,应当更多考虑商法典中关于商事继承的一般性规定,并以此作为民法典继承法的特殊性的规定。②

第二,确定公司营业继承、合伙营业继承,商个人营业继承等基本商事继承类型。当被继承人是商合伙、商业公司时,民商合一的《俄罗斯民法典》继承编就规定了股权与合伙权益的继承原则。③ 根据《俄罗斯民法典》的规定,商合伙的合伙人、商业公司的股东以及生产合作社的社员在注册资本中的股份可以成为遗产。通常,遗产的接受人在获得遗产的同时,也成为商合伙、公司的发起人(参加人),例如其第1176条规定了两合公司的投资人在该公司注册资本中的份

---

① 参见梁慧星主编《中国民法典草案建议稿附理由·侵权行为编、继承编》,法律出版社2004年版,第472页。
② 参见杨立新《民法分则继承立法研究》,《中国法学》2017年第2期。
③ 参见王蜀黔《中俄继承法若干问题比较》,《时代法学》2004年第2期。

额构成遗产，该份额移转给的继承人成为两合公司的投资人。股份公司发起人的股份构成遗产的，该股份移转的继承人成为该公司的发起人。[1] 不可否认的是，商事继承是继承制度的重要组成部分。而根据被继承人所在的商事主体为可以划分不同类型商事继承。就商事主体而言，根据主体承担责任的不同，营业方式的不同以及权利义务内容的不同，主要划分为商个人（个体工商户、土地承包经营户）、合伙以及公司三大类型。就此而论，商事继承制度首先可以根据商事主体类型的不同，而确定公司营业继承、合伙营业继承以及商个人营业继承等基本类型的商事继承，由此可以根据每类商事继承营业特点具体设定不同的行为规则。相应地，遗产的范围也应当包括不同类型商事继承的商事性权益。[2] 而现行《继承法》以列举的方式具体规定了遗产范围，这种方式已经无法满足现今经济社会对《继承法》的客观要求，如前文提到的土地承包经营户的土地承包经营权在司法实务中一边倒地裁定为不可以继承，尚没有发现支持继承的判例。

　　第三，无限责任的商事继承制度的特别性规定。就商事主体而言，承担无限责任的被继承人往往是参与企业的营业决策，并在企业中占据重要的地位。例如，合伙企业中的无限合伙人。此时继承人继承被继承人在商事主体中的商事性权益，这就意味着继承人将继承其在商事主体中的重要地位，同时还应当对商事主体承担的无限责任。然而，效率化的商事交易对商事主体成员具有一定的资格和条件的要求，为保障市场经济持续、稳定的发展，也应当设置一定的

---

[1]　参见鄢一美《俄罗斯新民法典　继承权》，《清华法学》2003 年第 3 期。

[2]　参见陈会广、陈真《论土地承包经营权的继承》，《南京农业大学学报》（社会科学版）2015 年第 1 期。

任职条件。① 因此，在无限责任继承制度中，还需要考虑设置补偿金条款、进入条款以及继受条款，保障继承人能够顺利担任在商事主体中的职责，从而保障商事主体能够有效地运转。

---

① 参见〔德〕雷纳·弗兰克、托比亚斯·海尔姆斯《德国继承法》（第六版），王葆莳、林佳业译，中国政法大学出版社 2015 年版，第 230—239 页。

第七章 民商合一视角下侵权责任编商事立法转型研究

我国现行《侵权责任法》，兼具有大陆法与英美法系侵权责任法之特点。就立法的形式而言，侵权责任法延续大陆法系法典化的潘德克吞立法模式。就立法的内容而言，侵权责任法中采纳诸多英美侵权法的内容。2017 年 3 月颁布的《民法总则》第八章已经将民事责任单独列为一章，由此明确《侵权责任法》应当整合设置为民法典侵权责任编。然而无论是《法国民法典》《德国民法典》，还是《日本民法典》，都是在民商分立基础之上构建的，英美侵权责任法固然涵盖商事规范，却与传统的民法体系格格不入。那么，这就意味着简单地借鉴任何既有的相关侵权法模式，并不能实现侵权责任法编的民商合一。是故，民商合一的侵权责任编不仅需要考虑独特性的商事规范，还需要考虑商事规范与法典体系的兼容性。本章拟以此为视角展开探讨。

第一节　传统民法体系中《侵权责任法》的
实然定位

重新审视传统民法体系下的《侵权责任法》，尤其是全面地、系统地考虑既有立法上的不足，进而构建顺应现代化市场需求的侵权责任制度。这不仅是民法典侵权责任编的立法方向，也是指导司法实践的应然需要，更是建立契合社会主义市场经济体制的民法体系的必然要求。

一　传统民法体系中《侵权责任法》是债法

传统民法体系，是以近代各国的民法典体系为基础而构建的。潘德克吞体系的《德国民法典》构成总则、物权、债、亲属、继承五编的法典结构，《日本民法典》基本延续德国民法的体系，优士丁尼体系的《法国民法典》以总则、财产及对于所有权的各种限制、取得财产的各种方式构成法典结构，后瑞士、意大利等国家的民法典大多借鉴德国民法典与法国民法典法典结构安排法典体系，例如，《瑞士民法典》确定人格法、亲属法、继承法、物权法、债权法的结构体系，《意大利民法典》则确定人与家庭、继承、所有权、债、劳动、权利的保护的法典体系。由此可见，近代大陆民法体系国家的民法典，无论是采用民商分立立法体例的《德国民法典》《日本民法典》《法国民法典》，还是采用民商合一立法体例的《瑞士民法典》《意大利民法典》中并未单独确定民事责任编章。①

其实，近代民法体系中也有关于侵权责任的规定，不过体系上并未将侵权责任作为民事责任，而是作为债的一种形式，以侵权行为或不法行为的概念规定在债法编章之中。例如，《德国民法典》第三编债中确定侵权行为，《意大利民法典》第四编债中确定不法行为，《法国民法典》第三编取得财产的各种方式第四章非因合意而发生的债中确定侵权行为与准侵权行为，我国台湾地区"民法典"第二编债中确定侵权行为的基本规定，近代其他国家或地区民法典无一不是如此。可以说，在传统民法体系中，侵权责任实质上是与契约、无因管理、不当得利一同规定为债的发生方式，是债的一种形式。因此，就性质而言，民事责任是一种债。相应地，侵权责任法则是作为债法。

我国《民法总则》第118条延续传统民法体系中债的基本规定，确定"债权是因合同、侵权行为、无因管理、不当得利以及法律的其他规定，权利人请求特定义务人为或者不为一定行为的权利"。仅就该条款而言，可以发现，侵权行为在传统民法体系之中，仍然被定义为一种债的形式，由此《侵权责任法》应当为债法。事实上，传统潘德克吞体系的民法典体系以债权物权二元体系为支撑，而侵权责任（或侵权行为）正是作为债权的一部分纳入民法典体系之中。如此一来，《侵权责任法》构成债法体系的组成部分。有学者即明确地指出"侵权损害赔偿之债是债的一种类型，赔偿权利人有权请求赔偿义务人予以损害赔偿，两者形成债的关系"，是故，《侵权责任法》"属于

---

① 《意大利民法典》第六编权利的保护并不涉及民事责任的相关规定，其第六编的主要内容是，登记、证据、财产责任、优先权的原因和财产担保的保护方法、权利的私法保护。由此可见，《意大利民法典》中的权利保护主要是程序上的权利保护措施。参见《意大利民法典》，费安玲译，中国政法大学出版社2004年版，第28—32页。

债法"。①

二 传统民法体系中的《侵权责任法》是自然人法

早在16—17世纪，随着工业革命推动市场经济发展，产生以个人主义和自由主义为根本指导思想的近代侵权责任制度。因此，传统民法体系中侵权责任法的体系是以近代法典的个人为中心而构建的，由此也形成个人责任自负的法律体系，即要求理性的个人依据理性的判断，承担相应的责任。② 此种责任制度设计以自然法学理性主义为基础，强调个人权利和个人自由，其产生和发展具有特定历史时代的经济社会基础和思想条件。就经济社会条件而言，近代社会脱离传统农业经济，迈入工业化经济，社会经济获得空前的发展，此时社会倡导个人自由竞争以推动经济发展，由此具有责任产生的基础。就思想条件而言，近代民法整体而言建立在自由、平等的理念之上的，此时期个人的权利义务自由意识高涨，意志自由成为近代社会占主导支配地位的思想形态，强调私法上的个人，极力主张个人在民法上的权利和自由。③ 侵权责任法设置的主要目的即是"个人的自由活动的保障"④。

可以说，传统民法体系是在个人自由思想的主导下构建的，其中侵权责任的相关规定也是如此。其实，近代各国民法典中有关侵权责任的内容也体现侵权责任法为自然人法的属性。例如，我国台湾地区"民法典"第184条的过错责任机制是以自然人为基础而确定的，第

---

① 参见周友军《侵权责任法专题讲座》，人民法院出版社2011年版，第9页。
② 参见房绍坤《民法》（第三版），中国人民大学出版社2014年版，第476—482页。
③ 参见屈茂辉《民法引论》，商务印书馆2014年版，第349—352页。
④ 参见［日］星野英一《民法典中的侵权行为法体系展望》，《法学家》2009年第2期。

192 条侵害生命权，第 193 条侵害身体健康权，第 194 条侵害名誉、自由、信用、隐私、贞操权等权利客体都只涉及自然人的基本权利义务；《意大利民法典》第 2043 条确定过错责任的不法行为的损害赔偿制度，第 2055 条确定以个人为基础的连带责任，"如果损害行为可归责于多个人，则所有的人要承担连带赔偿责任"，第 2057 条永久的损害，还是只适用于自然人，"当人身损害具有永久性质时，赔偿金得由法官根据双方的当事人的条件和损害的性质以终身年金的形式确定"；《法国民法典》第 1382 条也确定过失责任机制，"任何行为使他人受损害时，因自己的过失而致行为发生之人对该他人负赔偿的责任"。不难发现，传统民法体系中民法典中确定的无论是过错责任的归责制度还是侵权的客体范围，都限于自然人的范畴。就此而论，侵权责任法应当是自然人法。

事实上，尽管我国 2009 年颁布的《侵权责任法》吸收英美法系侵权责任法的内容和制度，但就整体而言，侵权责任法的体系和内容规定并未脱离传统民法体系之外。例如，我国《侵权责任法》第 2 条确定的侵权行为的客体，尤其是人格权益的规定，第 6 条规定的过错归责原则，第 16—22 条有关人身权益以及财产权利被侵害的计算方式，都是以自然人作为侵权责任法主体而设计的。至于《侵权责任法》分则的规定基本上贯穿总则的一般性规定。因此，就内容制度和规定而言，我国《侵权责任法》是自然人法。

三　传统民法体系中的《侵权责任法》是请求权法

19 世纪，德国著名学者温特莎依德在《现代法律立场上的罗马市场法的诉》一书中首次提出请求权的基本概念。请求权，作为联结民事实体法与民事程序法之间的桥梁，实质是诉讼思维在实体法上的表现，如学者所述"请求权乃权利的表现"①。后请求权的概念推动《德国民法典》的制定并为法典所采纳，第 194 条即明确规定"要求他人作为或不作为的权利（请求权）"。事实上，尽管《德国民法典》的条文体系是以债权、物权、亲属权、继承权等主观权利展开的。但就民事权利体系而言，可以说请求权是整个私法体系共同的部分，"绝对权也包含请求权的内容。进一步推之，从各项私权中抽象出请求权的内容是私法体系化的基石，请求权成为贯穿民事权利体系的中心概念"②。因此，可以说，《德国民法典》是以请求权为中心构建了民法权利的基本体系，即合同请求权、物权请求权、无因管理请求权、不当得利请求权、侵权赔偿请求权、物权请求权、知识产权请求权、人格权请求权以及身份请求权。在民事请求权体系下，民事主体可以快捷地检索不同性质的请求权，而通过对请求权的检索，当事人能够有效地实现权利的保护。③ 如学者所述，"请求权建立了与以客观为基础的主观权利的关系，从而与民法典的整个条文与体系结构连接起来"④。

但问题是，在传统民法体系中，侵权责任（侵权行为）的基本定位是债，因此以主观权利体系而构建的请求权体系，也应当将侵权赔偿的请求权纳入债权请求权之中。是故，就我国《侵权责任法》所确定的请求权性质而言，仍然是债权。尽管如此，《侵权责任法》内容上还是确定物权、知识产权、人格权、身份权等绝对权可以通过侵权损害赔偿请求权、恢复原状请求权、停止侵害请求权、排除妨碍请求权、消除危险请求权等具体形式的请求权类型提出请求。因此也可以

---

① 王泽鉴：《民法概要》，中国政法大学出版社 2003 年版，第 41 页。

② 杨明：《浅析请求权与私权体系构造的关系》，《华南理工大学学报》（社会科学版）2006 年第 3 期。

③ 参见杨立新《侵权责任法》，法律出版社 2010 年版，第 35—41 页。

④ 刘召成：《德国法上的请求权体系》，《河南省政法管理干部学院学报》2010 年第 6 期。

说，我国《侵权责任法》是请求权法。同时需要明确的是，传统民法体系之中，并不存在民事救济这一层面的民事责任，侵权责任（或者说是侵权行为）性质上是债，如此一来，《侵权责任法》中的请求权也只是债权层面和性质上的请求权，并不是救济层面的请求权。①

另外，在请求权体系之中，如若行为人实施的某一行为同时具备违约行为和侵权责任的双重特征，由此会产生多重性质的请求权，也就是请求权竞合。我国《合同法》第122条在充分尊重受害人的意愿的基础上，就明确规定在违约责任与侵权责任竞合的情形下，当事人可以选择请求权。② 然而，"依据现行司法实践，在很多情形，无论当事人如何选择请求权，都难以获得周全的救济"③。换而言之，由于当事人所为行为的性质不明以及权利边界本身存在模糊，违约与侵权请求权越发混同，其竞合的范围也不断扩大。这就意味着传统民法体系之中请求权的定位，并不利于整合统一民事责任，也无法从根本上解决现行请求权竞合和隔离的难题。

第二节　民商合一视角下民法典侵权
责任编的应然定位

无救济则无权利。毫无疑问，救济层面上的民事责任在市场经济

---

① 参见杨立新、曹艳春《论民事权利保护的请求权体系及其内部关系》，《河南省政法管理干部学院学报》2005 年第 4 期。

② 参见王利明《再论违约责任与侵权责任的竞合——兼评合同法第122 条》，《中国对外贸易》2001 年第 2 期。

③ 谢鸿飞：《违约责任与侵权责任竞合理论的再构成》，《环球法学评论》2014 年第 6 期。

高度发展的今天越来越不可或缺，尤其是确定统一的民事责任制度，对于商业化社会稳定、高效的发展至关重要。然传统民法体系视角下我国《侵权责任法》为债法、自然人法以及请求权的定位并不能实现侵权责任法向权利救济法的转型。其实，无论是《民法通则》抑或是《民法总则》都立足于民商合一的视角特别确定民事责任一章，即在民事权利—民事义务结构上又确定民事责任这一结构。是故，我们首先应当基于民商合一的立法视角重新定位《侵权责任法》，为民事权利保驾护航。本节拟以此为研究视角。

一 民商合一视角下的《侵权责任法》应为责任法

传统民法体系中，侵权责任与债的高度混同，优士丁尼罗马法确定责任之债的概念妨碍民事责任制度的建立，同时为大多数大陆法系国家民法继承。直到 18 世纪法国学者提出侵权责任应当与债的区分，立法者以及学者才意识到责任意义上的侵权责任概念。[1] 一般而论，"权利、义务、责任是法律的基石，法律的内容是在权利、义务、责任的基础上展开的，民法也不例外"[2]。其中，民事责任与民事权利、民事义务存在以下几个方面的区别。

第一，就时间而论，民事责任是在民事权利、民事义务后发生的概念。民事权利是民事主体享有受到法律保护利益或可以实现的可能性，例如某一民事主体享有肖像权，民事义务与民事权利相对应，是民事主体为满足权利主体实现权利而作为或不作为的法律约束，例如，其他民事主体不得侵害权利主体的肖像权。民事责任则是民事主

---

① 参见郭明瑞等《民事责任论》，中国社会科学出版社 1991 年版，第 40 页。
② 魏振瀛：《〈民法通则〉规定的民事责任——从物权法到民法典的规定》，《现代法学》2006 年第 5 期。

体违反在先的民事义务，侵害其他主体在先的民事权利而应当承担的民事法律后果。例如，某人侵犯权利主体的肖像权，违反在先的民事义务，需要承担一定的民事责任。就此而论，民事权利和民事义务先于民事责任而存在，民事责任是民事主体违反在先的民事义务而承担的法律后果。①

第二，就范围而论，民事权利和民事义务是民事法律关系的内容，而民事责任是民事法律关系之外的概念。民事法律关系是民法最为核心的概念，包括主体、内容和客体。其中，民事法律关系的内容不仅包括积极方面的权利（权能、权限、取得期待），还包括消极方面的义务（屈从、负担）。民事权利与民事义务相互对立又相互联系，权利内容由义务予以表现，相应地，义务的内容由权利予以限定。②而民事责任并不是民事法律关系的组成要素，是民事法律关系之外的民事概念。

第三，就功能而论，民事权利和民事义务侧重宣示和指导功能，而民事责任则是预防和保障功能。民事权利以利益、自由为内容，民法总则之中民事权利旨在宣示私法自治精神，分编之中的民事权利以及相应的民事义务则在于指导民事主体可以为一定行为或不得为一定行为。民事责任却不一样。无论是民法总则之中或民法典分编之中的责任规定都旨在保障民事主体能够有效实现民事权益，并在一定程度上威慑民事主体，通过设置责任引导主体行为从而预防损害再次发生。③

因此，民事责任并不能等同于民事权利也不能等同于民事义务。

---

① 参见房绍坤《民法》（第三版），中国人民大学出版社 2014 年版，第 16—19 页。
② 参见徐国栋《民法总论》，高等教育出版社 2007 年版，第 153—154 页。
③ 参见周友军《侵权责任法专题讲座》，人民法院出版社 2011 年版，第 9 页。

本质上，侵权责任是一种民事责任机制，而非民事权利或民事义务层次的利益或法律约束。是故，作为责任层面的侵权责任自然不能定位为债，《侵权责任法》也不能定位为债法。就侵权责任的本质特征而言，《侵权责任法》应当定位为责任法。

二 民商合一视角下的《侵权责任法》应为自然人团体二元法

古代农业社会以及农业经济中并不存在发达市场经济，也不存在商业团体组织，个人以及个体农业经济能够自给自足，但古代社会以身份构建基本法律关系，此时家族是最为基础的法律主体形态。到近代社会，民法主张理性自然法学去除旧时代身份的限制，强调个人意志和契约自由，此时个人是最基础的法律主体形态，甚至是唯一的形态。例如，《法国民法典》最初并不承认团体组织的法律地位。然迈入 21 世纪后，市场经济高度发展，全民皆为商，商事主体与民事主体赫然已经无法绝对地分立，特别是团体性的商事主体与个体性的民事主体已无绝对。例如，现代法中的民事主体不仅包括个体性的自然人，还包括团体性的法人和非法人组织，而团体性的商事主体不仅包括团体性的商企业，还包括个体性的商个人，如个体工商户以及农村承包经营户。就此而论，现代社会中团体主体地位与自然人并无二致，都应当是最为基础的法律主体形态。[1] 即从法理上讲，民法规范的逻辑起点是个人主义，这种个人主义以个人理性和个人权利为基础核心。与此相反，商法规范的逻辑起点则是整体主义。一般来说，商事主体多系由多数人和资本组成的营利性人合团体。商法受团体法原

---

① 参见［德］迪特儿·瓦尔特《民法导论》，郑冲译，法律出版社 2006 年版，第 190 页。

理的支配，所以，对于以商主体为当事人的商事关系发生纷争时，其救济机制的制度供给也必须考虑团体法上的问题。①

　　事实上，商业化社会不仅意味着新型高科技的工业化社会以及高度风险化的现代化社会，还意味着传统侵权责任法的主体建构基础已经发生根本性的变化。具体而言，社会现实和理论的发展都促使侵权责任法建立以自然人责任和企业责任并重的现代责任主体模式。② 就社会现实而言，市场经济中企业的商业活动并不同于自然人，自然人侵权损害具有单一的，损失尚可预见和控制，而企业一旦侵权其侵权损害是大规模的、立体化的，侵权行为所造成的损失的范围和后果都是不容忽视的。例如，2008 年三鹿集团奶粉侵权引发"三鹿牌有毒奶粉事件"，造成数以亿计经济损失和无法计量的人身伤害。就驱动理论而言，传统民法个人侵权行为损害人身、财产安全和其他权益的危险往往不带有经济性，损害是偶发的、间断的，侵权行为人通过一定赔偿即可补偿受害人的损失，而以企业为中心的侵权行为，更多是有一定经济性目的和利益驱动，损害是常态的、连续的，侵权行为人没有能力也可能无法弥补受害人的损失。③

　　就此而论，团体组织的归责原则、侵权行为的认定以及损害赔偿的方式等都不能简单地等同于自然人。因此，《侵权责任法》不再应当是以个人为中心的自然人法，而应当定位为民事主体与商事主体并重的自然人团体二元法。然而，现行《侵权责任法》只是零星地确定某些商事主体责任制度，点缀在侵权责任法某些特殊侵权之中，例如，产品侵权责任、高危产业侵权责任，并未突破自然人法的基本定

---

　　①　参见刘道远《商事责任法律制度的反思与重构》，《北京工商大学学报》（社会科学版）2010 年第 5 期。
　　②　参见程啸《侵权行为法总论》，中国人民大学出版社 2007 年版，第 103 页。
　　③　参见周友军《侵权责任法专题讲座》，人民法院出版社 2011 年版，第 11 页。

位，也没有构建起以企业为中心的侵权责任主体模式。申言之，侵权责任法应当顺应时代的发展，构建满足现代商业社会需要的自然人和团体组织并重的二元侵权责任主体模式。

三　民商合一视角下的《侵权责任法》应为权利救济法

侵权责任是民事主体请求侵权行为人补偿或赔偿其损失，权利形式表现为请求权。但问题是，请求权权利属性即为债权，请求权的定位就意味着侵权责任仍然是债法。其实，以基础权利为核心的本权请求权与基于权利被侵权而发生的次权请求权并不相同。具体而言，两者存在以下区别。

第一，调整利益关系不一样。本权请求权是本权的组成部分，随着本权的产生而产生，消灭而消灭，表征为法律对利益的初始分配。例如，物权请求权、知识产权请求权、身份权请求权都是如此。而次权请求权则是基于本权受到侵害后，为平衡权利义务而进行的二次分配，不构成本权权利的基本内容。例如，侵权赔偿损害请求权、恢复原状请求权、排除妨碍请求权。①

第二，设置目的不一样。本权请求权的设置主要是：其一，使实体权利保护具体化以明确具体保护路径；其二，通过请求权设置连接使用债的基本规定以扩张民法典的内在功能；其三，全面整理请求权与诉讼时效的关系从而明确诉讼时效适用的范围。而次权请求权设置的主要甚至唯一的目的就是实现对被侵害的权利的保护或救济。"侵权法就是权利保护法，对于民事权利受到损害，理所当然应当由侵权

---

① 参见宋旭明《论请求权二元体系的划分标准——以物权请求权的体系归属为中心》，《湖南师范大学社会科学学报》2014 年第 2 期。

责任法予以救济。"①

第三，构成要件不一样。当事人提出本权请求权一般只需证明权利的圆满状态受到损害、威胁或妨碍，而且不受诉讼时效的限制。例如，当事人的物权受到妨碍，可以提出排除妨碍的物权请求权。而当事人提出次权请求权，大多数情形下还需要证明侵权行为人具有主观过错，并受诉讼时效的限制。例如，当事人的物权受到侵害，需要证明侵权行为人由过错方可提出损害赔偿的侵权请求权。

可以说，"基础性请求权与救济性请求权的区分，对于建立请求权二元体系进而理解民法上各具体请求权具有重要的意义"②。就此而论，《侵权责任法》是请求权法，但应当是次级请求权法，也就是权利救济法。事实上，本权请求权与次级请求权是相互联系、密不可分的，请求权二元体系能够强化请求权与主观权利的联系，从而使得请求权能够融入主观权利体系之中，使得主观权利体系更为完善、定位更加明确，也使得民事权利保护更为周全。另外，值得注意的是，物权、知识产权、亲属权、继承权等绝对权的请求权还可以转变为侵权责任，也就是权利救济层面的请求权，并规定在民法典侵权责任编之中，如此既不会破坏既有权利体系，也有利于民商合一的权利体系的整合。这也不失为一条整合请求权体系的可行路径。③

----

① 杨立新、曹艳春：《论民事权利保护的请求权体系及其内部关系》，《河南省政法管理干部学院学报》2005 年第 4 期。

② 宋旭明：《论请求权二元体系的划分标准——以物权请求权的体系归属为中心》，《湖南师范大学社会科学学报》2014 年第 2 期。

③ 参见汤文平《法典编纂视野下的请求权体系研究》，《兰州学刊》2016 年第 3 期。

第三节　民法典侵权责任编商事化塑造的基本路径

民商合一的立法体例要求《侵权责任法》应当定位为责任法、自然人团体二元法以及权利救济法，以契合商事化社会经济发展的责任机制。然而现行《侵权责任法》立法视角和基本定位仍然停留在传统民法思维，《侵权责任法》是债法、自然人法以及请求权法，并无商事化立法思维。这就意味着《侵权责任法》需要进行商事化的立法塑造，方能成为民商合一的民法典侵权责任编。才能满足建立现行社会主义市场经济体制相适应的侵权责任法体系的必然要求。本节拟以此为视角。

一　现行《侵权责任法》缺乏商事规范的主要表现

第一，研究方法缺乏经济学分析。法律意义上的商事侵权责任也是以公平为依托的。所谓的商事侵权责任是指商事主体在营业过程中需要承担的损害赔偿责任。在民商合一的立法背景下，商事侵权责任还应当具有独特性的民事责任。具体而言，商事责任的特殊性主要表现为，其一，侵权行为主体的特殊性，即侵权主体为商事主体；其二，发生领域的特殊性，即侵权发生在营业过程中。尽管如此，商事侵权责任的法律设计并没有脱离损害补偿的目的，也没有脱离民事公平价值的基本取向。然而，商事侵权责任法律规则仅以公平为价值导向尚不足以适用快速发展的商事生活，也无法满足市场资源的效率化配置，甚至导致民事法律与商事生活的脱轨。为此，运用经济学方法分析商事侵权责任法律制度具有重要的意义。公正价值以及效率价值也正是在法律调整市场机制过程中得以实现均衡。因此可以说，经济学分析有利于实现商事侵权责任的公平价值和效率价值的有效均衡。经济意义上的商事侵权责任是以效率为核心。

第二，权利保护的主体范围缺乏商事主体。可以明确的是，《侵权责任法》是保护人身、财产权益的基本法，但本质上只是保护自然人的人格权、身份权以及财产权益的基本法。关于商事主体虽然有某些适用规则，例如《侵权责任法》第 37 条明确商场、宾馆、娱乐场所等，却未明确纳入侵权责任法主体模式之中，也没有一般性规定，只是简单套用自然人侵权的一般规定。例如，《侵权责任法》第 1 条明确规定"为保护民事主体的合法权益"而制定本法。如此一来，尽管商事主体也可以适用《侵权责任法》中有关归责原则、承担责任方式、责任减免及不承担责任等规定。但由于商事主体并无团体化立法思维，导致《侵权责任法》也无法真正实现民商合一。事实上，《侵权责任法》所谓的民商合一还是以传统的民事思维展开的，其中主体立法规定仍然是自然人的立法思维，并没有体现团体性的商事主体在责任承担上所具有的独特性品格，也难以实现对商事主体的立法保护。

第三，权益保护的客体范围缺乏商事性权益。《侵权责任法》第 1 条确定"保护民事主体的合法权益"，第 2 条第 1 款则明确"侵害民事权益，应当依照本法承担侵权责任"，据此可以确定侵权责任法保护的客体范围是民事权益。第 2 条第 2 款又进一步明确民事权益的具体范围，即包括"生命权、健康权、姓名权、名誉权、荣誉权、肖像权、隐私权、婚姻自主权、监护权、所有权、用益物权、担保物权、著作权、专利权、商标专用权、发现权、股权、继承权等人身、财产权益"。不难发现，第 2 条第 2 款对民事权益的具体列举多涉及基本民事权利和利益，主要是自然人基于自然人特性所享有生命、健康、姓名等人格权益，基于自然人身份所享有的婚姻自主权、监护权等身份权益以及财产权益。然而，对于商事主体基于商事主体特性以及其从事商事交易活动而享有的商事权益，诸如商誉权、营业权以及营利性收益等具有特殊性的商事权利并没有提及。由此可见，《侵权责任法》所保护的权益范围并没有真正地考虑到特殊性的商事权益。

第四，归责原则缺乏适合商事化交易的一般性归责原则。所谓归责原则是"确定侵权责任承担理由或依据的基本原则"[1]。现代社会生活中，侵权行为的类型多样，适用的归责原则也不同。归责原则的历史演变是由单一的过错责任原则向多元归责原则体系变化的，在这一变化过程中，各种归责原则没有主次区分，但有适用领域的差异：无过错责任原则一般只能适用于商事侵权规则中，而过错责任原则一般适用于民事侵权领域。[2] 可以明确的是，尽管《侵权责任法》之中确立过错责任原则、过错推定和无过错责任原则等归责原则，但是《侵权责任法》确定责任的起点是权利主体自负其责，因此过错责任原则是最为基本和一般性的归责原则。换言之，过错责任原则是最基础性、最普遍也是最重要的归责原则，除非法律另有规定，否则应当适用过错责任原则。[3] 而对于商事经济交易而言，如果仅仅以适用民事主体过错归责原则的一般性规则，不考虑商事交易的特殊性，很难

① 参见周友军《侵权责任法专题讲座》，人民法院出版社 2011 年版，第 24 页。
② 参见刘道远《商事侵权责任对侵权责任法的挑战及其对策》，《法商研究》2010 年第 1 期。
③ 参见欧洲侵权法小组《欧洲侵权法原则：文本与评注》，于敏、谢鸿飞译，法律出版社 2009 年版，第 103 页。

实现对商事权利的救济，也无法妥当均衡商事交易双方的权益义务。这是因为，一方面，现代商业领域发生的大规模侵权案件主要是从案件当事人的特征和损害结果的层面出发而进行的类型化处理，而不是从侵权责任的归责原则出发的建构；另一方面，商事侵权个案中的归责原则并非唯一，而可能混合使用。① 概言之，过错责任原则仅仅是民事主体侵权的一般归责原则。对于商事交易中商事主体的侵权行为而言，由于侵权行为本身具有不可控性以及侵权后果伴随巨大的危害性，因此并不能以过错作为商事交易中的一般性归责原则。②

二　民法典侵权责任编开展商事化改造的一般原则

毋庸置疑，民法典侵权责任编应当遵循民商合一的立法体例。然而现行《侵权责任法》立法上尤其缺乏商事性规范。这就意味着应当对既有《侵权责任法》进行商事化立法改造，以完成民法典侵权责任编的商事化塑造。是以，为体现侵权责任的商事独特性品格，成为民商合一的民法典侵权责任编，至少应当坚持以下几个方面的原则。

第一，坚持商事责任的经济性。就经济层面而言，商事侵权责任的实质便在于实现商事主体在营业过程中产生负外部性的内部化。具言之，商事责任制度能够实现生产资源的效率化配置，主要因为，其一，商事侵权责任能够有效地降低交易成本。根据科斯定理，谈判费用，起草合同、个人信息等交易成本，在资源配置中起到至关重要的地位。在交易费用为零的情况下，当事人尚可自行协商、合作解决问题。一旦存在交易费用，成本便会溢出，即产生外部性。在商事侵权

① 参见刘道远《商事侵权责任对侵权责任法的挑战及其对策》，《法商研究》2010 年第 1 期。

② 参见许中缘《商法的独特品格与我国民法典编纂》（上册），人民出版社 2017 年版，第 183—185 页。

的情况下，由于双方当事人经济地位差异，商事主体占据有力的谈判地位，交易费用较高。此时，当事人之间更难以经济地协商。如此一来，商事责任法律规则便通过加重或确定由商事主体承担责任，实现负外部性的内部化，能够使得商事主体侵权行为所造成的社会成本最小化，由此提高分配效率。① 其二，商事侵权责任能够减少信息不对称所造成的逆向选择问题。商事交易中，经营者掌握绝大多数的信息，而消费者却几乎或很少能够获得相关信息，由此产生信息不对称。一方面，信息不对称有利于商事主体保持有利的地位，实现效率化经营；另一方面，信息不对称会引发消费者逆向选择的问题，即消费者选择质量较差的产品，导致劣质品驱逐优质品，最终市场产品平均质量下降。商事主体的商事程度越高的交易中信息不对称就越发明显，甚至可能会引发市场失灵。由此，确定商事主体严格责任或惩罚性赔偿的商事侵权责任机制，能够减少信息不对称所引发的逆向选择，从而实现市场资源的有效配置。② 其三，商事侵权责任能够通过损失的价格化，实现赔偿的效率化。就一般民事侵权而言，侵权主体承担责任方式呈现多样化，包括但不限于损害赔偿，恢复原状、赔礼道歉、排除妨碍等。而商事侵权责任承担方式则主要是损害赔偿，旨在通过损失的价格化，再用相应的金钱赔偿或替代损失。如此一来，价格化损害能够通过替代给付以此使得外部性损失内部化，从而实现效率化的责任承担机制。③

---

① See Henry N. Butler, *Economic Analysis for Lawyers*, Carolina Academic Press, 1998, pp. 175, 336.

② See Richard A. Posner, *The Economics of Justice*, Cambridge, MA：Harvard University Press, 1983；William M. Landes and Richard A. Posner, *The Economic Structure of Tort Law*, Cambridge, MA：Harvard University Press, 1987.

③ See Richard A. Posner, *Economic Analysis of Law*, Aspen Publishers, 2011, pp. 134 – 138.

第二，坚持商事权益的特殊性。民事权益的内在结构是二元的，它是民事权益和商事权益的内在统一。从民法发展的最初形态判断，调整商品经济关系，保护商事权益是民法最为重要的功能之一。因此，商事权益的保护和民事权益的保护具有同等重要的位置。[①] 侵权责任法是为实现对权利主体权益的保护，其中保护权利的客体范围是侵权责任法最为关键的问题。[②] 就比较法而言，目前主要存在两种不同的保护模式，其一，抽象概况式。典型的如《法国民法典》第1382条规定："任何行为使他人受损害时，因自己的过失而致行为发生之人对他人负赔偿责任。"可以说法国民法正是通过损害和过错作为抽象标准来确定民法的保护范围。其二，具体列举式。典型的如《德国民法典》第823条第1款即规定："故意或有过失地不法侵害他人的生命、身体、健康、自由、所有权或其他权利的人，有义务向该他人赔偿因此而发生的损害。"由此可见，德国民法中权益的保护范围主要是通过具体列举生命权、身体权、健康权、自由权、所有权等绝对权利来确定的。两种保护模式各有优势，抽象概况式有利于保持法律的开放性，容纳新型权益，具体列举式则有利于法律具体的适用。[③] 我国《侵权责任法》立法采用的是具体列举的模式，但规范更为全面，第2条详尽地列举18种人身、财产等绝对性权益。[④] 其实，无论是《法国民法典》中确定保护范围所采纳的抽象概括式或《德国民法典》中采纳的具体列举式，都是架构在民商分立立法体例的基础

[①]　参见刘道远《民事权益结构中的商事权益——兼论商事权益的法律构造》，《河南财经政法大学学报》2012年第3期。

[②]　参见姜强《侵权责任法的立法目的与立法技术》，《人民司法应用》2010年第3期。

[③]　参见曹险峰《我国侵权责任的侵权构成模式——以"民事权益"的定位与功能分析为中心》，《法学研究》2013年第6期。

[④]　参见王利明《论我国〈侵权责任法〉保护范围的特色》，《中国人民大学学报》2010年第4期。

之上。也就是说，侵权责任立法上根本没有考虑商事权益的特殊性。从《德国民法典》第 832 条所列举的具体权利中就可见一斑。事实上，侵权责任法所保护对象范围呈现出不断扩张的趋势。① 就此而论，尽管我国《侵权责任法》第 2 条极大地扩充了《德国民法典》第 823 条所列举的受保护的权益范围，增加了名誉权、荣誉权等人格权利、婚姻自主权、监护权等身份权利，细化规定用益物权、担保物权、知识产权等财产权利，甚至还融入具有商事独特性的股权。但是，《侵权责任法》作为民商合一的民法典侵权责任编所保护权益的范围就不应当延续民商分立的《德国民法典》的立法规定，也不应当局限于以民事主体为中心确定的民事权益，民商合一要求民事权益内在地要求其涵盖商事权益，对商事权益的保护也是民法不可推卸的责任，② 还要充分地、系统地考虑商事主体所享有的特殊性的商事权益，以此实现对商事主体合法权益的保护。例如，商事人格权（商誉权、商号权、商业形象权、商业秘密）、商事财产权（营业权、企业财产权）、商事身份权（股权）等。

第三，坚持商事归责的严格性。其实，"归责原则应当是对于某一类型侵权责任中归责基础的总结"，以实现"同类的问题能够普遍适用的基本原则"③。民事侵权行为以故意或过失的过错作为民事主体承担责任的基本原则，由于商事交易的营利性以及商事侵权行为性质的持续性决定了商事归责原则不能简单地等同于民事归责原则。商事活动能带来丰厚的利润，但同时风险也极大，参与其中的商人均有控

---

① 参见杨立新《侵权责任法》，法律出版社 2010 年版，第 14—15 页。

② 参见刘道远《民事权益结构中的商事权益——兼论商事权益的法律构造》，《河南财经政法大学学报》2012 年第 3 期。

③ 参见王利明、周友军、高圣平《中国侵权责任法教程》，人民法院出版社 2010 年版，第 120 —121 页。

制自己风险的强烈渴求，同时，商人又是一个理性的、自治理念的践行者，因此，其必然通过契约的自治手段将交易风险在当事人间进行协商和分配。这就是严格责任产生于商人约定的最初理由。① 在商事交易中，商事主体往往占据优势地位，处于强势一方，在营业过程中所实施的侵权行为具有营利性以及大规模的损害性，此时再要求受害者举证商事主体具有主观过错就显得极为不公平。例如，企业销售电器过程中，发生爆炸损害若干消费者的健康权或财产权，如果损害并非产品缺陷造成则不能适用产品责任的相关规定，而要适用过错责任的一般归责原则，也就是受害一方需要举证商事主体的具有主观过错才能要求其承担侵权责任。是故，对于商事侵权的归责不能简单适用过错责任的一般性规定，还需要另行确定一般性的归责原则，明确商事主体一般商事侵权归责应当具有严格性，即不要求商事主体具有主观过错。事实上，"在侵权领域，商法对商事主体及行为的责任规定也是严格的"②。从比较法视角来看，以雇主责任、企业组织责任和危险责任为中心的企业责任，在归责原则方面都采纳了严格责任原则。可以肯定的是，商事责任的归责原则已经不能建立在以自然人为基础的过错责任原则之上，其早已不能胜任现代高风险的工业社会责任承担。③

第四，坚持商事侵权的预防性。传统侵权责任法的基本功能在于填补受害人的损失，也就是补偿功能。"这既意味着受害人遭受的实际损害都应当受到赔偿，也意味着受害人也不能因此得到利益。"④ 但

---

① 参见李春《民、商区分立场下的商事归责研究》，《人民司法·应用》2010 年第 19 辑。

② 王卫国：《过错责任原则：第三次勃兴》，中国法制出版社 2000 年版，第 293 页。

③ 参见刘道远《商事责任法律制度的反思与重构》，《北京工商大学学报》（社会科学版）2010 年第 5 期。

④ 周友军：《侵权责任法专题讲座》，人民法院出版社 2011 年版，第 11 页。

是商事领域中风险与收益并存，商事主体在盈利过程中往往伴随着一定程度的风险性。强调侵权责任法的预防功能是自 20 世纪 70 年代以来世界诸多国家侵权责任法改革的主要特点。这种转变的社会考量是现代侵权责任法"取向于普通人利益和公共利益的文化变迁"①，经济上的考量是因为根据法律经济分析方法，侵权责任法的中心任务应当是实现与损害有关的社会成本的最小化。② 因此，一切侵权责任法改革方案的重要评估标准，就是看其是否能实现预防功能的最优化。民商合一的侵权责任法不仅意味着要实现补偿功能，还要求实现预防功能或者说是防患于未然的功能。例如，恶劣的天气条件给运输业带来较大的经济利益的同时，存在运输容易失误而侵权的风险。而危害一旦发生会给受害人乃至社会造成难以恢复的重大损失，此时再追究商事主体侵权责任尽管一定程度上能够弥补受害人的财产损失，但是受害人的人身损害是无法补偿的，社会本身也会支出巨大的成本。"商事责任制度设计以预定功能为导向，以可剥夺商事利益为基础。"③ 因此，考虑到商事侵权行为的特性，对于商事侵权规则的配置，要更加注重对商事侵权的防范和预防，强化侵权责任法的预防功能。法律经济学对侵权责任法的分析范式也体现了侵权责任法的预防功能，如"汉德公式"（Hand Formula）④ 的制度基础即在于确定对损害的承担预见和防止义务的责任方。在当代，"损害"这一范畴已从

① 王卫国：《荷兰经验与民法再法典化》，中国政法大学出版社 2007 年版，第 4、39 页。

② See Israel Gilead, "Tort Law and Internalization: The Gap Between Private Loss and Social Cost", *International Review of Law and Economics*, Vol. 17, Issue 4, December 1997, pp. 597 – 599.

③ 童列春：《商事责任的法理分析》，《理论与改革》2017 年第 5 期。

④ See Patrick J. Kelley, "The Carroll Towning Campany Case and the Teaching of Tort Law", *St Louis University Law Journal*, Vol. 45, 2001, p. 733.

传统的实际损害、现实损害的观念发展到涵盖了潜在和未来的损害。由此，一方面，商事侵权责任规则应当尽可能地引导商事主体合法地行为，避免损害损失的发生，例如，设置诸如惩罚性赔偿的加重责任遏制潜在商事侵权；另一方面，为有效地预防或防治商事侵权行为，还需要设计事前商事责任制度，即不针对具体侵权行为，只是针对违法的可能性。例如，当事人即使损害未实际发生但可证明存在较大隐患，也可要求赔偿。①

第五，坚持商事损失的保障性。商事责任中诸如严格责任、加重责任以及事前责任等责任制度，尽管能够有效地保护受害人的权益，保障交易安全，但是对于商事主体而言却造成过重的责任负担，由此可能会阻碍社会经济的发展与效率。为此，"各国商法均创设了相关的制度，不能让投资者承担一切赔偿责任，而应对期责任加以适当限制，由社会合理分担一部分风险责任。如有限责任公司制度、商业判断原则、限定损害赔偿的范围和最高赔偿数额、责任保险制度、商主体的破产救济制度、简易免责制度、风险分散制度"②。尤其是保险制度的产生、发展相当程度上改变了侵权责任关系责任配置，使得商事主体的责任部分转移到保险机构，最终实现责任的社会化保障。在传统侵权法中，从未出现过一个现代金融手段的方式平抑企业经营风险的工具，增加损害赔偿能力的最有效手段就是连带责任，而责任保险的出现从根本上改变了侵权法的损害填补功能。③ 其实，保险制度的发展也使得自然人与团体二元主体的责任机制与社会（国家）责任制度相融合。责任保险、社会保险、国家补偿和社会救助等多种多样的

---

① 参见李春《商事责任研究》，吉林大学博士学位论文，2010 年，第 134 页。
② 樊涛：《我国商事责任制度的缺陷及重构》，《法商研究》2009 年第 4 期。
③ 参见朱岩《风险社会与现代侵权责任法体系》，《法学研究》2009 年第 5 期。

补偿方式以及保障机制的发展和完善，使得受害人具有更为便利迅捷寻求救济的途径，并推动商事责任制度的效率化处理，强化了商事侵权责任的损害填补功能。① 如学者所述"商业活动并非仅仅为商家带来利润，同时为社会带来经济利益，为政府带来就业、税收贡献"②。是故，侵权责任制度不仅需要强化商事主体的商事责任，同时还要考虑设置保障机制，确保商事主体侵权的赔偿责任在合理的范围内，以保证商事交易的效率运行。

三　民法典侵权责任编开展商事化改造的具体规则

就既有《侵权责任法》保护权益范围的具体立法条文而言，规定得过于狭窄且定性不周。因此，民法典侵权责任编，首先应当扩大民事权益内涵和外延，以贯彻民商合一的立法理念。具体而言，包括以下几个方面。

其一，调整《侵权责任法》第 1 条规定的主体范围。我国 2017 年 3 月颁布的《民法总则》第 2 条主体的表述较《民法总则（草案）》以及二审稿第 2 条有重大的变化，即将"平等民事主体"改为"平等主体"，如此一来，去除了民法只调整民事主体之印象，强化民商合一之理念。民法典侵权责任编也应当如此。相应地，第 1 条可以调整为："为保护主体的合法权益，明确侵权责任，预防并制裁侵权行为，促进社会和谐稳定，制定本法。"

其二，扩充《侵权责任法》第 2 条第 1 款保护的权益范围。《侵权责任法》第 2 条第 1 款即明确本法保护范围是民事权益。但是，民

---

① 参见杨立新、曹艳春《论民事权利保护的请求权体系及其内部关系》，《河南省政法管理干部学院学报》2005 年第 4 期。

② 童列春：《商事责任的法理分析》，《理论与改革》2017 年第 5 期。

事权益并不能囊括侵权责任法所保护权益的全部范围。事实上，"民事权益"扩充为"权益"更为恰当。这样一来，就从抽象层面，扩充《侵权责任法》所保护权益的范围，为保护商事性权益预留空间。因而，侵权责任编第 2 条第 1 条相应地调整为："侵害权益，应当依照本法承担侵权责任。"同时不得不承认的是，侵权法的保护范围涵盖法益是现代社会的趋势，《法国民法典》采完全开放的保护范围固不必说，《德国民法典》采权利与法益区分立法、保护法益乃法之当然，即便是日本，也在其民法第 709 条增加了"法律上保护的利益"，从而实现了判例法向实证法的过渡。①

其三，增加《侵权责任法》第 2 条第 2 款的商事化权益类型。第 2 条第 1 款所保护的抽象意义上的"权益"是特殊性商事权益的基础。据此，在第 2 条第 2 款中还需要具体细化商事权益，可以借鉴《德国商法典》《法国商法典》《日本商法典》以及《瑞士民法典》《意大利民法典》等有关商事权益的规定，增加由商事主体所享有的商事性权利，例如商誉权、营业权、经理权、代办权等。② 第 2 条第 2 款相应地调整为："本法所称权益，包括生命权、健康权、姓名权、名誉权、荣誉权、商誉权、肖像权、隐私权、婚姻自主权、监护权、所有权、用益物权、担保物权、著作权、专利权、商标专用权、发现权、股权、继承权、代办权、经理权等人身、财产权益。"

其四，在《侵权责任法》第 7 条中增加商事主体承担无过错的一般性规定。过错责任原则是《侵权责任法》中一般性的归责原则。但在商事侵权中，过失责任并不能均衡商事主体与受害人的权利义务，

---

① 参见张志坡《认真对待侵权法的保护范围——〈侵权责任法〉第 2 条之得失与改进方向》，《苏州大学学报》（法学版）2016 年第 4 期。

② 参见《德国商法典》，杜景林、卢谌译，法律出版社 2010 年版，第 25 页。

也不利于实现效率价值。① 因为商事侵权中难以确定过失责任的过失标准。不同于法律意义上确定一般民事主体注意义务的抽象标准，经济学意义上的过失责任可以通过汉德公式推论得出。根据汉德公式（learned hand），在 B > LP 的情形下（B 是行为人负义务，L 是赔偿责任，P 是承担责任的可能性），则认为侵权行为人采取最佳注意措施，不需要承担责任，B < LP 则反之。② 尽管在一定程度上汉德公式能够合理量化过失标准，有利于预防风险，但问题是汉德公式中 B，L，P 因素本身就难以确定，而且侵权行为人还能够利用汉德公式逃脱责任。事实上，美国法院在使用汉德公式经常容易忽视自我风险降低的收益，导致过失标准设定过低，极大影响过失责任的效用。③ 商事侵权中确定过失标准的成本过高。过失标准一般通过以下两个途径确定：其一，法院在具体案件的审理中，通过汉德公式确定合适的过失标准；其二，立法机关通过汉德公式确定等同于效率注意水平的过失标准；无论是法院或是立法机关必须获得侵权事故准确且较为全面的信息，才能确定适当的过失标准。立法机关还需遵循一定立法程序才能确定法定的过失标准。因此可以发现，在确定当事人是否尽到效率的注意义务的过程中，存在较高的信息成本和管理成本。这意味着过失责任并不契合商事侵权责任的效率价值。④ 商事侵权中过失责任只能在短期内激励最佳注意水平。一般而论，过失责任能够激励侵权

---

① 参见冯志军、李军《侵权归责原则的法经济学分析导论》，《山西财经大学学报》2008 年第 6 期。

② 参见冯珏《汉德公式的解读和反思》，《中外法学》2008 年第 4 期。

③ 法经济学上，汉德公式一般解读为，B 为边际预防成本，L 为赔偿损失成本，P 为边际可能性。Cooter and Ulen, *Law and Economics*, Berkeley: Pearson Education Ltd, 2014, pp. 214 – 217。

④ See Michael Faure, *Environment Law and Economics*, Maastricht University Published, 2016, p. 80.

行为人采取最佳的注意措施，实现效率。但在商业市场背景下，即使法院或立法机关能够获得充分信息，过失责任作为商事主体的归责原则也是不效率的。这就因为短期内，商事主体数量保持不变，商事主体适用过失责任归责尚不需承担自身侵权行为的成本，不会改变市场价值，但从长期来看，过失责任归责会降低市场价格以及准入成本，导致大量商事主体进入该行业，而过失责任标准并不足以妥当地管制大量增加的商事主体，也无法有效激励商事主体最佳注意水平。商事关系的独特性需要特有的商事责任，以民事责任制度来规范商事活动，违背商事立法的精神，不利于商事权利的保护。事实上，商事主体应当承担严格责任。民事主体，尤其是自然人，其防范风险的能力差，面对风险，仅具备有限的甚至没有相应的风险防御机制。因此，除非特殊情况，法律不能也不应当预期其承担超出适用过错原则，行为人因过错侵害他人权益而承担侵权责任是正当的归责逻辑。从严格责任的历史发展来看，只要人类所面临的风险存在不对称性或是严重到足以构成对生命的威胁，当安全需要超过了其他的人性需求，严格责任体系就有其发展的舞台。① 然而，商事主体，特别是大型商事企业，已经具备相当的风险防范措施，其从事营业活动具有持续性和职业性，并且其行为往往伴有巨大利润。如此，再以过错责任原则作为商事主体一般性归责原则，实为不妥。在商事领域如果受害者必须证明加害人具有过错，则在实践中，作为弱者的受害人几乎不可能获得赔偿。这就意味着商事主体适用的归责原则应当不同于民事主体，即应当以无过错责任为一般性归责原则。严格责任在现代风险社会的重要价值决定了它在商事侵权责任法规则体系中的一般地位。在风险预

---

① 参见刘道远《商事责任法律制度的反思与重构》，《北京工商大学学报》（社会科学版）2010 年第 5 期。

防实现方面，严格责任比过错责任原则更能保障安全价值的实现；从对受害人权益保护角度，严格责任能够保障充分补偿受害人，有效保护其利益。① 严格责任能够有效激励商事主体最佳注意水平和行为水平，事实上，商事侵权大多发生在单方性事故的情形下，例如，产品侵权、环境污染侵权，而且附过失抗辩的严格责任在双方性事故情形中也能发挥激励双方当事人行为的作用。是故，并不能因为单方性或双方性而否定严格责任的效用。相反，严格责任作为商事侵权的归责原则具有以下几个方面的优势。

第一，有利于降低信息费用和管理费用。过错责任的过错标准的确定，不仅难以确定相关因素，而且会给法院或立法机关带来较高的信息费用和管理费用。严格责任则不需要确定任何过错标准，只要商事侵权行为人实施一定侵权行为，给受害人造成损失，且行为与损失之间存在因果关系，商事侵权行为人就需要承担。也就是说，严格责任是由商事侵权行为人实现负外部性的内部化，就商事侵权的一切损失承担责任。就此，法院以及立法机关并不需要获得商事侵权行为人的过错信息，确定相关的过错标准，从而能够有效降低侵权的社会成本（信息费用和管理费用），实现效率。②

第二，考虑到侵权行为人的行为水平。所谓行为水平，即指实施某一行为的次数。商事侵权的发生不仅受到商事主体所尽的注意义务的影响，也受到行为水平的影响。"总体言之，商事主体最终承担责任是实现最佳注意水平以及最佳行为水平带来的减少侵权的可能性和

①　参见王艳萍《商事责任侵权责任之内涵论析》，《湘潭大学学报》（哲学社会科学版）2011 年第 3 期。

②　See Shavell, "Strict Liability versus Negligence", *Journal of Legal Studies*, Vol. 9, No. 1, January 1980, pp. 1 - 25.

严重性的收益的内部化。"① 是故,商事侵权归责原则不仅需要考虑到激励侵权行为人的注意水平,还要考虑到激励其行为水平。然而,过失责任意味着法院遵循法定过错标准,无法确定商事主体的最佳行为水平,也不能因此认定存在"过错"。严格责任则不同,其不论过错,使得商事侵权行为人需要承担所有商事侵权责任。尽管这样,一定程度上会增加法院审理的费用,但也正是如此,侵权行为人为减少预期总成本会采取最佳的行为水平。② 因此,严格责任不仅能够激励商事主体最佳注意义务,还能够激励当事人的最佳行为水平,以实现预期责任成本的最小化。

第三,有助于发挥长期的激励作用。尽管过失责任与严格责任短期内都能够有效激励商事主体。但是从长期来看,严格责任才是激励商事主体最佳注意义务和行为水平的归责原则。这是因为商事主体的数量会在长期的商业市场环境中增加,过失责任需承担自身侵权行为的成本,由此改变商品市场价值,而严格责任并不需要承担由部分管制行为造成的损失,其自身侵权行为的成本也能够内部化,这些损失都不会反映到商品市场价格之中,因此严格责任归责能够保持商品市场价格,也能够确保市场机制持续稳定。是故,严格责任能够长期地发挥激励商事主体的作用。③

具而言之,可以在《侵权责任法》第 7 条中增加商事主体承担无过错的一般性规定。④ 再将其适用范围扩大到现代社会社会风险多发

---

① Cooter and Ulen, *Law and Economics*, Berkeley: Pearson Education Ltd, 2016, p. 212.

② See Michael Faure, *Environment Law and Economics*, Maastricht University Published, 2016, p. 84.

③ See A. Mitchell Polinsky, *Strict Liability versus Negligence in a Market Setting*, Cambridge MA, January 1980, pp. 5 – 12.

④ 参见许中缘《商法的独特品格与我国民法典编纂》(上册),人民出版社 2017 年版,第 186—187 页。

的领域，也是商事侵权行为多发的领域。使严格责任标准从特定责任类型向一般化方向发展。

其五，《侵权责任法》中增加惩罚性赔偿一般规定。商事主体在实施可能的侵权行为的同时，既会考虑到收益，也会考虑到存在的成本，以此实现产出的效率化。是故，成本收益分析是研究商事侵权行为的基本方法。具体而言，商事主体在生产某商品时考虑到的成本至少包括：一是产品生产或制度成本；二是确保产品安全而增加的生产或制造成本；三是补偿或赔偿消费者损害的成本；四是流失消费者而增加的潜在成本。根据成本收益分析，只有在获得收益超过支出成本的情况下，商事主体才能盈利。因此，只有当销售产品或服务的收益大于产品成本以及赔偿责任成本时，商事主体才会生产该商品。另外，根据边际效应递减的规律，只有在安全控制的增加额外成本等于减少赔偿以及增加客户的收益时，商事主体才能够实现利益最大化。因此，商事主体会不断调整产品安全成本，以期达到产出效率。① 这意味着，应当根据成本收益确定商事侵权的赔偿金额。传统的民事责任旨在恢复受害者的损失，赔偿金额或方式是以受害人受到损害为基础而确定的。例如，某主体人格权受到侵害，需要根据受害人的损失确定赔偿责任的具体金额，受害者并不会因此获利，以此恢复权利义务的公平配置。然就商事侵权而言，以恢复受害人损失为赔偿标准，一方面，可能由于消费者所受的损害远低于商事主体获得利润引发"效率化侵权"，导致侵权责任制度形同虚设；另一方面，可能因为消费者所受到损害远超出商事主体营利甚至资产导致商事主体破产，最

---

① See Cooter and Ulen, *Law and Economics*, Berkeley: Pearson Education Ltd, 2014, pp. 3 – 4.

终也难以恢复受害人的损失。① 由此可见，恢复受害者损失的补偿责任并不能有效地规制商事侵权行为。其实，商事主体为实现盈利以及产出效率，必然会考虑赔偿成本。在赔偿成本大于获得利润情况下，继续侵权是不经济的。就此而论，成本收益才是确定商事主体赔偿金额的合理标准。②

申言之，惩罚性赔偿是更为效率的商事赔偿责任，其赔偿金额高于一般损害赔偿，增加赔偿成本，从而能够有效威慑商事主体的侵权行为。但同时需要注意的是，我国《消费者权益保护法》确定固定倍数惩罚性赔偿实际上还是以消费者所受到损害为基准，尽管方便实施操作，却不契合效率也有失灵活，难以发挥威慑商事主体的功能。因此，惩罚性赔偿应当根据成本收益确定高于一般民事损害赔偿，同时不能超过商事主体责任限度的商事赔偿责任。③ 是以，尽管《消费者权益保护法》第 55 条第 2 款就确定了产品侵权责任中经营者需要承担的"惩罚性赔偿"责任，即"经营者明知商品或者服务存在缺陷，仍然向消费者提供，造成消费者或者其他受害人死亡或者健康严重损害的，受害人有权要求经营者依照本法第四十九条、第五十一条等法律规定赔偿损失，并有权要求所受损失二倍以下的惩罚性赔偿"。我国《侵权责任法》第 41 条明确产品存在缺陷造成损害即产生侵权责任，产品侵权责任无疑属于无过错责任，消费者要求生产者承担侵权责任并不要求生产者具有主观过错，也按照无过错原则要求商事主体

① See Maastricht University Liability, *Limiting Liability in Commercial Enterprises*, Colum, L. Rev, 1957, pp. 88 – 90.

② See Report of the Governor's Blue Ribbon Commission, *The Commercial Liability Insurance Crisis*, Hamline L. Rev, January 1987, pp. 507 – 514.

③ See Don Tracy, "Disclaiming and Limiting Liability for Commercial Damages", *Com, L. J*, Vol. 83, No. 8, 1987, pp. 20 – 23.

承担惩罚性赔偿。该规定具有合理性。① 事实上，对于商事主体施加惩罚性赔偿责任的目的和功能主要是预防损害再次发生，从而有效地防止商事侵权行为。传统侵权责任法以事后填补损害为基本功能。然而，损害一旦发生，即便受害人可得到足额补偿，就整体社会财富而言，损失也是不可弥补的。现代侵权责任法应以预防和避免损害的发生而非事后补偿损害作为第一要务。补偿性的损害赔偿固然也可以起到一定的预防作用，但对唯求私利为目的的故意侵害等情形，补偿性损害赔偿难以起到有效的遏制和预防作用。② 商事主体的风险活动已成为现代侵权法的主要调控对象。因此，商事主体的商事侵权行为应当给予一定的惩罚，作为商事侵权的预防机制规定在侵权责任法的一般规定之中。换言之，民法典侵权责任编中应当设置商事主体侵权适用惩罚性赔偿责任的一般性规则，明确商事主体在商事交易过程中给其他主体造成损失或损害的，即可适用惩罚性赔偿。

其六，《侵权责任法》中增设商事责任的保障机制的一般性条款。我国目前社会保障制度并不健全，而市场经济又处于高速发展的特殊时期。此时，如果一味地加重商事主体的侵权责任，忽视社会以及国家的保障功能和责任，容易导致市场交易的非效率化，最终妨碍市场经济的建设。事实上，商事主体的侵权，特别是大规模的商事侵权往往会演变为危害公共安全的社会事件。例如，三鹿奶粉事件、蚁力神非法集资事件等大型商事侵权的事件中，社会与国家也无法置身事外。就此而论，侵权责任法要实现对主体权益的保护还意味着强化社会保险和国家保障，并增加损失分担机制。诚如学者所言，"强化侵

---

① 参见朱广新《惩罚性赔偿制度的演进和适用》，《中国社会科学》2014 年第 4 期。

② 参见郭明瑞、张平华《侵权责任法中的惩罚性赔偿问题》，《中国人民大学学报》2009 年第 3 期。

权责任法的救济功能，更加注重对受害人的人权保障和对弱势一方的倾斜保护。同时，应当重视侵权责任法对民商事行为的规范指引功能，深入研究如何通过具体制度设计，在传统的赔偿损失、惩罚侵权基础上，增加侵权责任编的修复社会关系、分担风险等功能"①。是故，民法典侵权责任编还应当考虑在一般规定的章节之中设置保障性的责任条款，即明确商事主体强制缴纳保险金的义务，从而在商事主体侵权时，能够通过保险制度将商事责任进行社会化分摊。同时，在大规模商事侵权中，商主体的行为造成重大社会灾难之时，数以万计的受害人所主张的损害赔偿会远远超出企业的赔偿能力，导致加害企业破产。为了避免"公害"事件给社会稳定造成负担，可以在未来的侵权责任法编中设置相关制度让国家或地方政府以"垫付"方式预先向受害人赔付，使政府适当分担商事责任。② 值得提出的是保险等社会保障制度并不能够承担界定最终赔偿责任的任务，否则将发生损害社会化的后果，并完全抵消侵权法所追求的行为矫正和损害预防功能。正是从这种意义上出发，侵权法成为现代损害救济体系中的"代为追偿前提条件法"（Recht der Regressvoraussetzungen）。③

另外，还需要相应地调整《侵权责任法》中"民事权益"的表述，例如，第6条、第7条、第23条、第33条中均表达为民事权益。民法典侵权责任编中应当将"民事权益"的表达统一地调整为"权益"。④

就既有《侵权责任法》商事责任的具体立法条文而言，有关商事

---

① 姜建初：《把握民法典侵权责任编功能定位 反映时代特征和中国特色》，《检察日报》2016年10月31日第3版。

② 参见朱岩《风险社会与现代侵权责任法体系》，《法学研究》2009年第5期。

③ See Kotz/Wangner，"Deliktsrecht"，*Luchterhand*，Vol. 10，2006，p. 21.

④ 参见许中缘《商法的独特品格与我国民法典编纂》（上册），人民出版社2017年版，第185—186页。

归责的一般性规定，商事预防机制以及保障机制都存在缺失。因此，民法典侵权责任编还需要设计商事责任制度。所谓商事责任是"商主体在商事活动中因违反商事义务而承受的不利法律后果"。① 当然，商事责任并不完全独立于民事责任，没有必要在民事责任之外另设置商事责任，但是还需要在侵权责任制度中体现商事责任的特殊性，以此实现立法的简约性以及商事化立法的特性。相较于传统民事侵权责任，商事责任的特性表现在其归责原则以严格责任为基础，责任形态经济化，其侵害的客体也比较复杂，鉴于商事侵权责任内涵的独特性和区别于一般民事侵权责任的特点，在未来民法典侵权责任法编中应有所反映。《侵权责任法》颁布前，立法者和学界对《侵权责任法》中是否应该设计商事侵权责任存在巨大分歧。赞成者认为，商事侵权行为在现实生活中大量发生，并严重侵害了当事人的合法权益，商事侵权责任制度的缺位导致受害人没有恰当救济途径，由此引发了一系列社会矛盾。反对者则认为，《侵权责任法》中规定商事侵权责任准备不够充分，可以暂时搁置。② 实际上，各国对商事责任的规定均体现为民法典与商事单行法相结合的形式，各国均不在商法典中规定商事责任。其原因就在于抽象的商事责任并不存在或者说难以对商事责任做出抽象的规定，只能在相关的具体商法规则之后规定相应罚则或法律后果。③ 未来的侵权责任法编不仅要规定商事侵权责任制度，而且要通过法经济学路径论证商事侵权责任在侵权责任法中的内涵和独特性。

---

① 樊涛：《我国商事责任制度的缺陷及重构》，《法商研究》2009 年第 4 期。
② 参见王艳萍《商事侵权责任之内涵论析》，《湘潭大学学报》（哲学社会科学版）2011 年第 3 期。
③ 参见樊涛《我国商事责任制度的缺陷及重构》，《法商研究》2009 年第 4 期。

第四节　民商合一视角下民法典侵权
责任编的体系效应

在民商合一的立法体例下，民法典侵权责任编为责任法、自然人团体二元法、权利救济法的基本定位，不仅意味着侵权责任编是《民法总则》的特别法，需要承接总则主体制度以及责任制度的一般性规则，也意味着侵权责任编是物权编、合同编、亲属编、继承编等权利法的保护法，还需要延展其他各分编权利的基本体系。可以说，侵权责任编构成民法典体系的重要一环，必然无法脱离于民法体系之外。是故，侵权责任编的立法设计应当充分考虑到民法典的体系性。本节拟以此为研究视角。

一　民商合一的侵权责任法的体系效应

诚然，无论是以民法典为中心构建的民法体系，还是以民法解释学为中心构建的民法学理论体系，都意在通过构建完善的、健全的体系最终实现民法典的价值理念。所谓民法体系和民法学理论体系，"是由具有内在逻辑联系的制度和规范所构成的，是具有内在一致性价值所组合的体系结构"[①]。因此，民商合一的侵权责任法所引发的体系效应，绝不是简单的影响民商事制度、民商事立法的某些规定，而是会对包括立法目的、规范意义，适用范围、正当性基础等体系强制

---

① 王利明：《法律解释学导论——以民法为视角》，法律出版社 2009 年版，第 242—244 页。

性内容产生重大影响。进而言之，民商合一的侵权责任法的体系效应意味着民法体系和民法学理论体系中结构的逻辑性、内容的连贯性以及连接的有机性都会受到影响，甚至会改变民法体系和民法学理论体系的构建路径。其中，一个最为重要的方面是对民法典结构体系的影响。具体而言，侵权责任编构建统一的民事责任制度，影响着民法典体系以及民法学理论体系从民事主体—权利（义务）双层结构体系转向民事主体—权利（义务）—责任（权利保护）的三重结构体系。

值得强调的是，传统大陆法系国家立法并没有单独规定侵权责任，而我国的《民法通则》尽管第六章专门设计民事责任一章，但是由于处于计划商品经济的特定时期，欠缺商事化立法思维，并没有周全地考虑到市场经济之中商事性规范，更遑论安排具有独特性的商事规则，由此也无法实现民商合一的民事责任立法。典型的如《民法通则》中主体制度侧重于自然人以及行政主体制度的安排，民法通则之中较为详尽地设置了自然人、个人合伙、机关法人以及事业单位等主体制度，但缺失公司、合伙企业等商事主体的一般性规则。而《侵权责任法》秉承《民法通则》的价值理念，尽管有限的某些条文中体现了民商合一的立法体例，却没有贯彻民商合一的立法思维，也没能够很好地确定商事责任的独特性规范。① 例如，《侵权责任法》中有关侵权责任主体、权益范围、归责原则、责任承担方式等都是基于传统的民事思维视角而展开的。

事实上，我国社会尚处于市场经济发展的关键时期，需要统一的民事责任制度保障市场经济秩序，维护市场经济有序的发展。② 民商

---

① 参见许中缘《〈民法总则〉创新民商合一的立法贡献》，《法学》2017 年第 7 期。
② 参见李中原《当代中国法治化进程中的民法典编纂反思——历史使命、现实定位与路径选择》，《法学》2016 年第 2 期。

合一的民法典侵权责任编的责任机制具有存在的必然性。而民法典体系是具有一定逻辑性的系统，侵权责任编的制定必然会引发一系列的体系效应，影响到民法总则、民法典各分编以及民法典整体的适用路径和体系化构建的路径。① 其实，民法典体系不仅是有机统一的整体，而且是一个不断发展完善并趋于健全的体系化过程，即"根据体系构建的要求，对民事法律规范实现全部规范体系的系统化和逻辑化构建，使民法在整体上形成结构化的制度安排"②。同时，民法典体系不断完善也意味着"促进我国民法学的科学化和现代化"，"为民法学的繁荣提供前所未有的契机"。③ 因此，民商合一的民法典侵权责任编则不仅是民法典体系重要组成部分，也是推动民法典体系与民法理论体系不断发展、完善、健全的助力。

二　民法典侵权责任编与民法总则民事责任制度

我国《民法总则》第八章民事责任已经明确侵权责任独立成章，并且从体系上确定了民商合一的立法模式，例如，融入团体法视角，设计营利法人、决议等商事规则。据此，民法典侵权责任编应当在《民法总则》民事责任章节的指导下展开。

第一，《民法总则》民事责任确定一般性、原则性规定，民法典侵权责任编展开具体的侵权责任制度和规则的设计。《民法总则》第八章确定民事责任，其中第176条确定民事责任的基本概念，第177条规定按份责任，第178条规定连带责任，第179条规定承担民事责任的主要方式，第180条到第182条确定侵权的阻却事由，包括不可

---

① 参见余能斌《民法典专题研究》，武汉大学出版社2004年版，第48页。
② 王利明：《民法典体系研究》，中国人民大学出版社2008年版，第18页。
③ 同上书，第54页。

抗力、正当防卫、紧急避险，第 183 条规定补偿规则，第 184 条规定救助人予以免责，第 185 条确定侵害英雄烈士人格权的特殊条款，第 186 条赋予当事人请求违约责任或侵权责任的请求权，第 187 条确定民事责任优先于行政责任、刑事责任。就此可以说，《民法总则》民事责任制度已经确定一般性、共同性的责任制度和规定。民法典侵权责任编应当在总则规定的基础上。其实，无论是民法典侵权责任编相对于民法总则民事责任的一般性规定或特殊性规定，总则的责任制度都是对侵权责任编责任制度的一般性抽象，侵权责任编制度和规定则是对总则规定的具体化。从此逻辑出发，总则民事责任的一般性规则必然也是侵权责任编的一般性规则，而侵权责任编的特殊性规则只是侵权责任编中规则，并不能规定在总则民事责任的一般性规则之中，因此侵权责任编不应当再次规定总则中一般性规则，例如，免责事由、阻却事由以及民事责任主要方式等，而应当确定具体化或特殊性的规则。①

第二，《民法总则》民事责任制度能够涵盖债一般性、共同性的规定。《民法总则》民事责任的一般性规定可以作为债的准用性条款。其一，债的一般性规定涉及按份之债、连带之债、多数人之债、债的保全、债的转移、债的消灭、债的担保，这些规定是债的共同适用性的规则，可以适用于合同之债，也可以适用于其他类型的债，例如，无因管理、不当得利、侵权之债。其实，总则民事责任中统一确定的按份责任、连带责任规定就可以适用于债的一般性规定。② 就此而论，债的一般性规则准用总则民事责任的一般性规定并无不可。其二，总

① 参见杨立新《论民法典中债法总则的存废》，《清华大学学报》（哲学社会科学版）2003 年第 8 期。

② 参见王泽鉴《民法学说和判例研究》（第 4 册），中国政法大学出版社 1998 年版，第 103 页。

则民事责任的责任方式基本可以适用于合同以及其他债务责任的承担方式。《民法总则》之中设计有民事责任的责任承担方式的一般性条款，其他类型的债可准用总则这部分规定，如此既简化法律条文重复性，又增加法典体系逻辑性。其三，民事责任的违法阻却事由以及免责事由，如不可抗力，实质上也是债的一般性免责事由。其实，总则关于民事责任规定已具备一定体系，内容也相当丰富，不仅涉及各种责任的形态而且也规定责任承担的方式。① 不难发现，其实总则中民事责任的一般性规定中能够涵盖在债的一般性规定，并且有些债的一般性规定与民事责任规定具有契合性，因此准用民事责任的一般性规则能够很好地解决债的一般性规则适用性的问题。

第三，《民法总则》民事责任制度能够实现不当得利与无因管理等债的调整。不当得利与无因管理制度具有运用的灵活性，能够弥补法定或者约定的不足，从而实现社会的调整。典型的如我国《物权法》中没有规定混合、附合以及加工制度，不当得利、无因管理的内容可以实现对这些制度的调整。更何况，将不当得利、无因管理制度规定在民法典总则中，有利于弘扬"君子爱财、取之有道""拾金不昧"的优良道德传统，以及有利于弘扬与鼓励乐于助人的精神。这些价值精神都是作为市民法的民法所应该具有的。就此而论，民法典仍然需要确定不当得利、无因管理等制度。事实上，《民法总则》民事权利章节之中就明确不当得利与无因管理作为债的一种类型。另外，不当得利与无因管理本身作为一种事实契约，不当得利、无因管理是一种债的类型。在英美法系国家的民法中，不当得利与无因管理更是

---

① 参见王利明《中国民法典学者建议稿及立法理由·债法总则编·合同编》，法律出版社 2005 年版，第 7—13 页。

作为债的基本类型而存在的。① 即使在采纳债法总则的德国民法典，也将其规定为一种债的基本类型。是故，在废除债法总则设置的情况下，将不当得利、无因管理作为一种债的类型具有合理性。其实，因为民法典总则民事责任制度能够涵盖债的一般性、共同性的规定，而不当得利、无因管理本质上也属于债的一种类型，由此不当得利、无因管理等规定也可以准用适用总则民事责任的一般性条款。如此一来，民法典总则民事责任的规定就能够实现对不当得利与无因管理等制度的调整。②

三 民法典侵权责任编与民法典人格权编

我国《民法总则》选择了制定独立成编的侵权责任法。这意味着侵权责任编是民法典其他权利法编的保护法。其中，最为典型的是人格权编与侵权责任编之间逻辑结构以及内容安排之间的联动性。这不仅涉及人格权是否需要独立成编，更关系到民法典侵权责任编对于法典价值理念、条文内容以及结构体系产生的能动效应。

第一，侵权责任编与权利编的模式互动有利于民事权利的价值表达。《德国民法典》立法者认为，可以"通过具体的保护性条款（行为不法）而不能通过某项绝对的权利，来保护人格的'原始权利'"③。如此一来，侵权责任法编的立法选择将使得人格权法的保护欠缺相应基础。其实不然。

---

① 参见［日］大木雅夫《比较法》，范愉译，法律出版社1999年版，第123—126页。

② 参见杨立新《民法总则规定民事责任的必要性及内容调整》，《法学论坛》2017年第1期。

③ 参见［德］霍尔斯特·埃曼《德国民法中的一般人格权制度——论从非道德行为到侵权行为的转变》，邵建东等译，梁慧星主编《民商法论丛》（第23卷），金桥文化出版（香港）有限公司2002年版，第414页。

一方面，侵权责任编不具有宣示、发展民事权利的功能。例如，我国的《侵权责任法》只涉及对几种典型的具体人格权的保护，缺乏一般人格权的规定。人格权作为权利法，人格权制度的规定旨在宣示人格权的具体内容，使民事主体明确知晓自己享有何种民事权利及内容，同时明确主体权利的范围。而侵权责任编属于救济性的制度规定，旨在为权利提供救济、保护，并非具体地确认各类权利及其内容。侵权责任法关注的主要是在各种权利和利益受到侵害的情况下如何救济的问题，主要规定的是各种侵权行为的构成要件、加害人应当承担的责任形式及范围问题，难以囊括人格权的类型及效力，[①] 侵权法上的保护也不能解释人格权的可支配性规则。[②]

另一方面，侵权责任编只能间接地为民事权利提供概括性保护，无法确认人格权的具体类型。其实，侵权责任编提供权利的保护规则存在一个前提，即权利的内容清晰，边界清楚。在《民法总则》之中规定内容不清、边界模糊人格权后，要实现人格权法的全面保护。理论上具有两条途径，一是由民法典侵权责任编对该种权利的内容进行详细的列举；二是人格权法独立成编对具体类型的人格权予以确定。前者势必会增加侵权责任编的内容，更容易造成民法典内部结构体系的不协调。而在人格权编"权利确认"规范的情形下，再由侵权责任编作为救济法提供保护的模式为直接保护模式，既可以确认人格权的具体类型，还能够加强对人格权的保护力度。进而言之，在此模式下，"权利确认"规范已经将权利的内容、权能的范围以及权利冲突的解决方式作出规定，法官只需要援引具体规范并确认侵权人责任形

---

① 参见周友军《侵权责任法专题讲座》，人民法院出版社 2011 年版，第 2 页。

② 参见马俊驹、张翔《人格权的理论基础及其立法体例》，《法学研究》2004 年第 6 期。

式即可。相反，在缺乏人格权编"权利确认"规范的情况下，直接由侵权责任法编提供救济的方式为间接保护模式，此种情形下，法官只能根据《民法总则》中的"人格权"条款以及"民法基本原则"进行推演及法律适用，法官具有较大的自由裁量权、需要更高的法学素养，同时也极易造成"同案不同判"的现象，为司法裁判带来较大困难。①

第二，侵权责任编与权利编的结构互动能够为民事权利提供多元化的保护。毫无疑问，民法典侵权责任编应当定位为权利救济法。侵权责任编为权利救济法的基本定位则决定了侵权责任编只能确定有限的行为规范与裁判规范，无法为内涵日益丰富的人格权提供多元化的保护。事实上，随着商业社会的高度发展，人格权也逐步发展并趋于丰富化，现代社会中民事主体的人格利益不仅仅受到侵权责任法编的保护，还需要受到人格权编的保护。② 换言之，传统的侵权责任的保护模式已经无法完全涵盖权利保护的边界，人格权的多元化保护还需要民法典建立多元化的保护模式。尤其是在人格权商品化的趋势下，越来越多民事主体通过合同约定的形式对人格利益进行转让或者有偿使用。甚至某些新型的合同，其设立的主要目的就在于实现权利人的人格利益，诸如旅游合同、特殊的婚庆服务合同等，就是为满足当事人特定的精神人格的需求而订立的合同。③ 在此背景下，民事主体的人格利益已经不再局限于传统的侵权责任法的保护模式。因此，只有在人格权编明确人格权的具体内容，人格权才能实现由民法典人格权

---

① 参见龙卫球、刘保玉主编《中华人民共和国民法总则释义与适用指导》，中国法制出版社 2017 年版，第 395—399 页。

② 参见王利明《侵权责任法与合同法的界分——以侵权责任法的扩张为视野》，《中国法学》2011 年第 3 期。

③ 参见王利明《再论人格权独立成编》，《法商研究》2012 年第 1 期。

编与侵权责任编多元保护的模式需求。

第三，侵权责任编与权利编的内容互动便于实现赋权规范、行为规范与裁判规范的统一。

无论是实现人格权的全面保护还是多元保护，实质上都要求确立赋权规范、行为规范与裁判规范相统一的人格权规则。而《民法总则》所选择的侵权责任编的立法内容并不能承担赋权规范的功能，更遑论统一赋权规范、行为规范与裁判规范。事实上，人格权利作为赋权规范、行为规范与裁判规范的统一，只有结合独立成编的人格权法的内容才能实现。

其一，侵权责任编是解决人格权争议纠纷的裁判规范。基于立法的局限性，法律规定的权利边界并不能实现绝对的清晰，或者是完全避免在行使中产生利益冲突。事实上，人格权行使之间的利益冲突可能是在人格权彼此之间在行使过程中产生的内在冲突，也有可能是人格权的行使与其他民事权利之间发生的外在冲突。而权利冲突的表面是权利行使界限的交叉，但其背后隐含的是应否给予权利限制或者是否对某项权利进行强化的问题。① 而在权利冲突的领域常常发生民事纠纷，侵权责任编必须为其提供充足的裁判方向指引，确定一系列的标准和规则来填补法律漏洞，合理地解决纠纷。首先，对于人格权行使过程中的内在冲突以及外在冲突，尤其是人格权与言论自由、知情权之间的冲突，侵权责任编必须确立公众人物隐私权受限制的规则，以平衡人格自由发展与舆论监督权之间的冲突；同时确立在保护言论自由权的情形下实现对人格权的保护，例如，在行使言论自由与他人名誉权之间发生冲突时，法官应当考量言论的真实性、类型及

---

① 参见王利明《我国民法典重大疑难问题之研究》，法律出版社 2006 年版，第 219 页。

内容，受害人是否属于公众人物等因素，进而确定是否构成对人格权的侵害。① 其次，侵权责任编需要规定超出容忍义务的责任，确定人格权行使的正确标准。个人的人格权应当与其负有的社会责任相一致，个人行使权利时需要忍受来自他人的轻微的妨害。② 这种妨害可能基于社会公德或者社会公共利益的要求必须对人格权的行使作出某种限制，可能是在确定精神损害赔偿数额时综合考虑多方面因素予以增减伸缩，或者基于国家或者行政机关行使职权的需要允许其在合理范围内获取、收集公民个人的信息资料等。最后，侵权责任编作为调整人格权行为的行为规范，旨在作为民事主体行为的行为规范，从而发挥人格权益的保护功能，以便权力机关在权利人的人格权受到侵害后提供充分的救济手段。

其三，人格权编则是主体人格权行使选择的赋权规范。人格权法的功能最为突出的即为权利确认，从正面确认人格权的具体类型以及各项人格权的基本权能。人格权必须经由法律确认，达到权利宣示作用，明确各项权利受法律保护的边界以及相对人的行为界限。首先，人格权编作为赋权规范需要从正面确认人格权的具体权利类型。具体而言，人格权编关于人格权的设置，应当区分一般人格权与具体人格权，相应地设计一般人格以及具体人格的赋权性规范。其中，各项具体人格权应当包括生命权、健康权、身体权、人身自由权、姓名权、名称权、肖像权、名誉权、荣誉权、信用权、隐私权、个人信息权以及胎儿、死者人格利益等。其次，人格权编发挥赋权功能必须规定各项人格权的基本权能，每项人格权由多种不同的权能构成，权能的组

---

① 参见马俊驹、张翔《人格权的理论基础及其立法体例》，《法学研究》2004年第6期。

② 参见王利明《人格权法》，中国人民大学出版社2016年版，第54页。

合构成权利的具体内容，同时也是权利特殊性的表现。权利如何得到法律保护，归根结底在于是否赋予其欲加实现的权能。人格权编应当区别于侵权责任编对人格权的消极保护模式，从正面规定各项人格权的具体权能、专门规定各项人格权的内涵，从而为权利的法律保护提供具体指引。这也正是人格权编作为权利法的本质体现，即使权利得以彰显。①

其三，人格权编与侵权责任编都是对人格权的权利主体的行为规范。就行为规范而言，人格权编和侵权责任编中的行为规范首先应当是作为人格权主体的行为规范。这意味着，人格权编以及侵权责任编的内容要能够为人格权权利主体提供恰当的行为模式。同时需要明确的是，人格权的具体规则是不区分主体的财产、智力、能力等方面的差异一律平等地受到保护，不论自然人还是法人同样享有人格权之法律保护。其次，作为对人格权的义务主体的行为规范。通过人格权编对人格权设置具体行为规范，同时需要侵权责任编设定强制性行为规范。自然人、法人的人格权受法律保护，任何人不能随意侵犯，并应由侵权责任编作出明确的禁止性规定。尤其是在现代社会，侵害人格权的行为屡禁不止、形式多种多样，防不胜防，如信息网络的发达使得自然人个人信息泄露、传播的速度极快，获取个人信息的途径越加多样及隐蔽，需要人格权编设置大量的行为规范对人们的行为进行具体规范以及侵权责任编做出禁止性规范，才能够有效防止侵害人格权的行为发生。最后，作为保护人格权实现的权力机关的行为规范。人格权作为民事主体合法享有的民事权利，理应受到司法等权力机关的合法保护。为此，权力机关必须考虑在人格权受到侵犯后如何有效地

---

① 参见王泽鉴《人格权保护的课题与展望——人格权的性质及构造：精神利益与财产利益的保护》，《人大法律评论》2009 年卷，第 51—55 页。

对人格权利进行补救，这既需要考虑人格权编的规定，也需要考虑侵权责任编的规定。典型的如权力机关需要根据人格权编确定侵权人是否侵权以及侵犯的何种类型的人格权，还需要根据侵权责任编确定行为人应当承担责任的方式，最终才能确定侵权人需要承担的侵权责任以弥补或恢复受害人的损失。①

---

① 参见马俊驹、张翔《人格权的理论基础及其立法体例》，《法学研究》2004 年第 6 期。

第八章　民商合一视角下民法典与
单行法商事立法统筹研究

民法典将由总则编和分则编（目前考虑为合同编、物权编、侵权责任编、婚姻家庭编和继承编）组成。可见，我国民法体系上还存在民事单行法。例如，知识产权法、公司法、合伙企业法等。《民法总则》第五章民事权利之中还规定知识产权、股权等其他权利类型。由此可知，我国民法总则在民事权利（内容）之中连接民事单行法，并且在民事权利中确定知识产权客体的基本框架。然而问题是，一方面，尽管《民法总则》已经作出明确规定，但其规定仍然存在诸多不合理之处；另一方面，学者们就民事单行法在民法体系之中的内容和体例的安排颇有争议，却鲜少达成应有的共识。因而，在极度缺乏共识的情形下，民事单行法是否应当入典以及选择何种形式入典并无定论。同时"为了加强对知识产权的保护，促进科技创新，建设创新型国家，有必要在民法总则之中对知识产权做出概括性规定，以统领各知识产权单行法律行政法规"。① 因此，首先，本章选取知识产权法作

---

① 《关于〈中华人民共和国民法总则（草案）〉的说明》，全国人民代表大会常务委员会第二十一次会议，2016 年 6 月 27 日。

为民事单行法的典范，借此研究民事单行法与民法典之间的关系；其次，从民商合一的视角寻求民事单行法立法应达成的基本共识，最后，以期在一定共识的基础之上，于知识产权法之中合理地安排独特性的商事规范。

第一节　民事单行法在民法典中的
地位及争论

毋庸置疑，民事单行法性质上属于私法。由此民事单行法应当构成我国民法典有机组成部分。① 但问题是，知识产权法、公司法、合伙企业法、劳动法等民事单行法是否应当成为民法典分编，就此目前学术界尚未有定论。2002 年 12 月 22 日我国第一民法典草案提交全国人大常委会审议，这部草案在总则之外规定了八编，即物权、合同、人格权、婚姻、收养、继承、侵权责任、涉外民事关系的法律适用。现代私法"真正重要的发展体现为特别民法"②，即民法典外调整某一特定部分或特定功能领域的民事单行法或散见于其他法域中的民事法律规范。③ 即便尽民法典体系化理想之能事的德国，诸多重要民事法律规范也游离于民法典之外：约 250 部民法典以外的法律（其中单

---

① 参见马骏驹《对我国民法典制定中几个焦点问题的看法》，《民法典探索与展望》，中国民主法制出版社 2005 年版，第 385—387 页。

② See Franz Bydlinski, *System und Prinzipien des Privatrechts*, Wien: Springer, 1996, p. 416.

③ See Sonderprivatrecht，又称民事附属法（Zivilrechtliche Nebengesetze）或部门民法。

行特别民法 24 部）规定了 2700 条民法规范,① 数量远超德国民法典；追求私法统一、民商合一的意大利民法典也不得不制定诸多民事单行法。② 在中国特色社会主义法律体系形成后，未来制定民商合一体系化的民法典已经达成基本共识，作为市场经济基本法的民法典，其体系应该是开放的，而非封闭性的，它要随着社会经济文化的发展而变动，是故，民商合一立法体例的民法典需要考虑具有商事特性的民事单行法是否入典以及如何入典，文章拟以此为视角进行讨论。

一　建立大而全的民商法典是否可能

民法典不能涵盖所有的民事生活，也不能将所有的民事法律统归于法典之中。如学者所指出："今天，已经不存在或者所有的内容都被法典化或者没有任何内容被法典化这样一个高度发展的法律体系。"③ "民法典不是无所不包的、庞杂的法律汇编。"④ 民法典是概念法学的产物，是 18 世纪以来人类理性发展的表现，但由于人类理性的限制，纵使法典编纂者想对市民生活的基本内容在法典之中加以规定，也不能囊括生活中的所有内容；即使能在一定程度上制定出"完备的法典"，这种所谓"完备的法典"也不能满足社会的需要。人们期望法典颁布以后，"即能确保获得一种体制化的、精确的司法运作下的新的法典，如此这般，则法官们亦能免于一己私见，而仅当囿于

---

① See Friedrich Ebel, "Kodifikationsidee und Zivilrechtliche Nebengesetze", *ZRP*, *Heft*, Vol. 2, p. 46.

② 参见费安玲《1942〈意大利民法典〉之探讨》，梁慧星主编：《民商法论丛》（第 10 卷），法律出版社 1998 年版，第 491 页。

③ See Maria Luisa Murillo, The Evolution of Codification in the Civil Law Legal Systems: Towards Decodification of Recodifition, *Journal of Transnational Law & Policy*, Fall, 2001, p. 170.

④ 王利明：《关于我国民法典体系构建的几个问题》，《法学》2003 年第 1 期。

将来作文字性的适用即可"①。如莫若思（Morris R. Cohen）所批评的那样："法学家无须考虑法律是什么。这种观念源自下列神话：法学是一个完善、封闭的体系，法官和法学家们仅仅是记录其意志自动机器或是宣告其规定的留声机。"②但立法万能的神话在残酷的现实面前已经破灭，即使人类能够制造出囊括所有有关市民生活的法典，这种制定出来的法典也难以达到理想的效果。这已为18世纪的《普鲁士普通邦法》所证明："（普通邦法）最终发生效用的是一种'万能'管理的要求，按照这种万能管理的判断，要一劳永逸、面面俱到地规定其臣民的所有生活关系。"③《普鲁士普通邦法》的制定是为了从清晰和明确的法律规范中，防止法官对裁判哪怕是轻微的专断，不管是在一些依陈述进行逻辑推理的场合或者基于对法律假定目的进行解释这样的借口。④然而随着《德国民法典》的出台，这部多达17000条象征理性法的法典马上成为历史的遗忘物，可以说："从来未能成为独立的法官或法律科学发展的对象；作为德国内部私法统一的典范和模式，它根本不在考虑之列。"⑤该法典除了作为一个大而全的法典编纂的反面教材之外不再有其他价值。

近代的民法法典编纂运动中形成的民法典部分的是以法律统一为

① ［德］弗里德里希·卡尔·冯·萨维尼：《论当代立法和法学的当代使命》，许章润译，中国法制出版社2001年版，第4页。

② See Morris R. Cohen, Positivism and the Limits of Idealism in the Law, *Columbia Law Review*, pp. 237–238. 转引自［美］本杰明·N. 卡多佐《法律的成长法律科学的悖论》，董炯、彭冰译，中国法制出版社2001年版，第102页。

③ 参见许中缘《论民法典与我国私法发展》，易继明主编：《私法》2004年第8辑；［德］K. 茨威格特、H. 克茨《比较法总论》，潘汉典、米健、高鸿钧、贺卫方译，潘汉典校对，贵州人民出版社1992年版，第256页。

④ See Reinhard Zimmermann, *Codification*, in *XXIVth Colloquy on European Law*, *Reform of Civil Law in Europe*, Council of Europe Publishing, 1994, p. 17.

⑤ 参见许中缘《论民法典与我国私法发展》，易继明主编：《私法》2004年第8辑；［德］K. 茨威格特、H. 克茨《比较法总论》，潘汉典、米健、高鸿钧、贺卫方译，潘汉典校对，贵州人民出版社1992年版，第257页。

编纂目标，如制定于 19 世纪的法国民法典和德国民法典都是如此。这些民法典大多具有在全部疆域内和在整个社会层面上统一私法的作用，因为制定这些民法典的国家在那个时代由于某些历史原因而尚未实现国家在法律上的统一，亟须通过民法典的制定来达到法律统一的目标。① 而在现代社会，再完备的民法典也不可能做到包罗万象，详尽无遗，自然也不可能穷尽一切具有调整私法关系功能的私法规则，所以民法典被现代的各种民商事单行法律所补充不仅是正常的，而且是必要的。② 民法典不是一种简单的文本设计，而是一种理念、一种精神、一种文化，是抽象提炼的一些适用于所有社会主体的带有基础性的普适性规则，③ 即使通过法律一般原则、法律解释与类推等法律方法已无法回应社会变迁的法律需求，单行立法正逐渐成为立法者青睐的方式，④ 所以建立大而全的民商法典在现代社会是不现实的，民法典只能尽可能吸收商法的独特性，使商事规范的特征上升为一般原则，而不是机械的法律汇编，然后结合民商事单行法，形成体系化的民商合一民法典。

二　民法典与商事单行法的关系

（一）民法典作为商事单行法的教义法的功能

民法典总则中实现民商合一，本质是将民法典总则作为各商事独特性规则的教义法。法教义学（Juristische Dogmatic）是一门将现行实

---

① 参见高富平《中国民法典的使命及其实现——兼论民法典意义和形式》，张礼洪、高富平主编：《民法法典化、解法典化和反法典化》，中国政法大学出版社 2008 年版，第 73 页。

② 陈卫佐：《现代民法典编纂的沿革、困境与出路》，《中国法学》2014 年第 5 期。

③ 参见赵万一《中国究竟需要一部什么样的民法典》，《现代法学》2015 年第 6 期。

④ 参见谢鸿飞《民法典与特别民法关系的建构》，《中国社会科学》2013 年第 2 期。

在法秩序作为坚定信奉而不加怀疑的前提，并以此为出发点开展体系化与解释工作的规范科学。① 教义（Dogmatik）来源于神学中对某种事物的确信，具有信念、定见、教条、信条的含义，作为法学中的用语，表明法律是一种具有约束力的规则，应该得到遵循。法典化的教义，其实质是基于对理性的教义。"教义学是最终的要求、被普遍接受的基本价值、原则及为数甚多的'既存'规范间的桥梁，同时也是规范——间接也是前述原则——与其于不同情境之'适用'间的媒介。"②

教义学的这些功能，关键在于法典的体系。体系作为教义学的基础，其实与教义具有同等的含义，体系"使我们对科学有最佳的共同认识"。民法典总则承担了包括分则在内的所有商事规则所具有的简化、给出解决问题建议的功能。

第一，简化法律的功能。此种功能可以说是建构体系功能。立法者的教义遵从，其实就是如何达致"简化法律"从而使法律人"能够支配"法律。简化法律，就是减少法学的素材，增加法律规范的涵盖性。"简化法律"被耶林称为"节约法则"（Gesetz der Sparsamkeit），这是"所有法学的生命法则之一"。民法中对自然人、合伙、法人等主体进行规定，商法若又对商人、商事公司、商事合伙进行规定；民法对主体字号等人身权进行规定，商法若又对商号进行规定；民法中已经有代理、居间制度，商法若再对商业代理、代理商和商业居间人作出规定，这些只能使法律制度变得更加冗杂和繁复，不仅不利于法

---

① 参见孔元《法教义学与中国宪法教义学体系的建构》，《企业导报》2016 年第 4 期。
② 参见王天华《作为教义学概念的行政裁量——兼论行政裁量论的范式》，《政治与法律》2011 年第 5 期；夏立安、钱炜江《论法律中的形式与实质》，《浙江大学学报》（人文社会科学版）2011 年第 5 期。

律体系自身的简便，也将使法律的适用变得更加困难。①　但如使民法典总则为商法规则的教义则能够使法律得以简化。如单单靠《德国商法典》中对商事交易的规定无法规范现实中的商事交易，对商事买卖关系的规范，还是要回归《德国民法典》的相关内容。《法国商法典》的适用也是如此。法国学者认为："民法典为商事法律关系适用提供了内部一致的框架，如民法典中合同的具体类型（有名合同）乃至无名合同的相关规定为银行、信用、有价证券等商事交易提供了适用的规则。"②

第二，给出解决问题建议的功能。作为教义法的民法典总则，本质是统合民事和商事规则，把它们作为一个逻辑一致的体系加以解释。民法典总则对商事规则的规定具有解释结论正确与否的检视功能。法秩序是不完全的，法官需要对法律规则进行解释，有些时候还需要"基于法伦理原则及正义的考量来继续发展"。但是在商事规则的适用中，有可能存在多种解释，何种解释符合法律的规定，就不能径行通过法律原则来寻求妥当的法律后果，必须穷竭法律规范的隐藏意义来实现价值判断，此时，法官"必须为其裁判承担沉重的责任，没有一种方法论能够，或想要免除他这种责任"③。

第三，检视结果是否正确的功能。面对不断发展变化的社会，回归民法典总则有助于达成共识。"法教义学可以把已有的对于法律问题的论证与学说整合到自己的知识体系中，使得法律人在面对新问题时，可以从这个体系中提取所需要的知识，所以法教义学可以降低法

①　参见郭珊珊《民商合一视角下民事权利体系的构建》，湖南大学硕士学位论文，2013 年，第 31 页。

②　See Michel Germain, *Le Code Civil er le Droit Commercial*, p. 644.

③　韩继亮：《实现司法合理性的修辞学进路》，《北方经贸》2014 年第 6 期。

官审判时在对同一法律条文的不同理解中做出选择所遇到的困难。"①

正因为如果民法典总则缺乏商事法律规范的教义，则在商事规则不足的时候，法院容易陷入成本分析、外部性等经济分析法和价值分析法来达到审判目的，故将民法典总则作为商事法律的教义法，在没有相关商事规范时，可以回归适用民法典总则，为商法难题"找到回家"的路，从而能够保证同类案件相同判决，避免司法裁判的肆意。

(二) 商事规则教义法缺失的弊端

现有采取民商合一立法模式国家的民法典，并没有考虑到商事规则的存在，正如有的学者所言："《民法典》里没有商法的简单原因是商法没有被当成'民法'来看待，商法已经形成它独特的法律传统。"②

而基于商事法律存在的多样性与商事规则的技术性，我们承认商事规则的特殊性，因此，商法的规则由商法来予以调整。但问题是，商法属于民法的特别法，在商法规范不足的情形下，应该回归民法。过于强调商法规范的特殊性，忽视了商法规范的一般性，使商法缺乏民法教义学立场。

第一，在体系建构上，商法规范不能实现体系上的统一。由于商法规范调整内容的复杂性与多样性，即使是在民法典之外再编纂商法典的国家，均不能将所有的商法规范融入法典之中。如《德国商法典》从一开始就没有把票据、保险、破产、商事法院等内容规定在商

---

① 参见张翔《宪法教义学初阶》，《中外法学》2013 年第 5 期。
② 参见彭真明、江华《商法法典化的反思——以制定〈商事通则〉为中心》，《浙江师范大学学报》2005 年第 1 期。

法典之内，有关这方面的内容都另立单行法。① 缺乏商法总则的统率，单行商事法律和法规杂乱无章、孤立、单一，不能形成商法内在应有的体系。② 在商法典与商事通则均不能实现这样使命的时候，自然而然，该种使命就应由民法典总则予以承担。

第二，导致立法的错误。由于缺乏商事规则既定的教义法，因而使商事规则的特殊性得不到维持。如《物权法》第 78 条第 2 款以"业主大会或者业主委员会作出的决定侵害业主合法权益"作为标准来确定撤销权，与决议撤销权的一般性规则相悖。③ 其根本原因在于将双方法律行为的一般性规则作为共同法律行为的规则予以处理。我国关于人格权的立法规定也是如此，在近代西方哲学中，人格只是人的本质哲学总结，由此，内在化的伦理价值观念成为近代民法关于人的伦理性认识的核心，并由此构成近代民法人格构造的基础。"传统人格权的概念、定义及制度设计，是以自然人为基点而展开的。"④ 法国、德国如此，我国亦然。自然人人格权法制度在法人人格权制度中的逻辑推演也在我国法律中得以体现，典型的就是《民法通则》第 101 条对自然人、法人名誉权的规定。这种逻辑推演导致我国人格权类型的构建仅仅满足于自然人的人格权，而对法人人格权及其本质的认识无疑会陷入错误。司法实践中保护事业单位法人、机关法人的名誉权更是这种逻辑推演的谬误典型。

---

① 参见彭真明、江华《商法法典化的反思——以制定〈商事通则〉为中心》，《浙江师范大学学报》2005 年第 1 期。

② 参见余能斌、程淑娟《我国"民商合一"立法借鉴的新选择——由〈俄罗斯联邦民法典〉引出的思考》，《当代法学》2006 年第 1 期。

③ 参见许中缘《论意思表示瑕疵的共同法律行为——以社团决议撤销为研究视角》，《中国法学》2013 年第 6 期。

④ 吴汉东：《试论人格利益和无形财产利益的权利构造——以法人人格权为研究对象》，《法商研究》2012 年第 1 期。

第三，在司法适用上，商法规范要么得不到民法规范的支持，要么不能体现出应有的特殊性。商事单行法律作为民法的特别法在理论上是可行的，但在法律规范上必然需要有相应的规范支持。在民商合一立法模式的背景下，民事单行法律中不可能详细规定商事规则，否则就会破坏法律的体系性。对于商事法律纠纷，在缺乏商事单行法明确指引的情况下，法官通常会选择以民法思维作为裁判的理念，但这会忽视民事与商事法律的差异性，由此导致相关规则适用的错误。典型的如《物权法》第231条在规定民事留置权之外，规定了商事留置权，改变了《担保法》第84条以及最高人民法院《关于适用〈中华人民共和国担保法〉若干问题的解释》第109条没有对此进行明确界分的情况。《物权法》第231条的规定值得肯定，但此规定极为模糊，商事留置权制度的具体规则不甚明确，尤其是未对商事留置权的主体、留置物与主债权之间的牵连关系、主债权的取得方式、留置物的种类与范围以及《物权法》与《合同法》《海商法》等法律制度中留置权制度的关系等问题作明确规定。笔者查阅了北大法意网有关商事留置权的案例，对于司法实践中所出现的商事留置权纠纷，法院在处置上五花八门，但基本上都是依据民事留置权的相关规定类推适用于商事留置权案例，并没有考虑到商事留置权的特殊性。又如，我国司法实践中对合同解除后的损害赔偿范围的确定十分混乱，甚至出现同案不同判的现象，道理也在于此。

三 民法典涵盖商事单行法律的标准

（一）民商合一立法体例国家的历史考察

采用民商合一立法体例的国家，具有形式意义上的民商合一与实质意义上的民商合一。就形式意义上的民商合一而言，是指民法典之外，不具有独立的商法典，商法并不是一个独立的法律部门，而是民法的组成部分。即便存在公司法、破产法、票据法等若干商事单行法律，但这些法律只是民法的特别法。就实质意义上的民商合一而言，民法典的内容不仅包含民事法律的内容，也包括商事法律如公司法、破产法、票据法等内容，《意大利民法典》就是实质意义上的民商合一国家的立法典型。但就传统严格的理由，我国采用民商合一立法体例，并不将商事单行法律全部涵盖在民法典之中。①

就世界民商合一立法体例国家而言，并没有一个涵盖商法内容规定的明确标准。如《意大利民法典》采用的是实质主义民商合一立法例，在该法典中，规定了公司企业法、工业产权法、劳动法等内容，但在《意大利民法典》之外，仍然制定了破产法、海商法等法律。《瑞士民法典》第五编"瑞士债务法"包含公司、商号、商业账簿、汇票、本票、支票等内容。《荷兰民法典》规定了公司法、保险法、运输法、消费者法以及一些商事合同。《俄罗斯联邦民法典》第2条第1款第3项确立了民法典调整的商事关系的内容，并对商行为概念进行规定，指出经营活动是商行为的法定概念。所谓经营活动，是指"依照法定程序对其经营资格进行注册的人实施的，旨在通过使用财产、出售商品、完成工作和提供服务而不断取得利润，并由自己承担风险的独立自主的活动"②。

该法典在法人制度第2节规定了商合伙与商业公司。由此可知，民商合一体例国家就民法典涵盖商事法律的规定并没有采取明确的标

---

① 参见王泽鉴《民法总则》，中国政法大学出版社2001年版，第17页。
② 参见余能斌、程淑娟《我国"民商合一"立法借鉴的新选择——由〈俄罗斯联邦民法典〉引出的思考》，《当代法学》2006年第1期。

准，也没有统一的立法例。尽管没有统一的标准，但商法作为民法的特别法已经成为这些国家的共识。如在俄罗斯，有学者认为："商法学不是独立的学科，仅仅只是民法学的组成部分，课堂设置商法学，只是为了便宜讲解而已。"①

(二) 民法典吸纳商事单行法律的原则

萨维尼在《方法论》中明确指出："在语言学处理中被个别辨识的，在体系处理中必须被视为整体……此之所谓体系的内容时立法，质言之，法条。为了有时个别、有时整体地加以认识，我们必须发展出逻辑的媒介（形式），质言之，对于所有立法内容的认识作逻辑性的处理。因此，所有的形式必须或确立个别法律规定内容（有时大家称之为定义或区分），或联系多数法律条文或确定其关联性。大家习惯因此称此为真正的体系。"② 因此，民法典的内容不能全面地涵盖所有的民事法律关系，在千变万化的社会关系中，民法典只是对其中普通的、一般的民事法律关系进行调整。由此，其只能在具体、纷繁复杂的民事法律关系中，抽出具有一般原则性的规定，在一般原则性规定的指导下，对民法典难以概括的，或者由于民法典本身的体系限制不能包含的内容由单行法律来加以规定。于此，单行法律成了民法典的补充物。

正如王利明教授所指出的，应该在以下几个方面来处理民法典的内容：其一，只有那些市民社会生活中普遍适用的、最基本的规则才应当在民法典中加以规定，而其他规则应由民事单行立法加以规定。

① 参见鄢一美《俄罗斯第三次民法法典化》，《比较法研究》2000 年第 1 期。
② 徐娜：《马克思法哲学批判视域中的政治国家与市民社会》，复旦大学博士学位论文，2013 年，第 126 页；［德］弗朗茨·维亚克尔《近代私法史——以德意志的发展为观察重点》（下册），陈爱娥、黄建辉译，上海三联书店 2006 年版，第 361 页。

其二，经过千百年来实践检验的具有长期稳定性和普遍适用性的规则和制度应该由民法典加以规定，而那些随着社会经济生活常常发生改变的法律规则应该由单行法律来进行规定。其三，关于私法领域内的基本民事法律规则由民法典来进行规定，而对处于公法与私法交叉地带具有国家公权力干预习惯性质的法律规则由单行法律进行规定。其四，关于实体的交易规则以及与实体交易规则联系极为密切的且程序性并不是很强的程序规则应该由民法典加以规定，那些带有非常琐碎、具体的程序性规则应该由单行法律加以规定。① 只有这样，单行法律才能够为民法典所吸收，单行法律与民法典的功能才能互补与实现价值协调，而不是与民法典"离异"存在。也只有这样，民法典才不至于被单行法律所解构。② 由此，笔者认为，民法典吸纳商事单行法律应该坚持以下原则：

第一，一般性。民法典作为权利的圣经，毫无疑问，如果若干重大的权利类型在民法典中缺位，则会有损民法典的权利圣经的功能。由于诸多的商事单行法律具有较强的技术性，这些法律缺乏民法的一般性规则特征，如《票据法》《保险法》《证券法》和《海商法》等内容体现为较强的技术性特征，因此不宜纳入法典之中。现代商法的发展表明，商事法律具有杂乱无章的特点，因而难具有体系性。如《德国商法典》从一开始就没有把票据、保险、破产、商事法院等内容规定在商法典之内，有关这方面的内容都另立单行法。"对于以前同样由《德国商法典》调整的股份有限公司和股份两合公司，现适用

① 参见王利明《关于民法典体系的再思考》，王利明：《民商法研究》（第 6 辑），法律出版社 2004 年版，第 15—16 页；王利明《关于我国民法典体系构建的几个问题》，《法学》2003 年第 1 期。

② 参见许中缘《论民法典与我国私法发展》，易继明主编：《私法》2004 年第 8 辑；许中缘《论民法典与民事单行法律的关系——兼评我国物权法草案》，《法学》2006 年第 2 期。

1965 年 9 月 6 日颁布的《股份法》；对于有限责任公司，适用 1892 年 4 月 20 日发布的《有限责任公司法》；对于营业经济合作社，则适用 1889 年 5 月 1 日的法律。可见《德国商法典》中有关公司的规定，只涉及商法上的人合公司。"①

第二，稳定性。稳定是法典的生命。商事法律的一个重要特点就是要能够及时反映社会发展的变化，从而做出相应的调整。但民法典基于体系性的限制，不可能经常修改，法典不如单行法律修改容易，因而一些随着经济社会发展不断变化的法律不能融入法典之中。比如，《公司法》常常随着一国对经济相关政策的调整而改变，相关法律的内容需要不断地进行修改。一部被后世敬仰的民法典基本上都不会经历频繁的修改，如《德国民法典》《法国民法典》。因为民法典所具有的稳定性是人们对社会生活预期性的基础，同时也是法律安定性的要求。民法典中有些甚至是千百年来人类市场活动所共同遵循的规则的总结，例如，民法典中的物权、债权的许多规则是交易关系在法律上的反映。② 所以对于因市场行为变动而需要随之逐渐变化的商事规范因尽量以民事单行法的形式作出规定，以此来维护民法典的稳定性。③

第三，辅助性。我国民事立法应坚持法典中心主义。我们所说的法典中心主义，绝不是说要否定宪法的根本法地位，而是指在民事立法内部，应当突出民法典的中心地位。在整个民事立法中，应当以民法典为中心来完成整个民事立法体系，确立民法典在民事立法体系中

---

① 彭真明、江华：《商法法典化的反思——以制定〈商事通则〉为中心》，《浙江师范大学学报》2005 年第 1 期。

② 参见王利明《关于我国民法典体系构建的几个问题》，《法学》2003 年第 1 期。

③ 参见韩尚明《关于中国民法典制定路径与模式的思考》，《齐齐哈尔大学学报》（哲学社会科学版）2016 年第 4 期。

的优越地位。① 因此在强调法典中心主义的同时，必须明确商事单行法对民法典的补充、辅助作用。民法典毕竟不能包罗万象，而且，其规定较之于单行法的规定是比较原则、抽象的，需要大量的单行法予以细化和补充，民法典的地位，特点和篇幅等都决定了，其规则是相对抽象的，需要单行法对其制度和规则进行具体化。但在制定民法典和商事单行法时要关注"去法典化"的现象，坚持法典中心主义和商事单行法的辅助地位，避免商事单行法自成体系。② 例如我国的《消费者权益保护法》基本已成为一部消费者保护法法典。如果单行法自成体系，会造成一般法与特别法的关系模糊，裁判规范的性质难以认定，给法院适用法律带来困难，也会增加民众知晓法律的难度。

第二节　民商合一的民事单行法的商事化构建

事实上，民法典之体系性不仅包含了逻辑性、形式化规范所构成的系统结构的外部体系，还涵盖了制度规范所彰显的精神或价值的内部体系，两者相辅相成，构成民法典体系的辩证关系。而民商合一的民法典的功能取决于结构体系的设计，乃是系统运动结果的表现形式。"系统的各个组成部分正是通过结构体系才构为一个整体。结构体系越发合理，系统各个组成部分的相互关系也就越发和谐，整体系

---

① 参见［意］桑德罗·斯奇罗尼《法典化及其立法手段》，丁玫译，《中外法学》2002 年第 1 期。

② 参见王利明《论法典中心主义与我国民事立法的体系化》，《云南大学学报》（法学版）2009 年第 2 期。

统则达到最优化。"① 其实，民商合一视野下民法典最为重要的功能也在于法典的民商合一的体系性。由此各个组成的民事单行法则通过体系化构成统一、整合之结构，以协调内部法律规范、法律价值之间矛盾，消除法典规则与价值上的冲突，从而得以实现民法典的民商合一的体系性。是故，民商合一视野下的民事单行法还应当在考虑民法典功能的基础上构建商事化立法规范。

一 在民法总则之中宣示价值

制度本身没有目的，价值理念又过于抽象，民法典则是"规则和价值的汇合点"②，巧妙地将规则与价值融合于法典之中。一方面，民法典的内部体系所追求价值理念能够沟通、指导外部体系之制度规则，使得制度为一定价值所设计；另一方面，民法典的外部体系所倚靠的制度规范能够实现法典内部所欲表达的价值目的，使得价值在一定的规则中彰显。也正是外部体系之制度与内部体系之价值的良性互动之中，民法典价值宣示之功能得以实现。③

首先，民法典是外部体系与内部体系统一的民法典，统一民法典宣示着国家主权统一以及私法统一。事实上，编纂民法典的过程，也就是宣示私法统一、国家统一的过程。盖拟编纂一国之民法典，必是以本国特定价值理念为基本精神，而统合单行民事规范形成制度规则之过程。典型的如《法国民法典》，其是法国大革命的产物，是近代史上第一部宣示自由、平等的法典。其实，法国编纂民法典的主要目

---

① 参见周德铭、曹洪泽《信息系统结构控制审计框架研究》，《审计研究》2014年第5期。

② 参见［英］麦考密克、［奥］魏因贝格尔《制度法论》，中国政法大学出版社1994年版，第66页。

③ 参见李少伟《潘德克吞立法模式的当代价值与我国民法典的模式选择》，《河北法学》2009年第5期。

的就是期望通过法典的形式巩固大革命成果，宣示人人平等、自由之基本价值精神，防止封建主义复辟，实现私法的统一，从而实现国家统一。① 此乃百年之后滑铁卢已被历史遗忘，但人们仍记得拿破仑民法典之根本缘由，民法典不仅是会被时代所淘汰的法条，更多的还是在特定时期所表达国家主权统一之意志，尊重人民自由、平等之精神。可以说，正是大革命渲染的《法国民法典》中确定的平等、自由、民主的精神以及经济、社会生活的基本权利奠定法国民法典在世界民法典中超然的地位。②

其次，民法典是一国民族之民法典，民族民法典宣示着一国民族品格、民族精神。民法典是基于一国民族认同感，即保护本国民族所认同基本价值的基础上而编纂的。事实上，民族认同感是以民族通用的语言为载体的。因而可以说，民法典首先是以本民族通用的语言编纂的。如此一来，在本国语言的基础上形成的民法典的基本理论、体例机构、制度内容都会体现本国独特用语习惯，从而充分尊重并体现民族民事习惯，诠释民族精神和民族文化，彰显民族自信心和自豪感，以民族国家的精神气质象征民族统一，民法典的民族性最终得以实现。典型的如《德国民法典》，正是民法典所赖于成型德意志语言、民族思维习惯，以及所形成的潘德克吞法学体系，都极富民族精神，从而全方位的体现了德意志独特的民法文化。可见，正是法典所宣示的民族性价值，使得一国之民法典绝不仅仅是条文的简单堆砌，更为重要的是条文背后所蕴藏的深厚的民族文化和价值观念。③

再次，民法典是记载一国民众权利之法典，是人们权利的宣言

---

① 参见余艺《民法法典化的政治向度与核心价值之实现》，《甘肃政法学院学报》2008 年第 1 期。

② 参见龙卫球《民法总则》（第二版），中国法制出版社 2002 年版，第 69 页。

③ 参见肖厚国《民法法典化的价值——模式与学理》，《现代法学》2001 年第 2 期。

书。毋庸置疑，"人民的福祉是最高的法律"。民法典本质上是人法，民法人文关怀的终极目的亦应当是造福民众。① 既然民法典本质上作为私法，民法典其实也就是通过隔离公权力对私权利的干涉，通过保障权利平衡民事主体之间的权利义务关系，以表达对人格尊严的尊重、对人的全面关怀以及发展的全方位保护之法典。自党的十八大四中全会明确指出"编纂民法典"，我国民法典之编纂进程已稳步推进。事实上，民法典已成为完善和发展中国特色社会主义法律体系、构建完备法律体系的重大任务，也是全面深化改革、全面建成小康社会的重要举措，还是具有重大时代意义的法治建设实践。可以说，民法典是法制建设的标志性事件，也是推进国家治理和社会设立现代化强劲动力。其实，民法典之所以对法治建设以及国家建设具有重要意义，进而成为人民"社会生活的百科全书"，根源就在于民法本质上是保护人之法，民法典是保护民众的基本权利之法典。就此意义而言，民法典应当是民众权利之宣言书，更确切地说是私权的宣言书。

二 在民法典分编之中整合价值

就法典本体而论，民法典之所以为法典，在于其乃统一体、有机体，即能够通过一定的价值指导从而将民事领域内杂乱无章的单行民事制度规范统合成为一个整体。也就是说，"法典应当是形式价值和实体价值和谐的统一体"②。一般而论，"每个法律条文，都表现出存在的理性而条文的结构整体也呈现出组织的原则"③。事实上，不仅是法律条文，法律概念、法律制度以及法律规范都在一定程度上体现出

---

① 参见张霄《法律文化特征考察——兼论法国民法典的价值取向》，《福建省社会主义学院学报》2004 年第 3 期。

② 龙卫球：《民法总则》（第二版），中国法制出版社 2002 年版，第 69 页。

③ 参见黄茂荣《法学方法与现代法学》（第五版），法律出版社 2013 年版，第 69 页。

法典内在价值理念。但是，民事法律调整范围宽广、内容繁杂。因而，法条、概念等背后所体现的价值理念不可避免地会出现冲突。例如，无权处分行为制度，涉及静态的交易秩序与动态的交易安全之间的冲突。可见，统合外部体系与内部体系还需要具备一定前提条件，即是整合民法内部之价值因素，使之协调成为一个有机价值体系，从而能够指导外部规则体系，形成民法典调整之合力。[1]

"从立法技术而言，将法律诸价值各负载于法律结构的某一原件之上，成为其功能，从而在法典的结构设计上求得对法律诸价值冲突的解释。"[2] 其实，解决不同价值之间矛盾冲突的关键，就在于寻求民法典的合理结构，使得民法诸多价值理念能够整合到一定的体系结构之中，成为一个整体的体系。因而，可以先通过分析法典的结构求得构成法典之要素，再分析结构之要素，以寻求可以解决价值冲突之合理结构。

法典结构组成要素包括法律概念、法律条文、法律规范以及法律基本原则。其中，法律概念是最为基础性的要素，指对各种法律现象的共同特征加以抽象、概括后形成的范畴。"在法律概念的构成上，必须考虑拟借助于该法律概念达成的目的或实现的价值。"[3] 盖法律概念乃应目的而生，为确保法律概念经济有效地实现其规范目的，构建的中心系于概念实现预设之价值的功能，即法律的安全价值。概念的确定性程度越高就越有利于保障法律的安全价值。法律条文则由法律概念以及连接词、限制词、判断词组成的。法条以其不完全性的特

---

[1]　参见孙宪忠《防止立法碎片化、尽快出台民法典》，《中国政法大学学报》2013年第1期。

[2]　徐国栋：《民法基本原则解释——诚实信用的历史、实务、法理研究》（再造版），北京大学出版社2013年版，第420页。

[3]　黄茂荣：《法学方法与现代法学》（第五版），法律出版社2013年版，第614页。

征，承载了法律的效率、简短的价值。法律条文之于法律规范，乃体系意义下部分与整体之关系。可以说，法律规范系由法条构成的体系。一般而言，法律规范是立法者根据正义而制定的，承载了正义价值；具有普遍的适用性而承载效率价值；宣示法律结果并具有稳定性，同时也承载安全价值。

由此可见，法律条文、法律概念以及法律规范之间所承载价值会发生冲突，甚至法律规范本身所承载价值就相互矛盾。此时，需要法律基本原则干预法律概念、法律条文以及法律规范的运行实现法律价值的整合。首先，法律基本原则是法律具有模糊性的根本规则。其次，法律原则几乎承载所有的法律价值。事实上，原则的模糊性本身代表多样化的价值体系，模糊性既意味着法律需要解释而承载灵活性价值，也意味着开放性、抽象性法律规范能够实现法律的效率价值；还意味着法典具有与时俱进的稳定，从而保证法律的安全价值。法律原则的模糊性为原则干涉法律结构其他要素提供了依据。如此一来，当具体的法律规则相互冲突时，法官即可利用具有模糊性的法律原则整合具有承载不同价值的法律条文、法律概念或法律规范，确保法律适用一致，法律价值的协调。例如，法律概念的解释，可扩张可限缩，究竟采用何种解释方法取决于法律基本原则的规定；法律条文的组合，不同的方式所产生法律效果不一样，就需要根据法律原则的指引。可以说，民法典正是通过法律基本原则对法律概念、法律条文以及法律规范的整合，而成为一个有机的体系，具备整体性。

简而言之，民法典之功能是外部规则体系和内部价值体系沟通的连接点。民法典规则制度得以在价值目的的指导下，发挥调整的作用，价值理念也在规则制度运行之中予以彰显，两者相互作用以民法典的价值宣示和价值整合的功能为连接的。也就是说，民法典之编纂在宣示或整合一定价值之中，实现了对具体单行法规的制定和统率作用，从而得以成就体系化之民法典。换而言之，民法典通过价值宣示以及价值整合的功能实现了民法典之体系性。

三　在民事单行法之中实现商事化规范功能

值得强调的是，民法典的体系化，是由具有内在逻辑联系的制度和规范以及具有内在一致性的价值所组合的体系结构。其实，功能本质上是实现法律理念之目的。[①] 就此而论，法律之规定与功能之间具有设计与目的之关系。功能是制度、规范、价值所欲实现之目的效果，制度、规范、价值则是实现功能之法律设计。可以说，民法典体系化的功能，就是民法典通过内在逻辑联系的制度和规范和内在一致性价值的设计所欲实现之目的。目的与设计而言，民法典体系化之功能有利于认识或论断法律规定应有之内容，是具体制度规范得以实现法典理念之桥梁。如此一来，可以明确，民法典体系化之功能，即在于统合外部体系与内部体系，从而发挥法规应有作用并彰显法典精神价值。[②] 因而，我们既应当在民法总则之中实现价值的（内在价值和外部价值）统一，在民法典分编中实现价值的整合以及一般性规范功能，还应当在民事单行法中实现特殊性规范功能。民商合一的立法体例，则意味着民事单行法要承载商事化的规范功能。

其实，民事单行法以及民法典各分编，在整个法典之中应当起到规范性的作用。民法典的分编以及民事单行法不同于总则，还应当是

---

① 参见［美］艾伦·沃森《民法法系的演变与形成》，李静冰等译，中国法制出版社2009年版，第132页。

② 参见黄茂荣《法学方法与现代法学》（第五版），法律出版社2013年版，第614页。

当事人之间具体的行为规范。民事单行法也不同于民法典分编，能够实现具体的、特殊的规范功能，例如，实现商事化规范功能。就此而论，民法典不应当只是宣示性意义上以及价值整合意义上的"法典"，还应当是具体行为的指引性法典。民法典的这些功能是无法在"抽象"层面的总则以及"一般"层面的民法典分编之中予以实现，只有在各"具体"民事单行法之中规范性条文予以实现。

第三节　知识产权独立成编：达成民商
合一立法的"交涉"共识

其实，知识产权学科由于其本身富有时代性，是前沿性极强的科学，知识产权法则是超前的、实践性的，往往需要回应现实之应然，而后才需要论证制度构建的正当性、合理性，而民法却是在市民社会深厚法理基础之上，逐步构建成民法体系。就此而论，知识产权法与民法具有天然的违和性。但问题是，按照《民法总则》"公因式"的安排，知识产权法不仅性质上是私法，更加应当独立成编。是故，民法典知识产权编意味着新型的知识产权法应当在与传统民法"交涉"的基础之上，寻求基本的共识，而后才能实现知识产权法的商事化立法构建，从而真正实现民商合一的立法。

一　"交涉"共识的理论基础

"交涉"理论（theory of communication），即交往行为理论，是哈贝马斯在20世纪70年代提出的博大精深的理论体系，即"对于取向与理解的言语行为之普通规则和必然前提给予理性地重建"①。实质上，也就是通过"交涉"而达成共识的体系重构。"交涉"是以理解或共识为目的的行为，要达成共识，参与方必须，第一，明确表达出某种观点及其理由；第二，让自己观点和理由被他方所理解；第三，在相互理解的基础上，探讨双方的争论点，从而达成应有的共识（consensus）。② 哈贝马斯交涉理论所达成的共识是建立在普遍性和统一性的基础之上的，是经验的、或然的以及开放性的，并且所论述的达成共识与常常理解相混淆的，即"理解就意味着交往活动的参与者达到了共识"③。

其实不然，理解并不一定代表达成共识，甚至理解与共识是相悖的。具体的对于双方交流而言，理解只是较为低层次，对对方观点及理由的客观认识即可，而共识则是更高层次的交流，还要求从主观价值上认可对方观点及理由。因而，需要明确的是，笔者此处所指哈贝马斯的"交涉理论"是修正后的建立在达成共识的目的交涉而非相互理解的交涉。交涉理论的共识原理，则是在程序公正的条件下，完全平等的主体通过理性动机下，互动达成的真实有效的共识。④

其中，理性地达成共识主要涉及"系统"与"生活世界"的关系。一方面，"生活世界"是可以系统地整合的；另一方面，"生活世界"与"系统"是互动的。"系统是交往行为概念完备化的不可缺少

---

① 哈贝马斯：《交往与社会进化》，重庆出版社 1989 年版，第 138 页。
② 参见姚大志《哈贝马斯——交往活动理论及其问题》，《吉林大学社会科学学报》2000 年第 6 期。
③ STEPHEN K WHITE，*The Recent Work of Jurgen Habermas*，Cambridge University Press，1988，p. 18.
④ 参见陈秋苹《马克思主义交往理论与哈贝马斯交往理论辨析》，《扬州大学学报》（高教研究版）2005 年第 6 期。

的补充概念，是行为论过渡到社会理论的桥梁。"① 也就是说，我们可以通过对民法典系统的整合来达成所谓"生活世界"的初步共识。当然，理性构建系统，离不开理性（共同价值）的指导，对于理性寻求，我们可以借助哲学的力量，"哲学，始终致力与蕴含于理性中的原则来解释世界整体，解释表现于现实多样性中的统一性，这种理性不是一种神秘的、虚无缥缈的、有精神构成的纯粹思辨的东西，而是具体的，存在于共识价值观念之中"②。

二 "交涉"实现民商合一立法应当遵循的基本原则

在寻求知识产权法与民法体系交融的共识的过程中，我们应当遵循以下几个方面的基本原则，才能最终实现民商合一的立法体例。

第一，坚持内容的协调性与逻辑性。其实，知识产权法立法的过程中，最重要的就是要注重知识产权与民法典的内容是协调的，并且知识产权能够满足民法典体系的逻辑性。例如，我国现行立法对民事权利的规定在不同的部门法中，不同部门之间的法律规定可能会重复，造成立法资源的浪费；也可能会彼此冲突，增加司法过程中法律适用的困难；也可能形成法律漏洞，不能更好地实现对权益的保护；有的规定在实质上已经被新的法律规定代替而失效了，这就不利于法律的初学者的学习。因此，在构建民事权利体系时，应结合我国目前立法的相关规定，注重其内容的完整性和协调性，并作出相关立法建议。一个体系之所以能称为体系，皆因其完善的结构。一个完善的结构不仅指排列整齐，更重要的是结构之间具有严密的逻辑性。在构建

① 艾四林：《哈贝马斯交往理论评析》，《清华大学学报》（哲学社会科学版）1995 年第 3 期。

② 《马克思恩格斯选集》（第 2 卷），人民出版社 1995 年版，第 32 页。

民事权利体系时，不仅仅是对各种类型的权利整齐罗列，更要保证各个类型的权利之间的逻辑性。哪些权利之间是类权利与亚类权利的关系，哪些是并列的关系，这些都是我们需要注意的。

第二，坚持构建民法典体系的稳定性。民事权利体系应当是一个稳定的结构，既不会遗漏现有的民事权利，亦不会因为新出现的民事权利的不兼容性。稳定性原则要求采用具有广泛性与包容性的法律概念，这些概念必须为权利的集合体，如财产权、人身权等。过分追求概念的精确性会导致个别权利与体系的不兼容。例如，学者早期主张采用物权、债权、亲属权、人格权、知识产权、社员权的分类方法，就会在股权的归属问题上产生争议——近年来，股权性质的独立权利说逐渐占据上风，该学说认为股权不属于以上权利的任何一种，股权就是股权。可见，过度追求定义的精确化势必增加民事权利体系解构的风险，应当运用集合性法律概念构建民事权利体系以维持其稳定性。

第三，坚持民事权利体系的层级性。法律是一种抽象的概念表达，而抽象的概念与具体的现实之间是通过类型化的概括所联系在一起的。因此，我们所构建的民事权利体系应当考虑到权利的类型化，考虑不同权利类型的不同表达和含义，尤其是考虑权利时具有一定的层级性，这也是体系开放的必要因素。在构建民事权利体系时，保持权利类型的层级性，既能更好地安排归纳既有的权利，又能为具体的民事权利预留出空间。当然，我们类型化民事权利体系，承认民事权利具有一定的层级性，并不意味着否认民事权利体系的完整性。体系的完整是结构上的，而体系的层次是针对具体的内容而言的。

三　民法典知识产权编"交涉"立法的基本共识

因此，通过知识产权法与民法典"交涉"的过程，可以从民法典的系统以及价值（理性）两个主要方面来寻求共识。具而言之，民法典知识产权编的商事化立法构建，至少应当达成以下几个方面的共识。

第一，知识产权法的内容应当与民法典的内容相吻合，并能够有助于促进民法体系的完整性。民法典是体系化的法典。所谓体系是具有一定逻辑性的系统所构成，完整的系统最基本的要求乃在于有完整而协调的内容。民事权利种类繁多，法律条文关于民事权利的规定也分布于不同的部门法中，构建民事权利体系就是为了对民事权利进行整合，便于以后对民事权利的研究和学习。可以说，知识产权入典也必须与民法典相协调，有助于促进法典体系的完整性。因此，在构建民事权利体系时，应结合我国目前民法体系的相关规定，注重民法典权利体系内容的完整性和协调性，进而在民事权利体系中融入知识产权。

第二，知识产权的民事权利能够保持民事权利结构的完善性。民事权利体系之所以可以称为体系，就在于权利完善的结构。所谓完善的结构不仅指权利排列整齐，更重要的是结构之间具有严密的逻辑性。因此，知识产权对于构建民事权利体系而言，具有重要的意义。知识产权不仅在不同类型的权利中能够找到恰当的位置，还能保证权利类型划分具有一定的逻辑性。同时值得注意的是，我国采取民商合一立法模式下，因而知识产权在民事权利体系中，也应当秉承民商合一的立法模式。民法典中主体都是民事主体，知识产权权利主体也是民事主体，具有民事主体的一般性要素，但同时，在从事商事活动时，还应当考虑知识产权主体具有商事主体的特殊性。

第三，知识产权法能够实现民法典的开放性。法律是调整实践生活中的各种社会关系的规范。毫无疑问，只有在具体的社会事件的出现引起纠纷之后，立法者为解决纠纷，才会制定相应的法律来调和现实社会中出现的矛盾。也就是说，法律具有滞后性。换而言之，无论民法典制定得如何体系化构建，在民法典适用的过程中，还是会存在法律上的漏洞，因为法律和社会都是不断发展、不断进步的过程之中。民事权利如此，知识产权更是如此。因此，无论构建出十全十美的民事权利体系，随着社会的进步，生产力的发展，经济生活的发展，总会出现新型的利益需要法律适当时候予以认可，进而这种新利益会继续发展为新权利。故而，知识产权要能够确保所构建的民事权利体系具有开放性。事实上，我们在构建民法典的权利体系时，应当注意为新型的民事权利预留空间，如此方能更好地保护民事主体合法权益，进而维系民法典的稳定性。

基于上述基本"共识"，我们可以发现在民法总则之中能够实现知识产权法等民事单行法与民法典体系和价值整合。事实上，法典乃是经整理而成的系统完备的某一类型法律总称，是单行法律规范构成的体系。[①] 民法典则是按照一定体系、逻辑编排而成的，是用以调整民事法律关系的制度和规范的有机结合体。[②] 由此可见，民法典并不同于单行的民事法规，是由诸多民事单行法律规定组合而成的具有一定目的的体系。尽管现代民法典的编纂不再需要通过公开法典而达成正当性，也不需要通过包罗万象而具有完备性，但民法典之编纂仍然倚重逻辑、系统而构成体系性。[③] 事实上，民法典作为成文法的最高形式，最为重要的特征就在于体系性。

---

① 参见中国社会科学院语言研究所词典编辑室编《现代汉语词典》（第6版），商务印书馆2012年版，第353页。
② 参见石佳友《民法法典化的方法论问题研究》，法律出版社2007年版，第3页。
③ 参见陈卫佐《现代民法典编纂的沿革——困境与出路》，《中国法学》2014年第5期。

不难发现，既有民事单行法，无论是知识产权法抑或是公司法，都是在总则的统领之下，各个领域内具体地可以指引当事人适用法律的行为规范，例如《知识产权法》之中财产取得制度，《公司法》之中财产交易、财产分配规则等。反观学者所拟定的知识产权法编，例如吴汉东教授所拟定的八条规则，关于知识产权的性质、范围、效力、利用、与在先权利的关系、保护、禁止滥用原则以及与民事特别法的关系，存在以下问题：一是重复民法典总则的一般性规定。典型的如禁止权力滥用，在民法总则基本原则之中已有相关的规定。二是并无具体规范性的规定。知识产权的性质、效力或范围、保护都只是概括性规则，并无当事人可以直接使用的具体行为规则。事实上，既有国家也没有知识产权独立成编成功的先例。意大利、越南、俄罗斯、荷兰都已尝试但都以失败告终。典型的如《越南民法典》，尽管知识产权法在法典之中独立成编，但是其后还存在诸多单行的知识产权特别法，民法典之中的知识产权规定也难以起到规范作用。①

诚然，"交往理性（kommunicative rationalitat）概念的内涵，最终可以还原成论证话语不受强制前提下达成共识这一核心经验。其中不同参与者一起克服他们纯粹主观的观念，同时为了共同的合理信念而确立起了客观世界的同一性以及其生活语境的主体间性"。② 尽管《民法总则》第11条规定"其他法律对民事关系另有特别规定的，依照其规定"。但该规定太过简单，并无法统摄民法典与民事单行法（民事特别法）之间牵连。民法典与民事单行法之间至少需要就民商合一的立法模式达成既定目标的基本共识，才是理性的民法典。换而

---

① 参见冯晓青《〈民法总则〉"知识产权条款"的评析与展望》，《法学评论》2017年第4期。

② ［德］尤尔根·哈贝马斯：《行为合理性与社会合理化》（第一卷），上海大学出版社2004年版，第10页。

言之，民法典与包括知识产权法、公司法、劳动法等在内的民事单行法，只有在通过交涉达成基本共识的基础上安排立法结构与内容，才能真正地实现民商合一的立法模式，进而成就民商合一的民法体系。

四　民商合一的视野下寻求共识应当遵循的基本原则

遵循民商合一的立法体例，在寻求民事单行法与民法体系交融的共识的过程中，我们应当遵循以下几个方面的基本原则。

第一，坚持其内容的协调性与逻辑性。其实，知识产权法立法的过程中，最重要的就是注重知识产权与民法典的内容是协调的，并且知识产权能够满足民法典体系的逻辑性。例如，我国现行立法对民事权利规定在不同的部门法中，不同部门之间的法律规定可能会重复，造成立法资源的浪费；也可能会彼此冲突，增加司法过程中法律适用的困难；也可能形成法律漏洞，不能更好地实现对权益的保护；有的规定在实质上已经被新的法律规定代替而失效了，这就不利于法律的初学者的学习。因此，在构建民事权利体系时，应结合我国目前立法的相关规定，注重其内容的完整性和协调性，并作出相关立法建议。一个体系之所以能称为体系，皆因其完善的结构。一个完善的结构不仅指排列整齐，更重要的是结构之间具有严密的逻辑性。在构建民事权利体系时，不仅仅是对各种类型的权利整齐罗列，更要保证各个类型的权利之间的逻辑性。哪些权利之间是类权利与亚类权利的关系，哪些是并列的关系，这些都是我们需要注意的。

第二，坚持构建民法典体系的稳定性。民事权利体系应当是一个稳定的结构，既不会遗漏现有的民事权利，亦不会因为新出现的民事权利的不兼容性。稳定性原则要求采用具有广泛性与包容性的法律概念，这些概念必须为权利的集合体，如财产权、人身权等。过分追求概念的精确性会导致个别权利与体系的不兼容。例如，学者早期主张采用物权、债权、亲属权、人格权、知识产权、社员权的分类方法，就会在股权的归属问题上产生争议——近年来，股权性质的独立权利说逐渐占据上风，该学说认为股权不属于以上权利的任何一种，股权就是股权。可见，过度追求定义的精确化势必增加民事权利体系解构的风险，应当运用集合性法律概念构建民事权利体系以维持其稳定性。

第三，坚持民事权利体系的层级性。法律是一种抽象的概念表达，而抽象的概念与具体的现实之间是通过类型化的概括所联系在一起的。因此，我们所构建的民事权利体系应当考虑到权利的类型化，考虑不同权利类型的不同表达和含义，尤其是考虑权利时具有一定的层级性，这也是体系开放的必要因素。在构建民事权利体系时，保持权利类型的层级性，既能更好地安排归纳既有的权利，又能为具体的民事权利预留出空间。当然，我们类型化民事权利体系，承认民事权利具有一定的层级性，并不意味着否认民事权利体系的完整性。体系的完整是结构上的，而体系的层次是针对具体的内容而言的。

五 民商合一视野下"交涉"达成的基本共识

因此，通过知识产权法与民法典"交涉"的过程，可以从民法典的系统以及价值（理性）两个主要方面来寻求共识。具而言之，知识产权法等民事单行法的立法构建，至少应当达成以下几个方面的共识。

第一，民事单行法的内容应当与民法典的内容相吻合，并能够有助于促进民法体系的完整性。民法典是体系化的法典。所谓体系是具有一定逻辑性的系统所构成，完整的系统最基本的要求乃在于有完整而协调的内容。民事权利种类繁多，法律条文关于民事权利的规定也分布在不同的部门法中，构建民事权利体系就是为了对民事权利进行整合，便于以后对民事权利的研究和学习。可以说，知识产权入典也必须与民法典相协调，有助于促进法典体系的完整性。因此，在构建民事权利体系时，应结合我国目前民法体系的相关规定，注重民法典权利体系内容的完整性和协调性，进而在民事权利体系中融入知识产权。

第二，民事单行法的民事权利能够保持民事权利结构的完善性。民事权利体系之所以可以称为体系，就在于权利完善的结构。所谓完善的结构不仅指权利排列整齐，更重要的是结构之间具有严密的逻辑性。因此，知识产权对于构建民事权利体系而言，具有重要的意义。知识产权不仅在不同类型的权利中能够找到恰当的位置，还能保证权利类型划分具有一定的逻辑性。同时值得注意的是，我国采取民商合一立法模式下，因而知识产权在民事权利体系中，也应当秉承民商合一的立法模式。民法典中主体都是民事主体，知识产权权利主体也是民事主体，具有民事主体的一般性要素，但同时，在从事商事活动时，还应当考虑知识产权主体具有商事主体的特殊性。

第三，民事单行法能够实现民法典的开放性。法律是调整实践生活中的各种社会关系的规范。毫无疑问，只有在具体的社会事件的出现引起纠纷之后，立法者为解决纠纷，才会制定相应的法律来调和现实社会中出现的矛盾。也就是说，法律具有滞后性。换而言之，无论多么民法典制定的如何体系化构建，在民法典适用的过程中，还是会存在法律上的漏洞，因为法律和社会都是不断发展、不断进步的过程。民事权利如此，知识产权更是如此。因此，无论构建出多么十全十美的民事权利体系，随着社会的进步，生产力的发展，经济生活的发展，总会出现新型的利益需要法律适当时候认可，进而这种新利益会继续发展为新权利。故而，知识产权要能够确保所构建的民事权利体系具有开放性。事实上，我们在构建民法典的权利体系时，应当注意为新型的民事权利预留空间，如此方能更好地保护民事主体合法权益，进而维系民法典的稳定性。

基于上述基本"共识"，我们可以发现在民法总则之中能够实现知识产权法等民事单行法与民法典体系和价值整合。事实上，法典乃是经整理而成的系统完备的某一类型法律总称，是单行法律规范构成的体系。① 民法典则是按照一定体系、逻辑编排而成的，是用以调整民事法律关系的制度和规范的有机结合体。② 由此可见，民法典并不同于单行的民事法规，是由诸多民事单行法律规定组合而成的具有一定目的的体系。尽管现代民法典的编纂不再需要通过公开法典而达成正当性，也不需要通过包罗万象而具有完备性，但民法典之编纂仍然倚重逻辑、系统而构成体系性。③ 事实上，民法典作为成文法的最高形式，最为重要的特征就在于体系性。

不难发现，既有民事单行法，无论是知识产权法抑或是公司法，都是在总则的统领之下，各个领域内具体地可以指引当事人适用法律的行为规范，例如《知识产权法》之中财产取得制度，《公司法》之中财产交易、财产分配规则等。反观学者所拟定的知识产权法编，例如吴汉东教授所拟定的八条规则，关于知识产权的性质、范围、效力、利用、与在先权利的关系、保护、禁止滥用原则以及与民事特别

① 参见中国社会科学院语言研究所词典编辑室编《现代汉语词典》（第6版），商务印书馆2012年版，第353页。
② 参见石佳友《民法法典化的方法论问题研究》，法律出版社2007年版，第3页。
③ 参见陈卫佐《现代民法典编纂的沿革——困境与出路》，《中国法学》2014年第5期。

法的关系，存在以下问题，其一，重复民法典总则的一般性规定。典型的如禁止权力滥用，在民法总则基本原则之中已有相关的规定。其二，并无具体规范性的规定。知识产权的性质、效力或范围、保护都只是概括性规则，并无当事人可以直接使用的具体行为规则。事实上，既有国家也没有知识产权独立成编成功的先例。意大利、越南、俄罗斯、荷兰都已尝试但都以失败告终。典型的如《越南民法典》，尽管知识产权法在法典之中独立成编，但是其后还是存在诸多单行的知识产权特别法，民法典之中的知识产权规定也难以起到规范作用。①

诚然，"交往理性（kommunicative rationalitat）概念的内涵，最终可以还原成论证话语不受强制前提下达成共识这一核心经验。其中不同参与者一起克服他们纯粹主观的观念，同时为了共同的合理信念而确立起了客观世界的同一性以及其生活语境的主体间性"。②尽管《民法总则》第 11 条规定"其他法律对民事关系另有特别规定的，依照其规定"。但该规定太过简单，并无法统摄民法典与民事单行法（民事特别法）之间牵连。民法典与民事单行法之间至少需要就民商合一的立法模式达成既定目标的基本共识，才是理性的民法典。换而言之，民法典与包括知识产权法、公司法、劳动法等在内的民事单行法，只有在通过交涉达成基本共识的基础上安排立法结构与内容，才能真正地实现民商合一的立法模式，进而成就民商合一的民法体系。

---

① 参见冯晓青《〈民法总则〉"知识产权条款"的评析与展望》，《法学评论》2017年第 4 期。
② ［德］尤尔根·哈贝马斯：《行为合理性与社会合理化》（第一卷），上海大学出版社 2004 年版，第 10 页。

第四节 《消费者权益保护法》入典：实现商事独特性的体系安排

一 《消费者权益保护法》属于商事规范

《民法总则》在"民事权利"一章第 128 条规定"法律对未成年人、老年人、残疾人、妇女、消费者等的民事权利保护有特别规定的，依照其规定"，其借鉴《德国民法典》通过规定消费者概念将消费者法纳入民法体系的做法，规定了第 128 条这一链接条款，使得消费者保护法成为民法的特别法。[①]《消费者权益保护法》的基本定性为民法无疑，但我们并不能简单地将其等同于民法的一般规范。《消费者权益保护法》具有不同于民事一般法的特性，具体如下：

第一，法律主体具有商事特殊性。一般而论，民法调整的法律主体是平等的自然人、法人和非法人组织。《民法通则》第 2 条、《民法总则》第 2 条都是如此规定的。《消费者权益保护法》则不然，其调整的是特殊的民事主体。该法第 2 条即明确："消费者为生活消费需要购买、使用商品或者接受服务，其权益受本法保护"；第 3 条明确："经营者为消费者提供其生产、销售的商品或者提供服务，应当遵守本法"。第 5 条和第 6 条则规定保护消费者合法权益的义务主体，即国家和社会大众，但其只是辅助消费者主体，并非《消费者权利保护

---

① 参见杨立新《民法总则》规定的民法特别法链接条款，《法学家》2017 年第 5 期。

法》直接调整的主体。可见，《消费者权益保护法》所调整的是特殊民事主体，即为消费者和经营者。其中，经营者实质上是商事主体，具有商事特殊性，消费者作为与经营者相对应的特殊主体，在一定的程度上，也具有商事特殊性。因为消费者作为经济地位上的弱者，需要国家的倾斜保护，而这正好体现了商法的管制性，即商事立法中越来越多地体现政府的管制职权和干预意志。

第二，权利义务具有商事独特性。事实上，《消费者保护权益法》调整对象是消费者和经营者之间发生商事交易法律关系，商事交易法律关系的内容即是消费者权利和经营者义务。其中，《消费者保护权益法》第二章专门规定消费者的权利，包括知情权、自由选择权、安全权、公平交易的权利、求偿权、参与和监督的权利、接受消费教育的权利以及建立消费者组织的权利。第三章对应地是经营者的义务，包括履行法定义务和约定义务、接受监督的义务、保证商品和服务安全的义务、提供真实信息的义务、表明真实名称和标记的义务、出具购货凭证和服务单据的义务、保证质量的义务、履行"三包"或其他责任的义务、不得以格式合同、通知、声明、店堂告示等方式单方作出对消费者不利规定的义务、不得侵犯消费者人格权的义务。其与《合同法》中，卖方应当根据诚实信用原则遵守的义务内容基本一致。不难发现，《消费者保护权益法》中规定的权利义务都是在商事交易中所涉的消费者和经营者之间权利义务。而民事权利义务则是指"民事主体在民事法律关系中所享有的民事权利和负担的民事义务"[1]，也就是人身关系和财产关系对应的内容。

第三，经营者责任具有商事责任的独特性。我国《消费者权益保

---

① 房绍坤主编：《民法》（第三版），中国人民大学出版社 2014 年版，第 12 页。

护法》重视经营者责任，专门规定了第三章"经营者的义务"，并且在第七章规定了"法律责任"，主要是针对经营者责任。在《产品质量法》《食品安全法》等相配套的保护消费者权益的法律以及《侵权责任法》中都规定了经营者责任。特别值得重视的是，《侵权责任法》围绕经营者责任规定了侵权责任主体，加重经营者责任，通过损害赔偿的方式，提高经营者安全生产的意识，促使其不断提高产品质量和性能，保护消费者的人身安全，减少环境污染和安全生产事故的发生。在具体制度设定上，除了规定了产品责任中的生产者、销售者以及运输者、仓储者等第三人（这些责任主体都是经营者）之外，还在其他部分规定了用人单位、劳务派遣单位、接受劳务派遣的单位，网络服务提供者、公共场所的管理人或者群众性活动组织者，机动车的所有人或者使用人，医疗产品的生产者，污染者，经营者，高度危险物的占有人、使用人，高度危险物或者高度危险区域的所有人、管理人，动物饲养人、管理人、建筑物的所有人、管理人或者使用人，建设单位和施工单位，有关单位，地下工作物的施工人或者管理人。这些责任主体尽管并没有统一"经营者"的概念，但他们都是或者基本上是经营者。① 其实经营者在本质上就属于商事主体，经营者责任也就是商事责任，商事责任是指商事主体在违反商事法律规范时，应当对受害者、行业协会或者国家承担相应的法律责任。② 商事责任是商事法律规范中的基本要素，每一个商事法律规范均包含了相应的商事责任。商事责任是商法所特有的制度，发挥着不可替代的功能；在商法学中，商事责任是具有特定内涵和外延的基本范畴，具备独特的制

---

① 参见杨立新、陶盈《消费者权益保护中经营者责任的加重与适度》，《清华法学》2011 年第 5 期。

② 参见童列春《商事责任的法理分析》，《理论与改革》2017 年 5 月。

度逻辑。① 经营者责任只不过是商事责任在《消费者权益保护法》中的具体体现，其内涵和形式与商事责任无异。在以"风险社会"和"事故社会"为特点的当今社会，商事责任的独特性体现在归责原则上为采取严格责任，在责任功能上强调惩罚性功能，在责任承担上采取连带责任。例如，《消费者权益保护法》第55条"经营者提供商品或者服务有欺诈行为的，应当按照消费者的要求增加赔偿其受到的损失，增加赔偿的金额为消费者购买商品的价款或者接受服务的费用的三倍"，就体现了商事责任中的惩罚性责任。《消费者权益保护法》第44条规定的网络交易平台与销售者或者服务者承担连带责任的情形，以及第45条广告经营者、发布者与经营者承担连带责任的情形。而《侵权责任法》第41第、第42条、第43条确定了经营者最为重要的产品责任适用无过错责任原则，也即严格责任规则原则。可见经营者责任无处不体现出商事属性。

二　《消费者权益保护法》进入民法典的必要性

（一）满足法律社会化的需求

19世纪末，欧洲经济危机频发，社会普遍认识到市场经济需要国家予以适当的干预，而国家干预的必然结果是重新立法调整主体之间的利益关系。就市场主体而言，以企业为代表的商事主体与以个人为代表的消费者之间利益冲突尤胜。② 一般而论，19世纪的商法典旨在通过对商事行为的定位，保障经济自主以及交易自由，以此实现效率

---

① 同上。

② See Ewoud Hondius, "Consumer Law and Private Law: the Case for Integration", in: Wolfgang Heusel (Ed.), Neues europäisches Vertragsrecht und Verbraucherschutz, *Köln: Bundesanzeiger*, 1999, pp. 19 – 38.

化。正是如此，商事规范导致商事主体在法律适用上占据有利的地位。例如，对于商事主体适用更为简便的证据规则。事实上，随着经济的发展，消费者与经营者处于明显不对等的经济地位。就此而论，独立性的商事规范已经无法妥善地均衡市场主体的利益关系。由此产生商法社会化的需求以应对自由市场可能造成经济危机。到20世纪初，法律社会化在欧洲国家兴起，此时期的民事立法开始认识到抽象意义上的个人仅仅是概念性的存在，法律必须考虑到具体社会中个人的利益。这就意味着民法与商法具有共同的规范目的，即打破既有法律中企业与个人之间利益平衡，使得消费者的利益高于商事主体的利益，以此实现市场经济的正常运转。其实，无论是立法抑或是司法，法律确信的形成都取决于不同主体利益是否实现均衡。而民商合一的立法能够充分地整合不同主体之间的利益关系，更注重具体层面上的公平立法，保护社会的弱势群体。由此，诸多国家将消费者保护法作为民法典重要组成部分，明确合同自由不再是消费者合同的首要准则。

（二）实现法律规范的有机性

《消费者权益保护法》入典，一方面是消费者权益保护法定位为民事特别法所使然，另一方面是实现本身具有商事独特性的消费者权益保护法的条理性、层次性的必然要求。

抽象层面而言，《消费者权益保护法》入典有利于消费法典解构，实现商事规范结构性安排。我国大部分学者即认为，中国民法典编纂的基本思路就是尽可能保留现行法律，理由充分方可修订既有法条。在《民法总则》的编纂过程说明中也明确"尊重民事立法的历史延续性"①。当然就民法典编纂的经济效用而言，尽量保留既有法律编纂法典的经济效用最高。但问题是，现有《消费者权益保护法》，是以消费法典形式结构的，在法典编纂路径上，简单地将《消费者权益保护法》作为民法典单行法并不可取。现行的《消费者权益保护法》是具有商事独特性的消费法典，将自成体系的消费法典解构整合入民法典之中，其实质就是将具有商事独特性的规范结构入民法典。也就是说，《消费者权益保护法》入典本身也就是民事典结构商事规范之过程。

具体层面而言，《消费者权益保护法》入典能够为商事违约金确定不同于民事违约金的基础。民事违约金一般高于损失，但民事违约金设立价值基础在于补偿性，即填补损害，司法解释也明确当事人约定违约金不得超过损害的30%。可见，法定或约定的民事违约金只具有补偿性并不具备"惩罚性"。然而，《合同法》第113条第2款又明确规定："经营者对消费者提供商品或者服务有欺诈行为的，依照《中华人民共和国消费者权益保护法》的规定承担损害赔偿责任。"一方面，可以确定《消费者保护法》中损害赔偿责任性质应为违约金；另一方面，此条款又打破传统民事违约责任填补损害的基础引入多倍赔偿责任，即商事违约金。也就是说，在商事交易中，双方约定如假一赔三，属于约定俗成的行业标准，法律应当尊重交易习惯。商事交易双方约定违约金是市场经济运作良性保障，符合当代经济效益原则。因而，法律应当允许适用法定或当事人约定商事违约金，这样的"惩罚性"违约金作为特殊的违约责任，其并不否定违约责任填补损害的价值基础，而是为了克服不足以赔偿损害的特殊规定。《消费者

① 参见《关于〈中华人民共和国民法总则（草案）〉说明》，第十二届全国人民代表大会常务委员会第二十一次会议，2016年6月27日，第7页。

权益保护法》入典，确定了违约金不应只是补偿性民事违约金，还可以是以"惩罚性"为基础的商事违约金。如此，既有利于丰富我国违约金制度，又能呈现出法律制度多样化的功能以及多层次的定位。

（三）适应民法典体系化内在需要

体系是民法典的生命。民法是一个有机体系，应该遵循民法典体系强制的要求。所谓体系强制，指民法制度体系构造应力求系于一体，力求实现法律概念的一致性和贯彻性，在具体问题的价值判断不应违背体系一致性。民法典的体系分为内部体系与外部体系。外部体系指抽象概念式的体系，是指依形式逻辑的规则建构之抽象、一般概念式的体系。内部体系是指"法秩序内在的意义关联"，其涉及的是一般法律思想的发现、避免评价矛盾以及将法律原则具体落实为法规则的内容，同时合理地促进司法裁判。①

民法典体系化的根本目的，即在于获得一个关于民法典的完备体系，在该体系支撑下制定出一部具有高度逻辑性和体系性的民法典。体系化与系统化不仅是民法典的内在要求，更是贯彻民法典基本原则、消除民事法律制度之间冲突混乱以及便于民法规范遵守适用裁判的逻辑起点。② 而《消费者权益保护法》作为民法典体系重要组成部分，入典必须适应民法典体系性的需求。

然而，现行《消费者权益保护法》基本定位乃是消费法典，其规定及制度安排明显存在不足。具言之，我国《消费者权益保护法》的结构安排的逻辑，就是按照潘德克吞体系，从一般抽象到具体规则，

---

① 参见王利明《民法典体系研究》（第二版），中国人民大学出版社 2012 年版，第201—210 页。

② 参见王利明《中国民法典学者建议稿及立法理由·总则编》，法律出版社 2005 年版，第1—3 页。

一层一层展开的法规范设计；在制度内容上，从法律主体到权利义务、争议解决、法律责任构成完整法典体系。故而，我们主张将《消费者权益保护法》纳入民法典，必须是建立在一定的前提之上的，即《消费者权益保护法》应当坚持民事特别法（即商法规范）的基本定位。只有如此，《消费者权益保护法》在体系、制度结构和内容安排上方能顺应民法典的内在体系。其实，商事独特性规范始终不能脱离民法基本规范而独立存在，《消费者权益保护法》也只有在民法典体系之下，才能妥当地安排商事独特性规范。简而言之，《消费者权益保护法》入典，既能符合民法典内在体系性，又能满足所涉商事法律独特性的内容的安排。因此，在打破既定消费法典的基础上，我国《消费者权益保护法》入典，特别是在体系以及内容设计上，实现消费法典向民法典组成部分的转向，对《消费者权益保护法》实现商事规范独特性安排，意义非凡。

（四）契合民商合一立法体例形式要求

尽管民法典具有日渐完备的体系和丰富化内容，但盲目追求法典的统一性，脱离民法典民商合一体例的形式，固然有些许商事规则，对商事独特性规定还远远不够，如此，也必然难以达成民商合一体例形式的要求。其实，尽管全球化经济发展是不可抵挡的趋势，但是在全球化追求统一性规则的趋势之中，我们的《消费者权益保护法》并不应该是自成一脉脱离既有民法典体系之外的，也不应当一味追求统一性规则而丧失我国民法典体例编排上独特性安排。我国民法典是在遵循民商合一立体体例前提下编纂的民法典。民法典不仅是民事基本制度的法典，也应是商事基本制度的法典，《消费者权益保护法》为民法典有机组成部分亦是如此。

《消费者权益保护法》入典，既有利于民法典体系的完整性，避免法典解构，又契合了消费者保护法乃民事特别法的本质，突出对消费者权益的保护，同时还不失为实现民商合一的一大途径。就此而论，我国《消费者权利保护法》入典的关键在于契合民商合一立法体例的形式要求，即《消费者权益保护法》作为商法规范具有特殊性，要全面考量经营者与消费者之间权利义务的不对等性，充分保护消费者权益，在民法典之中重新合理的配置双方当事人之间的权利义务以及责任的承担，从而实现实质上的平等。因而，我国消费者权益保护法整合入民法典之中，涉及具体条文权利义务配置中应增加商事交易适用的特殊规定，以贯彻保护消费者权益的价值理念：在消费合同成立时，对格式条款，应强化对条款的说明和解释义务；结合消费者合同时代性，特别是电子网络购物，合同成立时应设置一定的反悔期；均衡商事交易中经营者和消费者之间权利义务，加重经营者一方的义务，强化消费者一方的权利，并设置消费者协会等特殊救济机制。

事实上，我国民法典是民商合一体例下的民法典。因此，我国《消费者权益保护法》应当回归于民法典之中，必须从既有的体系之中以及编纂体例的视角之下，将《消费者权益保护法》整合入民法典之中，这不仅符合民法典体系内在要求，更是契合民商合一体例形式必然需要。

三　民商合一体例下《消费者权益保护法》入典的具体路径

我国《民法总则》第128条规定的民法特别法链接条款，将消费者保护法纳入了我国民法特别法体系，实现了消费者保护法与民法一体化的目的，明确了消费者保护法的基本性质属于私法，确定消费者保护法是民法特别法。① 前文已分析消法实质上是商事规范。在未来民法典各分编中如何吸收纳入消费者权益保护的规范内容是实现民商合一立法体例要求的关键所在。

（一）坚持适当纳入，而不是整体纳入

未来民法典编纂吸收消费者权益保护法规范并不是要将消费者权益保护法像人格权一样"独立成编"，而是要以民法教义学为根本方法，对现行消费者权益保护法的基本原则、权利义务规范、救济途径等进行修改，删除重复规定、精简法律条文，使其适应民法体系，吸收其具有的商事独特性，从而形成民法体系化，实现民商合一。

其一，保护消费者权益的特别法不能完全被法典取代，作为规范特殊消费群体的对象，毕竟在制度构件上与法典的规定具有明显差异，如果全部规定在法典中，可能与民法典并不融合。②

其二，整体纳入民法典中，将导致一般法与特别法界限的混乱，不利于法律的适用。德国之所以采取"一揽子"解决方案，是因为潘德克吞学派的"精密概念"在延续法典生命的同时，也将其禁锢在罗马市民法承继而来的私法自治、形式平等、合同自由的围墙中，③ 如再通过司法判例与学说来弥补理论与实践的缺陷已经是举步维艰；此外，涉及消费者撤回权的《分期付款买卖法》《上门交易法》《不动产部分时段适用法》《消费者信贷法》《远程销售法》对于消费者撤

---

① 参见杨立新《我国〈民法总则〉规定消费者概念的重要价值》，《法学杂志》2017年第4期。

② 例如保护消费者权益的特别法或者法规有《家用汽车产品修理、更换、退货责任规定》《产品质量法》《食品安全法》《家用电器商品维修服务工作管理办法》《全国家用电子产品维修服务管理办法》《价格管理条例》等。

③ 参见［意］彼得罗·彭梵得《罗马法教科书》，黄风译，中国政法大学出版社2002年版，第50—58页。

回权的行使与法律规定并不统一，导致消费者行使权力困难，需要与上位法整合，《德国民法典》成为了唯一选择。其实在《德国民法典》吸纳保护消费者权益的法律时，学者就提出批评"这种不断加强的法律分裂也使专业人士应接不暇，致使其忽略《民法典》范围之外特别规定的危险性越来越大"①。

其三，将保护消费者的法律整体纳入民法典，不利于民法典的稳定。《消费者权益保护法》作为政策性法，与一国的政策变化紧密相关，整体纳入民法典，将不利于该法的稳定性。同时，全部规定吸收消费者权益保护的法律工作量太大，对于民法典制定的过程来说，不切实际。

（二）从合同法分编中具体纳入

从德国的经验来看，《德国民法典》将消费者概念纳入总则，提升了消费者法的层次和调整能力，同时将消费者撤回权纳入民法典中债权体系中。消费者的撤回权出于德国民法典的第二编（债务关系法）→第三章（因合同而发生的债务关系）→第五小节（解除；在消费者合同的情形下的撤回权与退换权）→第二目（消费合同情形下的撤回权和退换权）。② 德国民法典的此种立法安排，不仅考虑了潘德克吞体系，更是遵循了物权与债权的二元体系。德国的做法不仅保证了债权体系的完整性，还兼顾了消费者权益的保护。但与德国不同的是，首先我国民法总则中只是确立了消费者权益保护法为民事特别法，并没有在民事主体制度上确立"消费者—经营者"的法律关系主

---

① ［德］迪特尔·梅迪库斯：《德国债法总论》，杜景林、卢谌译，法律出版社 2004 年版，第 33 页。

② 参见陈卫佐《德国民法典》（第三版），法律出版社 2010 年版，第 83—128 页。

体，没有规定消费者概念；其次也没有在民事权利部分规定消费者重要的撤回权，从而无法将保护消费者规范上升为私法的一般性规则，发挥民法典的统领作用。但依然存在具体路径实现消费者权益保护法入典，即在合同法分编完善消费者主体和权利立法，无论是作为法典化"先驱"的《欧洲合同法原则》（PECL），集大成的《共同参考框架草案》（Common Frame of Reference Draft），还是欧盟委员会提议的"欧洲共同买卖法"（Common European Sales Law），这些在欧洲私法法典化进程中的里程碑式法典文本，都以"经营者和消费者"为核心，① 充分体现了民商合一。而合同法分则最能体现民商合一理念。因此我国只能在未来民法典的合同法编来吸收纳入消费者权益保护法规范，已实现民商合一，切实保护消费者利益。

（三）在格式合同中作出细化规定

合同编是民商冲突最集中的领域，商事交易都是通过合同来完成的。消费者和经营者之间的权利和义务也是因通过协商订立的私人合同而成立，消费者合同便是连通二者之间法律关系的桥梁，双方地位的认定和建立也往往以消费者合同为依据。而现有《合同法》中仅有关于格式条款的规定可以作为对消费者合同的规定，且内容过于抽象笼统，根本不足以对处于被动地位的消费者进行保护。《消费者权益保护法》作为消费者保护的主体法，亦未有消费者合同的专门规定，仅有零散单一的法条通过基本权利的规定了对消费者进行保护。笔者认为消费者合同在合同形式上的体现主要就是格式合同，同时现有《合同法》对于消费者合同的规定也仅限于对格式条款的规定，表现

---

① 参见胡安琪《现代化民法典对消费者保护的回应——德国债法现代化的借鉴》，《商业研究》2017 年第 6 期。

在《合同法》第 39—41 条和《合同法司法解释（二）》第 6 条、第 9 条、第 10 条。基于商事交易所要求的效率便捷，格式合同已大量运用在消费者合同中，近年来经营者作为精明的商事主体在房地产、保险、金融、婚纱行业大量运用格式合同，目前消费者与经营者签订的消费者合同基本上都是格式合同，其带有省时便捷的商事属性，而对消费者利益进行保护最重要的手段就是对滥用优势地位的格式合同条款进行法律控制，这不仅在实质上对保护消费者有利，在形式上吸纳消法进入民法典的同时，也符合民商合一立法体例。细化格式合同规定从逻辑上因从合同订立和合同效力两部分进行规制。完整的格式条款应包括两部分：一是作为合同自由滥用的控制机制，适用于所有类型的民商合同；二是作为消费者保护机制[1]合同编总则主要应关注第一部分的内容，可增设诸如格式之争、意外条款等规定。在条款订入方面，《合同法》第 39 条要求格式条款的提供方"遵循公平原则确定当事人之间的权利和义务"，同时对免责条款承担提请对方注意和说明的义务。违反这一规定，格式条款应发生没有订入合同的效力，因为相对人虽然对格式条款没有自由协商的权利，但也必须做出概括接受或不接受的意思表示，才能使格式条款纳入合同，[2] 未来合同编总则应明确这一规则以减少争议。此外，《合同法》第 39 条将提请注意和说明义务的对象限于免责条款，范围过窄，多为学界诟病。[3] 建议同时采用抽象规定和具体列举并用的方法，将该范围界定为"影响一方是否订立合同或影响合同的核心条款"的内容，并列举商品或者服

---

① 参见王剑一《合同条款控制的正当性基础与适用范围》，《比较法研究》2014 年第 1 期。

② 参见王利明《合同法研究》（第 1 卷）（修订版），中国人民大学出版社 2011 年版，第 414 页。

③ 参见李永军《合同法》（第 3 版），法律出版社 2010 年版，第 252 页。

务的数量和质量、价款或者费用、履行期限和方式、注意事项和风险警示，保修期和售后服务、发票、违约责任等具体事项。[①] 在内容控制上，现行《合同法》第 39 条第 1 款通过公平原则来确定当事人之间的权利和义务，第 40 条规定除援引合同无效规范和免责条款规范之间，还规定"免除其责任、加重对方责任、排除对方主要权利的"条款无效。合同编总则可增加规定相对人有权撤销违反公平原则的格式条款，以恢复自由协商机制缺失时合同双方的利益平衡。[②]

---

① 参见谢鸿飞《民法典合同编：理论思考与立法建议专题研究》，《河南社会科学》2017 年第 6 期。

② 同上。

主要参考文献

一 中文主要参考文献

著作类

崔建远：《合同法学》，法律出版社 2015 年版。

陈苇：《婚姻家庭继承法》，群众出版社 2005 年版。

陈苇：《中国婚姻家庭法立法研究》（第 2 版），群众出版社 2010 年版。

陈棋炎、黄宗乐、郭振恭：《民法继承新论》，三民书局 1989 年版。

陈广华：《土地承包经营权流转法律问题研究》，中国政法大学出版社 2014 年版。

程啸：《侵权行为法总论》，中国人民大学出版社 2007 年版。

程合红：《商事人格权——人格权的经济利益内涵及其实现与保护》，中国人民大学出版社 2002 年版。

曹贤信：《亲属法的伦理性及其限度研究》，群众出版社 2012 年版。

曹诗权：《婚姻家庭继承法学》，中国法制出版社 1999 年版。

杜景林、卢谌：《德国债法改革——〈德国民法典〉最新进展》，法律出版社 2002 年版。

［德］汉斯·布洛克斯、沃尔夫·迪特里希·瓦尔克：《德国民法总论》（第 33 版），张艳译，中国人民大学出版社 2012 年版。

［德］卡尔·拉伦茨：《德国民法通论》（上册），王晓晔等译，法律出版社 2003 年版。

［德］雷纳·弗兰克、托比亚斯·海尔姆斯：《德国继承法》（第六版），王葆莳、林佳业译，中国政法大学出版社 2015 年版。

［德］霍尔斯特·海因里希·雅克布斯：《十九世纪德国民法科学与立法》，王娜译，法律出版社 2003 年版。

［德］弗朗茨·维亚克尔：《近代私法史——以德意志的发展为观察重点》（上册），陈爱娥、黄建辉译，上海三联书店 2004 年版。

［德］弗朗茨·维亚克尔：《近代私法史——以德意志的发展为观察重点》（下册），陈爱娥、黄建辉译，上海三联书店 2006 年版。

［德］K. 茨威格特、H. 克茨：《比较法总论》，潘汉典、米健等译，贵州人民出版社 1992 年版。

［德］拉德布鲁赫：《法律智慧警句集》，舒国滢译，中国法制出版社 2001 年版。

［德］迪特儿·瓦尔特：《民法导论》，郑冲译，法律出版社 2006 年版。

［德］迪特尔·施瓦布：《德国家庭法》，王葆莳译，法律出版社 2010 年版。

［德］迪特尔·梅迪库斯：《德国民法总论》，邵建东译，法律出版社 2001 年版。

［德］尤尔根·哈贝马斯：《行为合理性与社会合理化》（第一卷），曹卫东译，上海人民出版社 2004 年版。

［德］弗里德里希·卡尔·冯·萨维尼：《论当代立法和法学的当代使命》，许章润译，中国法制出版社 2001 年版。

《德国商法典》，杜景林、卢谌译，法律出版社 2010 年版。

《德国民法典》（第四版），陈卫佐译，法律出版社 2015 年版。

戴东熊、戴炎辉：《中国亲属法》，五南图书出版公司 2002 年版。

欧洲侵权法小组：《欧洲侵权法原则：文本与评注》，于敏、谢鸿飞
　　译，法律出版社 2009 年版。

［俄］恰亚诺夫：《农民经济组织》，萧正洪译，中央编译出版社 1996
　　年版。

［芬兰］E. A. 韦斯特马克：《人类婚姻史》（第二卷），商务印书馆
　　1992 年版。

范健、王建文：《商法学》（第 4 版），法律出版社 2015 年版。

范明志：《欧盟合同法一体化研究》，法律出版社 2008 年版。

范愉：《非诉讼纠纷解决机制研究》，中国人民大学出版社 2000 年版。

樊涛：《中国商法渊源的识别与适用》，法律出版社 2015 年版。

《俄罗斯联邦民法典》（全译本），黄道秀译，北京大学出版社 2007 年
　　版。

《意大利民法典》，费安玲等译，中国政法大学出版社 2004 年版。

费安玲：《比较担保法——以德国、法国、瑞士、意大利、英国和中
　　国担保法为研究对象》，中国政法大学出版社 2004 年版。

封丽霞：《法典编纂论——一个比较法的视角》，清华大学出版社 2002
　　年版。

房绍坤：《婚姻家庭与继承法》，中国人民大学出版社 2007 年版。

房绍坤：《民法》（第三版），中国人民大学出版社 2014 年版。

［法］让·路易·伯格：《法典编纂的主要方法和特征》，郭琛译，《清
　　华法学》第 8 辑，清华大学出版社 2006 年版。

《法国民法典》（上册），罗结珍译，法律出版社 2005 年版。

郭明瑞：《继承法研究》，中国人民大学出版社 2003 年版。

郭明瑞等：《民事责任论》，中国社会科学出版社 1991 年版。

高其才主编：《当代中国婚姻家庭习惯法》，法律出版社 2011 年版。

高富平：《中国民法典的使命及其实现——兼论民法典意义和形式》，张礼洪、高富平主编《民法法典化、解法典化和反法典化》，中国政法大学出版社 2008 年版。

《俄罗斯联邦民法典》，黄道秀译，北京大学出版社 2007 年版。

黄茂荣：《法学方法与现代法学》，法律出版社 2007 年版。

黄河：《农业法视野中的土地承包经营流转法制保障研究》，中国政法大学出版社 2008 年版。

胡长清：《中国民法总论》，中国政法大学出版社 1997 年版。

［德］哈贝马斯：《交往与社会进化》，重庆出版社 1989 年版。

季立刚：《民国商事立法研究》，复旦大学出版社 2006 年版。

蒋月：《20 世纪婚姻家庭法：从传统到现代化》，中国社会科学出版社 2015 年版。

雷春红：《婚姻家庭法的地位研究》，法律出版社 2012 年版。

李适时主编：《中华人民共和国民法总则释义》，法律出版社 2017 年版。

李正生：《法律经济学》，电子科技大学出版社 2007 年版。

刘正浩、胡克培主编：《法律伦理学》，北京大学出版社 2010 年版。

李永军：《中国民法总论》（第二版），法律出版社 2009 年版。

李永军：《合同法》（第三版），法律出版社 2010 年版。

李永安：《中国农户土地权利研究》，中国政法大学 2013 年版。

龙卫球：《民法总则》（第二版），中国法制出版社 2002 年版。

《民法总则立法背景与观点全集》编写组：《民法总则立法背景与观点全集》，法律出版社 2017 年版。

马骏驹：《对我国民法典制定中几个焦点问题的看法》，中国民主法制
　　出版社 2005 年版。

马俊驹、余延满：《民法原论》（上），法律出版社 1998 年版。

李洪祥：《我国民法典立法之亲属法体系研究》，中国法制出版社
　　2014 年版。

龙卫球、刘保玉主编：《中华人民共和国民法总则释义与适用指导》，
　　中国法制出版社 2017 年版。

梁慧星：《民法》，四川人民出版社 1989 年版。

梁慧星主编：《中国民法典草案建议稿附理由·亲属编》，法律出版社
　　2006 年版。

梁慧星主编：《中国民法典草案建议稿附理由（侵权行为编、继承
　　编）》，法律出版社 2004 年版。

梁慧星主编：《民商法论丛》（第 10 卷），法律出版社 1998 年版。

梁慧星：《中国民法典草案建议稿附理由·物权编》，法律出版社
　　2004 年版。

梁慧星：《中国民法典草案建议稿附理由·物权编》，法律出版社
　　2013 年版。

［德］罗尔夫·克尼佩尔：《法律与历史——论〈德国民法典〉的形
　　成与变迁》，朱岩译，法律出版社 2003 年版。

苗延波：《商事通则立法研究》，知识产权出版社 2008 年版。

［美］Claude D. Rohwer、Gordon D. Schaber：《合同法》，汤树梅注校，
　　中国人民大学出版社 2003 年版。

［美］昂格尔：《现代社会中的法律》，吴玉章、周汉华译，中国政法
　　大学出版社 1994 年版。

［美］艾伦·沃森：《民法法系的演变及形成》，李静冰、姚新华译，

中国政法大学出版社 2005 年版。

〔美〕格林顿·戈登·奥萨魁：《比较法传统》，米健、贺卫方、高鸿钧译，中国政法大学出版社 1993 年版。

〔美〕E. 博登海默：《法理学——法律哲学与法律方法》，邓正来译，中国政法大学出版社 2004 年版。

〔美〕艾伦·沃森：《民法法系的演变与形成》，李静冰等译，中国法制出版社 2009 年版。

〔美〕威利姆斯：《语言与法律》，转引自梁慧星《民法解释学》，中国政法大学出版社 2003 年版。

〔美〕本杰明·N. 卡多佐：《法律的成长法律科学的悖论》，董炯、彭冰译，中国法制出版社 2001 年版。

〔英〕梅因：《古代法》，沈景一译，商务印书馆 1959 年版。

梅夏英、高圣平：《物权法教程》（第二版），中国人民大学出版社 2010 年版。

苏惠祥主编：《中国商法概论》，吉林人民出版社 1996 年版。

史尚宽：《继承法论》，中国政法大学出版社 2000 年版。

史尚宽：《民法总论》，中国政法大学出版社 2003 年版。

孙宪忠：《中国物权法总论》，法律出版社 2014 年版。

屈茂辉：《民法引论》，商务印书馆 2014 年版。

石佳友：《民法法典化的方法论问题研究》，法律出版社 2007 年版。

全国人大常委会法制工作委员会民法室编：《中华人民共和国物权法条文说明、立法理由及相关规定》，北京大学出版社 2007 年版。

〔日〕大木雅夫：《比较法》，范愉译，法律出版社 1998 年版。

沈德咏主编：《〈中华人民共和国民法总则〉条文理解与适用》，人民法院出版社 2017 年版。

童列春：《中国农村集体经济有效实现的法理研究》，中国政法大学出版社 2013 年版。

［奥］卡尔·伦纳：《私法的制度及其社会功能》，王家国译，法律出版社 2013 年版。

巫昌祯：《婚姻家庭法新论》，中国政法大学出版社 2002 年版。

巫昌祯主编：《婚姻与继承法学》，中国政法大学出版社 2001 年版。

吴越等：《土地承包经营权流转制度瓶颈与制度创新——以农地资本化和农业现代化为研究重心》，法律出版社 2014 年版。

魏宏：《商事合同法律问题》，中国法制出版社 2000 年版。

王金堂：《土地承包经营权制度的困局与破解——兼论土地承包经营权的二元物权化》，法律出版社 2013 年版。

王利明：《中国民法典学者建议稿及立法理由·人格权编·婚姻家庭编·继承编》，法律出版社 2005 年版。

王利明主编：《〈中华人民共和国民法总则〉条文释义》，人民法院出版社 2017 年版。

王利明：《民法典体系研究》（第二版），中国人民大学出版社 2012 年版。

王利明：《法律解释学》，中国人民大学出版社 2011 年版。

王利明：《人格权法》（第二版），中国人民大学出版社 2016 年版。

王利明：《人格权法研究》（第二版），中国人民大学出版社 2012 年版。

王利明：《中国民法典学者建议稿及立法理由》，法律出版社 2005 年版。

王利明：《我国民法典重大疑难问题之研究》，法律出版社 2006 年版。

王利明：《合同法新问题研究》，中国社会科学出版社 2011 年版。

王利明主编:《民法典·侵权责任法研究》,人民法院出版社 2003 年版。

王利明:《中国民法典学者建议稿及立法理由·总则编》,法律出版社 2005 年版。

王利明:《物权法》,中国人民大学出版社 2015 年版。

王利明:《中国民法典学者建议稿及立法理由(物权编)》,法律出版社 2005 年版。

王利明:《民法的人文关怀》,中国社会科学出版社 2011 年版。

王利明、周友军、高圣平:《中国侵权责任法教程》,人民法院出版社 2010 年版。

王利明:《法律解释学导论——以民法为视角》,法律出版社 2009 年版。

王利明:《中国民法典学者建议稿及立法理由·债法总则编·合同编》,法律出版社 2005 年版。

王利明:《我国民法典重大疑难问题之研究》,法律出版社 2006 年版。

王利明:《合同法研究》(第 1 卷)(修订版),中国人民大学出版社 2011 年版。

王洵、于秋华:《中国近代经济史》,东北财经大学出版社 2004 年版。

王保树主编:《商法》(第 2 版),北京大学出版社 2014 年版。

王轶:《民法原理与民法学方法》,法律出版社 2009 年版。

王文宇:《梳理商法与民法关系——兼论民法典与商法》,《中国商法年刊 2015 年》,法律出版社 2015 年版。

王洵、于秋华:《中国近代经济史》,东北财经大学出版社 2004 年版。

王卫国:《过错责任原则:第三次勃兴》,中国法制出版社 2000 年版。

王卫国:《荷兰经验与民法再法典化》,中国政法大学出版社 2007 年版。

王竹青、魏小莉:《亲属法比较研究》,中国人民公安大学出版社 2004 年版。

王泽鉴：《民法概要》，中国政法大学出版社 2003 年版。

王泽鉴：《民法学说和判例研究》（第 4 册），中国政法大学出版社 1998 年版。

魏磊杰、张建文：《俄罗斯联邦民法典的过去、现在及其未来》，中国政法大学出版社 2012 年版。

吴香香：《民法的演进——以德国近代私法理念与方法为线索》，世界知识出版社 2012 年版。

肖海军：《商法学》，法律出版社 2009 年版。

徐涤宇译注：《最新阿根廷共和国民法典》，法律出版社 2007 年版。

许中缘：《论体系化的民法与法学方法》，法律出版社 2007 年版。

许中缘：《商法的独特品格与我国民法典编纂》（上册），人民出版社 2017 年版。

许中缘：《商法的独特品格与我国民法典编纂》（下册），人民出版社 2017 年版。

许中缘、屈茂辉：《民法总则原理》，中国人民大学出版社 2012 年版。

谢怀栻：《外国民商法精要》（增补版），法律出版社 2006 年版。

夏吟兰主编：《婚姻家庭继承法》，中国政法大学出版社 2004 年版。

徐国栋：《民法总论》，高等教育出版社 2007 年版。

徐国栋：《绿色民法典草案》，社会科学文献出版社 2004 年版。

徐国栋：《优士丁尼〈法学阶梯〉评注》，北京大学出版社 2011 年版。

徐国栋：《民法总论》，高等教育出版社 2007 年版。

徐国栋：《民法基本原则解释——诚实信用的历史、实务、法理研究》（再造版），北京大学出版社 2013 年版。

徐同远：《担保物权论——体系构成与范畴变迁》，中国法制出版社 2012 年版。

杨立新：《中国百年民法典汇编》，中国法制出版社 2011 年版。

杨立新：《物权法》（第四版），中国人民法学出版社 2013 年版。

杨立新：《侵权责任法》，法律出版社 2010 年版。

杨大文主编：《亲属法与继承法》，法律出版社 2013 年版。

杨育正：《民法的解释与适用》，法律出版社 2011 年版。

姚秋英：《婚姻效力研究》，中国政法大学出版社 2013 年版。

余能斌：《民法典专题研究》，武汉大学出版社 2004 年版。

［英］麦考密克、［奥］魏因贝格尔：《制度法论》，中国政法大学出版社 1994 年版。

［英］约翰·罗尔斯：《正义论》，何怀宏译，中国社会科学出版社 2005 年版。

［英］麦考密克、［奥］魏因贝格尔：《制度法论》，中国政法大学出版社 1994 年版。

［意］彼得罗·彭梵得：《罗马法教科书》，黄风译，中国政法大学出版社 2002 年版。

朱庆育：《民法总则》，北京大学出版社 2013 年版。

朱庆育：《民法总论》，北京大学出版社 2013 年版。

周林彬、官欣荣：《我国商法总则理论与实践的再思考》，法律出版社 2015 年版。

曾世雄：《民法总则之现在与未来》，中国政法大学出版社 2001 年版。

郑新建：《商誉权的法律保护》，中国人民公安大学出版社 2010 年版。

中共中央干部学校民法教研室：《中华人民共和国民法基本问题》，法律出版社 1958 年版。

赵庆杰：《家庭与伦理》，中国政法大学出版社 2008 年版。

张新宝：《〈中华人民共和国民法总则〉释义》，中国人民大学出版社

2017 年版。

张作华：《亲属身份行为基本理论研究》，法律出版社 2011 年版。

张晓娟：《动产担保法律制度现代化研究》，中国政法大学出版社 2013 年版。

中国审判理论研究会民商事专业委员会编著：《〈民法总则〉条文理解与司法适用》，法律出版社 2017 年版。

赵万一：《商法学》，法律出版社 2001 年版。

论文类

崔建远：《编纂民法典必须摆正的几对关系》，《清华法学》2014 年第 6 期。

崔建远：《我国〈民法总则〉的制度创新及历史意义》，《比较法研究》2017 年第 3 期。

陈英：《继承权本质的分析与展开》，《法学杂志》2017 年第 6 期。

陈卫佐：《现代民法典编纂的沿革——困境与出路》，《中国法学》2014 年第 5 版。

陈小君：《我国农民集体成员权的立法抉择》，《清华法学》2017 年第 2 期。

陈小君：《后农业税时代农地权利体系与运行机理研究论纲》，《法律科学》2010 年第 1 期。

陈小君：《我国农村土地法律制度变革的思路与框架——十八届三中全会〈决定〉相关内容解读》，《法学研究》2014 年第 4 期。

陈娟：《股权继承：从财产继承到身份继承的回归》，《法制与经济》2007 年第 6 期。

陈会广、陈真：《论土地承包经营权的继承》，《南京农业大学学报》

（社会科学版）2015 年第 1 期。

陈秋苹：《马克思主义交往理论与哈贝马斯交往理论辨析》，《扬州大学学报》（高教研究版）2005 年第 6 期。

曹贤信：《亲属法在民法典定位中的价值取向难题之破解与对策》，《华中科技大学学报》（社会科学版）2014 年第 4 期。

曹兴权：《民商分立视野下的缔约信息主动披露义务》，《河南社会科学》2017 年第 7 期。

曹新明：《知识产权与民法典连接模式之选择——以〈知识产权法典〉的编纂为视角》，《法商研究》2005 年第 1 期。

曹险峰：《我国侵权责任的侵权构成模式——以"民事权益"的定位与功能分析为中心》，《法学研究》2013 年第 6 期。

戴威：《农村集体经济组织成员资格制度研究》，《法商研究》2016 年第 6 期。

丁海俊：《预防型民事责任》，《政法论坛》2005 年第 4 期。

丁慧：《试论中国亲属法哲学的发展方向——兼与徐国栋教授商榷》，《法学杂志》2012 年第 7 期。

丁慧：《再论中国亲属法的立法价值选择——在民法典起草和制度的语境下》，《西南政法法学学报》2016 年第 1 期。

丁文：《论土地承包权与土地承包经营权的分离》，《中国法学》2015 年第 3 期。

邓丽：《论民法总则与婚姻法的协调立法——宏观涵摄与围观留白》，《北方法学》2015 年第 4 期。

［德］托马斯·莱赛尔：《德国民法中的法人制度》，张双根译，《中外法学》2001 年第 1 期。

冯珏：《汉德公式的解读和反思》，《中外法学》2008 年第 4 期。

冯乐坤：《继承权本质的法理透视》，《法律科学》（西北政法学院学报）2004 年第 4 期。

冯晓青：《〈民法总则〉"知识产权条款"的评析与展望》，《法学评论》2017 年第 4 期。

［法］让·保罗、让·皮埃尔·鲁瓦耶：《民法典：从政治意志到社会需要》，石佳友译，《法学家》2004 年第 2 期。

郭明瑞：《身份法之立法原则》，《北方法学》2013 年第 1 期。

郭明瑞：《也谈农村土地承包经营权的继承问题——兼与刘宝玉教授商榷》，《北方法学》2014 年第 2 期。

高圣平：《农地金融化的法律困境及出路》，《中国社会科学》2014 年第 8 期。

胡开忠：《知识产权法与民法典关系论纲》，《法制与社会发展》2003 年第 2 期。

黄忠：《人格权法独立成编的体系效应之辨识》，《现代法学》2013 年第 1 期。

胡铭：《司法公信力的理性解释和构建》，《中国社会科学》2015 年第 4 期。

贺剑：《论婚姻法回归民法的基本思路——以法定夫妻财产制为重点》，《中外法学》2014 年第 6 期。

贺雪峰：《取消农业税后农村的阶层及其分析》，《社会科学》2011 年第 3 期。

洪正、王万峰、周轶海：《道德风险、监督结构与农村融资机制设计——兼论我国农村金融体系改革》，《金融研究》2010 年第 6 期。

焦富民：《"三权分置"视域下承包土地的经营权抵押制度之构建》，《政法论坛》2016 年第 5 期。

江帆：《商誉与商誉侵权的竞争法规制》，《比较法研究》2005 年第 5 期。

江平：《〈民法总则〉评议》，《浙江工商大学学报》2017 年第 3 期。

蒋大兴：《论民法典〈民法总则〉对商行为之调整——透视法观念、法技术与商行为之特殊性》，《比较法研究》2015 年第 4 期。

雷春红：《论亲属法在我国未来民法典中的地位》，《私法研究》2010 年第 6 期。

刘道远：《商事侵权责任对侵权责任法的挑战及其对策》，《法商研究》2010 年第 1 期。

刘和旺：《诺思制度变迁的路径依赖理论新发展》，《经济评论》2006 年第 2 期。

刘欢：《民法典视野下的民法总则与继承法立法问题探讨——第十一届海峡两岸民法典论坛综述》，《河南财经政法大学学报》2013 年第 6 期。

李新天、朱琼娟：《论"个人信用权"——兼谈我国个人信用法制的构建》，《中国法学》2003 年第 5 期。

李少伟：《潘德克吞立法模式的当代价值与我国民法典的模式选择》，《河北法学》2009 年第 5 期。

李扬：《重塑以民法为核心的整体性知识产权法》，《法商研究》2006 年第 6 期。

李建伟：《我国民法典合同法编分则的重大立法问题研究》，《政治与法律》2017 年第 3 期。

李洪祥：《论我国民法典立法之亲属法体系构建的价值取向》，《社会科学战线》2012 年第 12 期。

李中原：《当代中国法治化进程中的民法典编纂反思——历史使命、

现实定位与路径选择》,《法学》2016 年第 2 期。

李实:《中国农村劳动力流动与收入增长和分配》,《中国社会科学》1999 年第 2 期。

李晓辉:《作为民事权利的个人信息权保护探究——〈民法总则〉第一百一十一条解析》,《社会治理》2017 年第 7 期。

罗培新:《农村集体资产监管要处理好三组关系》,《农村经营管理》2017 年第 5 期。

刘凯湘:《人格权的宪法意义与民法表述》,《社会科学战线》2012 年第 2 期。

刘凯湘:《比较法视角下的商事留置权制度》,《暨南学报》(哲学社会科学版)2015 年第 8 期。

刘训智:《商事人格权的理论诠释与制度构造》,《西南政法大学学报》2015 年第 6 期。

刘保玉:《论商事通则与民法一般规则的关系——商事通则立法的可行性悖议》,《河南省政法管理干部学院学报》2005 年第 4 期。

刘道远:《商事责任法律制度的反思与重构》,《北京工商大学学报》(社会科学版)2010 年第 5 期。

刘道远:《商事侵权责任对侵权责任法的挑战及其对策》,《法商研究》2010 年第 1 期。

刘道远:《民事权益结构中的商事权益——兼论商事权益的法律构造》,《河南财经政法大学学报》2012 年第 3 期。

雷兴虎、薛波:《〈民法总则〉包容商事关系模式研究》,《甘肃政法学院学报》2017 年第 1 期。

陆青:《债法总则的功能演变——从共同规范到体系调整》,《当代法学》2014 年第 4 期。

马俊驹、童列春：《身份制度的私法构造》，《法学研究》2010 年第2 期。

马俊驹、童列春：《私法中身份的再发现》，《法学研究》2008 年第5 期。

马俊驹、张翔：《人格权的理论基础及其立法体例》，《法学研究》2004 年第6 期。

马忆南：《婚姻家庭法的弱者保护功能》，《法商研究》1999 年第4 期。

马新彦、卢冠男：《民法典编纂中继承法编几个问题的探讨》，《当代法学》2017 年第3 期。

马晓莉：《论近代女子财产继承权的确立》，《湖南社会科学》2005 年第2 期。

柳经纬：《当代中国私法之发展与对西方私法的借鉴》，《暨南学报》2011 年第3 期。

柳经纬：《关于如何看待债法总则对具体债适用的问题》，《河南省政法管理干部学院学报》2007 年第5 期。

赖丽华：《基于"三权分置"的农村土地经营权二元法律制度构造》，《西南民族大学学报》（人文社会科学版）2016 年第11 期。

孙鹏、王勤芳：《流质条款效力论》，《法学》2008 年第1 期。

孙宪忠：《推动农地三权分置经营模式的立法研究》，《中国社会科学》2016 年第7 期。

孙宪忠：《防止立法碎片化、尽快出台民法典》，《中国政法大学学报》2013 年第1 期。

石佳友：《我国〈民法总则〉的颁行与民法典合同编的编订——从民事法律行为制度看我国〈合同法〉相关规则的完善》，《政治与法律》2017 年第7 期。

钱玉林：《民法与商法适用关系的方法论诠释——以〈公司法〉司法解释三第 24、25 条为例》，《法学》2017 年第 2 期。

冉克平：《论人格权法中的人身自由权》，《法学》2012 年第 3 期。

冉克平：《民法典总则存废论——以民法典总则与亲属法的关系为视角》，《私法》2008 年第 6 期。

［日］星野英一：《民法典中的侵权行为法体系展望》，《法学家》2009 年第 2 期。

单平基：《"三权分置"理论反思与土地承包经营权困境的解决路径》，《法学》2016 年第 9 期。

施天涛：《民法典能够实现民商合一吗》，《中国法律评论》2015 年第 4 期。

童世骏：《关于"重叠共识"的"重叠共识"》，《中国社会科学》2008 年第 6 期。

童列春：《商事责任的法理分析》，《理论与改革》2017 年第 5 期。

翁国民：《全球化与国际商事合同规则的国际统一》，《中国法学》2001 年第 3 期。

巫昌祯、夏吟兰：《〈民法典·婚姻家庭编〉之我见》，《政法论坛》（中国政法大学学报）2003 年第 1 期。

吴义龙：《"三权分置"论的法律逻辑、政策阐释及制度替代》，《法学家》2016 年第 4 期。

吴汉东：《知识产权立法体例与我国民法典编纂》，《中国法学》2003 年第 1 期。

吴汉东：《试论人格利益和无形财产利益的权利构造——以法人人格权为研究对象》，《法商研究》2012 年第 1 期。

王利明：《人格权的发展与完善——以人格尊严保护为视角》，《法律科学》2012 年第 4 期。

王利明：《民商合一体例下我国民法典总则的制定》，《法商研究》
2015 年第 4 期。

王利明：《论侵权行为法的独立成编》，《现代法学》2003 年第 4 期。

王利明：《我国〈物权法〉制定对民法典编纂的启示》，《清华法学》
2008 年第 3 期。

王利明：《侵权责任法与合同法的界分——以侵权责任法的扩张为视
野》，《中国法学》2011 年第 3 期。

王利明：《论我国〈侵权责任法〉保护范围的特色》，《中国人民大学
学报》2010 年第 4 期。

王利明：《再论人格权独立成编》，《法商研究》2012 年第 1 期。

王利明：《论债法总则与合同法总则的关系》，《广东社会科学》2014
年第 5 期。

王利明：《关于我国民法典体系构建的几个问题》，《法学》2003 年第
1 期。

王利明：《论法典中心主义与我国民事立法的体系化》，《云南大学学
报》（法学版）2009 年第 2 期。

王保树：《商事通则：超越民商合一与民商分立》，《法学研究》2005
年第 1 期。

王轶：《民法价值判断问题的实体性论证规则》，《中国社会科学》
2004 年第 6 期。

王轶：《民法典规范类型及其配置关系》，《清华法学》2014 年第 6 期。

王轶：《〈民法典·侵权责任编〉编纂背景与结构调整》，《国家检察
官学院学报》2017 年第 4 期。

王轶：《民法典的规范配置——以对我国合同法规范配置的反思为中

心》，《烟台大学学报》（哲学社会科学版）2005 年第 3 期。

王文宇：《从商法特色论民法典编纂——兼论台湾地区民商合一体制》，《清华法学》2015 年第 6 期。

王雷：《论民法中的决议行为：从农民集体决议、业主管理规约到公司决议》，《中外法学》2015 年第 1 期。

王洪亮：《违约金功能定位的反思》，《法律科学》（西北政法大学学报）2014 年第 2 期。

王歌雅：《论继承法的修正》，《中国法学》2013 年第 6 期。

王歌雅：《审视与借鉴：俄罗斯联邦的继承制度》，《俄罗斯中亚东欧研究》2010 年第 1 期。

王晓翔：《论我国商誉权法律保护制度的构建》，《行政与法》2016 年第 11 期。

王建文：《我国商法加重责任理念的司法应用及立法构想》，《南京师范大学学报》（社会科学版）2013 年第 3 期。

王安乾：《动物福利立法理念研究——以整体主义法律观为视角》，《清华法治论衡》2012 年第 2 期。

王留鑫、何炼成：《农村集体经济组织的制度困境与治理之道——基于制度经济学分析视角》，《西北民族大学学报》（哲学社会科学版）2017 年第 3 期。

王艳萍：《商事侵权责任之内涵论析》，《湘潭大学学报》（哲学社会科学版）2011 年第 3 期。

王天华：《作为教义学概念的行政裁量——兼论行政裁量论的范式》，《政治与法律》2011 年第 5 期。

王剑一：《合同条款控制的正当性基础与适用范围》，《比较法研究》2014 年第 1 期。

魏振瀛：《制定侵权责任法的学理分析——侵权行为之债立法模式的借鉴与变革》，《法学家》2009 年第 1 期。

魏振瀛：《〈民法通则〉规定的民事责任——从物权法到民法典的规定》，《现代法学》2006 年第 3 期。

肖俊：《人格权保护的罗马法传统：侵辱之诉研究》，《比较法研究》2013 年第 1 期。

肖新喜：《亲权社会化及其民法典应对》，《法商研究》2017 年第 2 期。

肖厚国：《民法法典化的价值——模式与学理》，《现代法学》2001 年第 2 期。

许中缘：《论民法典与我国私法发展》，易继明主编：《私法》2004 年第 8 辑。

许中缘、颜克云：《商法的独特性与民法典总则编纂》，《中国社会科学》2016 年第 12 期。

许中缘：《论商事规范的独特性而非独立性》，《法学》2016 年第 12 期。

许中缘：《论法人的独立责任与二元民事主体制度》，《法学评论》2017 年第 1 期。

许中缘：《论法律概念——以民法典体系构成为视角》，《法制与社会发展》2007 年第 2 期。

许中缘：《论意思表示瑕疵的共同法律行为——论社团决议撤销为研究视角》，《中国法学》2013 年第 6 期。

许中缘：《论民法典与民事单行法律的关系——兼评我国物权法草案》，《法学》2006 年第 2 期。

许中缘：《论商誉权的人格权法保护模式——以我国人格权法的制定为视角》，《现代法学》2013 年第 4 期。

许中缘:《合同的概念与我国债法总则的存废——兼论我国民法典的体系》,《清华法学》2010 年第 1 期。

许中缘:《〈民法总则〉创新民商合一的立法贡献》,《法学》2017 年第 7 期。

许中缘、夏沁:《〈合同法〉的修改:从合同法典到民法典合同法编》,《晋阳学刊》2017 年第 3 期。

许莉:《家族本位还是个人本位——民国亲属法立法本位之争》,《华东政法学院学报》2006 年第 6 期。

谢怀栻:《论民事权利体系》,《法学研究》1996 年第 2 期。

谢鸿飞:《民法典与特别民法关系的建构》,《中国社会科学》2013 年第 2 期。

谢鸿飞:《违约责任与侵权责任竞合理论的再构成》,《环球法学评论》2014 年第 6 期。

谢鸿飞:《民法典合同编:理论思考与立法建议专题研究》,《河南社会科学》2017 年第 6 期。

夏吟兰:《民法典体系下婚姻家庭法之基本架构与逻辑体例》,《政法论坛》2014 年第 5 期。

徐国栋:《客观诚信与主观诚信的对立统一问题——以罗马法为中心》,《中国社会科学》2001 年第 6 期。

薛波、郭富青:《民法典编纂背景下财团抵押权制度之体系构建》,《河南财经政法大学学报》2015 年第 4 期。

杨立新、杨震:《〈中华人民共和国继承法〉修正草案建议稿》,《河南财经政法大学学报》2012 年第 5 期。

杨立新、扈艳:《〈中华人民共和国人格权法〉建议稿和立法理由》,《财经法学》2016 年第 4 期。

杨立新、和丽军：《对我国继承法特留制度的再司考》，《国家检察官学院学报》2013 年第 4 期。

杨立新：《民法分则继承编立法研究》，《中国法学》2017 年第 2 期。

杨立新：《民法总则规定民事责任的必要性及内容调整》，《法学论坛》2017 年第 1 期。

杨立新：《民法总则》规定的民法特别法链接条款，《法学家》2017 年第 5 期。

杨立新：《〈民法总则〉规定对修订物权编三个重大问题的影响》，《西北大学学报》（哲学社会科学版）2017 年第 5 期。

杨立新：《论民法典中债法总则的存废》，《清华大学学报》（哲学社会科学版）2003 年第 8 期。

杨立新、陶盈：《消费者权益保护中经营者责任的加重与适度》，《清华法学》2011 年第 5 期。

杨立新：《我国〈民法总则〉规定消费者概念的重要价值》，《法学杂志》2017 年第 4 期。

杨大文、马忆南：《中国婚姻家庭法学的发展及我们的思考》，《中国法学》1998 年第 6 期。

杨继：《商法通则统一立法的必要性和可行性》，《法学》2006 年第 4 期。

杨华：《农村土地流转与社会阶层的重构》，《重庆社会科学》2011 年第 5 期。

杨蕾：《城镇化视域下农村宅基地使用权收回之类型化研究——基于案例和规范分析》，《法学论坛》2014 年第 2 期。

杨明：《浅析请求权与私权体系构造的关系》，《华南理工大学学报》（社会科学版）2006 年第 3 期。

俞江：《家产制视野下的遗嘱》，《法学》2010 年第 4 期。

姚大志：《哈贝马斯——交往活动理论及其问题》，《吉林大学社会科学学报》2000 年第 6 期。

尹田：《论法人人格权》，《法学研究》2004 年第 4 期。

尹田：《论人格权独立成编的理论漏洞》，《法学杂志》2007 年第 4 期。

尹田：《人格权独立成编的再批评》，《比较法研究》2015 年第 6 期。

余能斌、程淑娟：《我国"民商合一"立法借鉴的新选择——由〈俄罗斯联邦民法典〉引出的思考》，《当代法学》2006 年第 1 期。

鄢一美：《俄罗斯新民法典 继承权》，《清华法学》2003 年第 3 期。

鄢一美：《俄罗斯第三次民法法典化》，《比较法研究》2000 年第 1 期。

叶金强：《〈民法总则〉"民事权利章"的得与失》，《中外法学》2017 年第 3 期。

［意］桑德罗·斯奇罗尼：《法典化及其立法手段》，丁玫译，《中外法学》2002 年第 1 期。

张谷：《商法，这只寄居蟹——兼论商法的独立性及其特点》，《东方法学》2006 年第 1 期。

张作华：《认真对待民法中的身份——我国身份法研究之反思》，《法律科学》（西北政法大学学报）2012 年第 4 期。

张良：《民法典编纂背景下我国〈合同法〉分则之完善——以民事合同与商事合同的区分为视角》，《法学杂志》2016 年第 9 期。

张建文：《从所有权法向物权法的转型》，《现代法学》2012 年第 5 期。

张宇：《论公有制与市场经济的有机结合》，《经济研究》2016 年第 6 期。

张克俊：《农村土地"三权分置"制度的实施难题与破解路径》，《中州学刊》2016 年第 11 期。

张志坡：《认真对待侵权法的保护范围——〈侵权责任法〉第 2 条之得失与改进方向》，《苏州大学学报》（法学版）2016 年第 4 期。

张翔：《宪法教义学初阶》，《中外法学》2013 年第 5 期。

赵万一、胡大武：《信用权保护立法研究》，《现代法学》2008 年第 2 期。

赵万一：《婚姻家庭法与民法典关系之我见——兼论婚姻家庭法在我国民法典中的实现》，《法学杂志》2016 年第 9 期。

赵万一：《中国究竟需要一部什么样的民法典》，《现代法学》2015 年第 6 期。

章正璋：《继承法法律保护的六个疑难问题探析》，《现代法学》2012 年第 4 期。

马新彦、卢冠男：《民法典编纂中继承法编几个问题的探讨》，《当代法学》2017 年第 3 期。

朱广新：《土地承包权和经营权分离的政策意蕴与法制完善》，《法学》2015 年第 11 期。

朱广新：《惩罚性赔偿制度的演进和适用》，《中国社会科学》2014 年第 4 期。

邹海林、常敏：《论我国物权法上的担保物权制度》，《清华法学》2007 年第 4 期。

曾大鹏：《商事担保立法理念的重塑》，《法学》2013 年第 3 期。

朱岩：《风险社会与现代侵权责任法体系》，《法学研究》2009 年第 5 期。

郑成思：《法草案与知识产权篇的专家建议稿》，《政法论坛》2003 年第 1 期。

周泽新：《浮动抵押的历史渊源与制度构造——兼评我国物权法上的浮动抵押制度》，《河北法学》2010 年第 11 期。

周德铭、曹洪泽：《信息系统结构控制审计框架研究》，《审计研究》2014 年第 5 期。

二　外文主要参考文献

Cooter and Ulen, *Law and Economics*, Berkeley：Pearson Education Ltd, 2016.

Daniel LaFave and Duncan Thomas, "Farms, Families, and Markets：New Evidence on Completeness of Markets in AgriculturalSettings", *Econometrica*, Vol. 84, No. 5, September 2016.

Don Tracy, "Disclaiming and Limiting Liability for Commercial Damages", *Com, L. J*, Vol. 83, No. 8, 1987.

François Lévêqueand Yann Ménière, *The Economics of Patents and Copyright*, Berkeley：Berkeley Electronic Press, July 2004.

Henry N. Butler, *Economic Analysis for Lawyers*, Carolina Academic Press, 1998.

Israel Gilead, "Tort law and internalization：The Gap Between Private Loss and Social Cost", *International Review of Law and Economics*, Vol. 17, Issue 4, December 1997.

Kotz/Wangner, "Deliktsrecht", *Luchterhand*, Vol. 10, 2006.

Michael Faure, *Environment Law and Economics*, Maastricht University published, 2016.

Products liability in Commercial Transactions, Maastricht University Library, 1975.

Michael Faure, *How Law and Economics May Contribute to the Harmonization of Tort Law in Europe*, Baden-Baden: Nomos, 2003.

Mark D. White, *Theoretical Foundations of Law and Economics*, New York: Cambridge University Press, 2009.

Patrick J. Kelley, "The Carroll Towning Campany Case and the Teaching of Tort Law", *St Louis University Law Journal*, Vol. 45, 2001.

Report of the Governor's Blue Ribbon Commission, The Commercial Liability Insurance Crisis, January 1987.

Richard A. Posner, *Economic Analysis of Law*, Aspen Publishers, 2011.

Richard A. Posner, *The Economics of Justice*, Cambridge, MA: Harvard University Press, 1983.

R. Sacco, *La Comparaison Juridique au Service de la Connaissance du Driot*, Voir les formats et editions, 1991.

Reiner Schulze, *New Feature in Contract Law*, Sellier. European Law Publishers, 2007.

William M. Landes andRichard A. Posner, *The Economic Structure of Tort Law*, Cambridge, MA: Harvard University Press, 1987.

Stefan Kirchner, "Human Rights Guarantees during States of Emergency: The European Convention on Human Rights", *Baltic Journal of Law & Politics*, Vol. 2, 2010.

STEPHEN K. WHITE, *The Recent Work of Jurgen Habermas*, Cambridge University Press, 1988.

Shavell, "Strict Liability versus Negligence", *Journal of Legal Studies*,

Vol. 9, No. 1, January 1980.

Vernon V. Palmer, "The Death of a Code —The Birth of a Digest". *Tul. L. Rev.* 221, Vol. 63, December 1988.

后　记

　　民商合一的立法模式是我国民法典研究既热门又冷门的领域。自从近代国家德国、法国以及日本创立民商分立，而瑞士、意大利、荷兰创立民商合一以来，对于民法典采用民商合一抑或民商分立的理论争论一直没有停止过。事实上，近代国家的商法典立法，诸如日本商法典、法国商法典以及德国商法典，都存在商法典去法典化的趋势。例如，日本商法典中公司法部分早在2005年脱离法典，成为商事特别法，而所谓商法典的文本内容实质上已经被架空。① 这就表明民商合一是世界立法的趋势。为此，本书专门就民商合一与民商分立的立法模式选择以及中国民法典民商合一立法的理论基础进行探讨，希望能够引起学者的研究兴趣。问题是，尽管我国民法典的编纂顺应时代发展的要求采取了民商合一的立法模式，但如何在民商合一的民法典体系之中实现商事规范的独特性还是没有很好地得以探讨。就目前的研究而言，大多数民法学者仍拘泥于民法典是"自然人的成像"德国法传统，对民法典中的商事立

----

① See Julio César Rivera, *The Scope and Structure of Civil Codes*, Dordrecht Springer, 2013, pp. 291–299.

法并无多大兴趣，或者根本觉得商事立法是可有可无的事情。更有甚者，在中国民法典正在制定的今天，大部分商法学者对采用民商合一的民法典的拒绝与排斥，对民商分立的商法典（商事通则）过于迷恋，即使民法典实现民商合一的努力下，仍然致力于以《商事通则》统帅商事法律规范的努力。典型的如有学者认为，"商法通则的制定不仅有充分的法理基础与现实根据，还将使商法的中国特色表现得更为鲜明、超越民商合一与民商分立模式的两难选择"①；甚至还有学者主张"民商分立立法体例既有历史传统，更有现实需求"，而"以《商法通则》作为过渡，最终实现具有法形式最高阶段的商法典的编纂"。② 其实，就《商事通则》的内容和结构而言，本质上并未脱离民商分立的立法轨道。③ 是以，在《民法总则》颁布实施的今天，民法典各分编如何延续民商合一的立法路径，尤其是如何在民法典各分编中实现商事规范的独特性，显得尤为重要。

由此，我和夏沁博士一起完成本书。具体而言，许中缘教授对各章的内容作出系统安排，定稿并撰写以下内容：绪论、第一章、第二章、第四章第一节、第二节、第五章、第七章第一节、第二节、第四节、第八章第一节、第二节、第四节。夏沁博士负责校对、后期修改并撰写以下内容：第三章、第四章第三节、第四节、第六章、第七章

① 赵旭东：《民法典的编纂与商事立法》，《中国法学》2016 年第 4 期。

② 范健：《民法典编纂背景下商事立法体系与商法通则立法研究》，《中国法律评论》2017 年第 1 期。

③ 就目前学者所提出的《商法通则》的建议稿而言，其内容和结构并未脱离商法典的立法模式，包括基本原则，商事主体，商业登记，商业账簿、商事行为，代理，附则等，参见许中缘等《商法的独特性与民法典总则编纂》，《中国社会科学》2016 年第 12 期；《商事规范的独特性非独立性》，《法学》2016 年第 12 期；王涌《商事立法的困境与"商事通则"》，《中德私法研究》第 15 卷，第 41—49 页；范健《走向〈民法典〉时代的民商分立体制探索》，《法学》2016 年第 12 期；樊涛《商法通则：中国商事立法的应然选择》，《河南大学学报》（社会科学版）2008 年第 3 期；王保树《商事通则：超越民商合一与民商分立》，《法学研究》2005 年第 1 期。

第三节、第八章第三节。另外，硕士研究生肖奕江同学为本书的资料收集与整理提供了诸多帮助。朱奕同学对本书的注释及参考文献进行了系统整理。此书可以说是许中缘教授在人民出版社出版的《商法的独特性与我国民法典编纂》的后续，前者主要阐述商法规范的独特性是与我国民法典兼容的一般理论和基础性问题，后者则主要讨论《民法总则》制定后民法典各分编中规范独特性商法的制度性构建和安排。两者相辅相成，互为支撑。或许，未来还可能需要一部如何在司法实践中体现商事规范的裁判文书解释。当然，是否能成，有待继续探讨。

本书部分内容在《中国社会科学》《法学》《东方法学》《湖北社会科学》等刊物上发表，凝结了诸多审稿老师与编辑的心血，谨此一并谢忱。